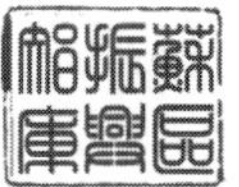

苏·区·振·兴·智·库

民生发展与改革实践
——赣南苏区研究

田延光◎主编 张明林 刘善庆◎著

MINSHENG FAZHAN YU GAIGESHIJIAN
GANNAN SUQU YANJIU

经济管理出版社
ECONOMY & MANAGEMENT PUBLISHING HOUSE

图书在版编目（CIP）数据

民生发展与改革实践——赣南苏区研究/田延光主编；张明林，刘善庆著. —北京：经济管理出版社，2017.4
ISBN 978-7-5096-4705-9

Ⅰ. ①民… Ⅱ. ①张… ②刘… ③田… Ⅲ. ①人民生活—研究—江西 ②经济改革—研究—江西 Ⅳ. ①D669.3 ②F127.56

中国版本图书馆 CIP 数据核字（2016）第 265207 号

组稿编辑：丁慧敏
责任编辑：丁慧敏
责任印制：黄章平
责任校对：张　青

出版发行：经济管理出版社
（北京市海淀区北蜂窝 8 号中雅大厦 A 座 11 层　100038）
网　　址：www. E-mp. com. cn
电　　话：(010) 51915602
印　　刷：北京玺诚印务有限公司
经　　销：新华书店
开　　本：710mm × 1000mm/16
印　　张：15.25
字　　数：226 千字
版　　次：2017 年 4 月第 1 版　2017 年 4 月第 1 次印刷
书　　号：ISBN 978-7-5096-4705-9
定　　价：49. 00元

序言

江西省委书记鹿心社同志在《人民日报》发表文章指出，习近平同志强调:“扶贫攻坚，任重道远；造福老区，时不我待。”要贯彻落实这一重要指示精神，就要以时不我待、只争朝夕的精神，锲而不舍地抓好扶贫开发工作，切实担当起扶贫攻坚的时代使命。鹿心社同志在文章中指出，江西是革命老区，赣南中央苏区是江西省贫困面最广、贫困程度最深的地区。党中央、国务院历来重视革命老区建设，2012 年颁布了《国务院关于支持赣南等中央苏区振兴发展的若干意见》，从此掀开了老区发展的新篇章。

2012 年，《国务院关于支持赣南等原中央苏区振兴发展的若干意见》(以下简称《若干意见》) 出台后，赣南市紧紧围绕赣南苏区振兴发展工作大局，优先解决民生问题，把解决好民生问题作为振兴发展的首要任务。赣州市政府加大以土坯房为主的农村危旧房改造力度，加快解决农村饮水安全问题，加强农村电网改造和农村道路建设，以提高特殊困难群体生活水平为突破口，以重大基础设施建设和重大能源基础设施建设为重要抓手。短短三年时间，使赣州市民生水平明显提高。2012~2015 年，共争取到农村危房改造计划指标 39.2 万户，补助资金 46.50 亿元，其中中央补助资金 27.81 亿元，省级配套资金 18.69 亿元。2012~2015 年，实施农村安全饮水工程 341 个，争取中央资金 8.8241 亿元，争取以工代赈项目资金 3.58 亿元，用于建设与贫困地区经济发展和农民脱贫致富密切相关的农村生产生活设施和生态环境治理工程，包括

农村公路、基本农田、农田水利等。此外，赣龙铁路扩能改造于2014年底通车运营；昌赣客专已全面开工；兴泉铁路可研报告已上报国家发改委；已实现县县通高速，通车里程突破1000公里；南昌至宁都、寻乌至全南（安远至寻乌段）高速已建成通车；宁都至定南（赣粤界）高速及定南联络线、兴赣高速正在加快实施，其中兴赣高速已完成投资约44亿元；广昌至吉安高速可研已批复。赣州黄金机场改扩建项目正在加快推进，目前已完成投资2.89亿元。

近两年来，赣州市积极补齐民生"短板"，建立长效机制，让发展成果惠及更多群众。持续推进脱贫攻坚，出台了建设全国革命老区扶贫攻坚示范区发展规划、扎实推进精准扶贫工作的实施意见和17个行业部门支持精准扶贫的子方案，形成"1+1+17"的精准扶贫政策体系，推动"短期治标"转化为"长效治本"。同时，加快城市棚户区改造，不让城市棚户区成为被遗忘的角落；加快教育改革发展试验区建设，完善中心城区学校布局，着力解决城区大班额、农民工子女上学难等问题；持续提升县乡村三级医疗卫生服务水平，让群众在家门口享受到良好的医疗服务。

2016年7~9月，江西师范大学苏区振兴研究院与江西省赣南苏区振兴发展办公室共同对赣州多个县、市展开调研，在广泛调研的基础上，由张明林、刘善庆教授完成材料组织和撰写。2012年以来赣南苏区的民生变化比较结果显示，近三年来赣南苏区民生发展已取得较大的发展。本书侧重于分析赣州市如何以《若干意见》为重要抓手，通过与各级政府或部门主动对接，通过真抓实干，圆满完成民生发展工程的实践过程与经验介绍，本书也对困扰基层政府发展的现实问题提出了策略。全书共分三篇：第一篇是理论篇；第二篇是改革实践篇；第三篇是策论篇。第一篇共分四章：第一章是民生相关概念；第二章是我国民生理论与思想；第三章是西方福利经济理论与实践；第四章是赣南苏区民生问题。第二篇共分五章：第五章是政策先行：《若干意见》的出台；第六章是民生工程：赣南苏区改革与实践；第七章是对口支援：中央部委的实践；第八章是精准扶贫：若干发展经验和模式的探索；第九章是发展成效：赣南苏区民生改善显著。第三篇共分三章：第十章是宏观经济战略与发展思路；第十一章是促进民生发展具体建议；第十二章是专题调研及其建议。

总体来说，本书紧紧围绕着赣南苏区民生发展，有民生理论阐述，但更多的是赣南苏区政府为发展民生而进行的改革与实践。在这些改革与实践活动中，涌现出许多典型和先进事例，也产生了许多突破与创新式的发展经验，为其他欠发达地区的民生发展提供了重要的参考。

目 录

第一篇 理论篇

第二篇　改革实践篇

第三篇　策论篇

第一篇

理 论 篇

第一章　民生相关概念

第一节　民生概念缘起

“民生”自古以来与“国计”相提并论，一直是社会发展与进步不可忽视的关键，关系到人心向背和事业的兴衰。《辞海》中把“民生”解释成“人民的生计”，其中包含了浓厚的人本思想和深刻的人文关怀。“民生”这个词语最先出现在《左传·宣公十二年》：“民生在勤，勤则不匮”，“民”，顾名思义就是百姓的意思，“生”，就是生计。孔子提出了“仁爱”的思想，要求统治者关心和爱护百姓；孟子提出“民为贵，社稷次之，君为轻”；荀子提出了“君者，舟也；庶人者，水也。水则载舟，水则覆舟”。历史事实证明，谁能解决好民生问题，谁就能得到民心，得民心者得天下；谁无视民生，谁就会背离民众，失去政权。汉朝初年的“休养生息”政策，唐朝的“贞观之治”、“开元盛世”时期，因统治者十分重视民生而出现了一段时期的经济繁荣、政治稳定、社会和谐的局面。相反，那些无视民生的政权，必将被民众所推翻。明王朝为什么会灭亡，一个直接的原因就是对农民的剥削太重，每年对农民加派“三饷”，高达2000万两，致使广大农民倾家荡产，饥寒交迫，流离失所，饥饿的农民实在忍无可忍才纷纷起来造反，颠覆了王朝政权。民主革命先行者孙中山提出了三民主义，民生主义是三民主义中的核心部分，他指出：“民生就是人民的生活——社会的生存、国民的生计、群众的生命。”民生就是社会一切活动中的原动力。孙中山的民生主义就是“耕者有其田”和“节制资本”。

第二节 民生问题

民生问题，就是与我们生活有密切关系的问题。民生问题是我们最关心的利益方面的问题。准确认识我国现阶段的民生问题，是我们在构建和谐社会中始终坚持以人为本、持续改善民生的重要基础和关键前提。

民生问题一般可以分为三种：第一种是生存型的民生，主要表现在衣、食、住、行等方面，这一类型的民生问题主要体现在对民众基本生存状态的关注，在物质短缺的年代，民生问题的标准就是吃饭和穿衣；第二种是发展型的民生，即民众基本的发展能力和发展机会，如就业培训机会、平等的教育机会等；第三种是和谐型的民生，这是一种较高层面的民生，侧重于民众生活质量的问题，就是物质生活、精神生活、政治生活高度统一，包括各种正当权益受到有效的保护，人的生命价值、尊严价值等都应受到尊重。这三种层次的民生问题是一种逐层递进的关系，前一种类型的实现是后一种类型实施的前提条件，后一种类型是前一种类型的演进与发展。

随着社会的发展，民生问题也在不断地变化，当前我国的民生建设问题，已不再是简单的衣、食、住、行问题，还包括国民的政治需求、精神文化需求；不再仅关注温饱的问题，更有达到共同富裕的问题；不再只是生存的问题，更有人的全面发展问题。从物质到精神，都已经成为现在民生问题必须考虑的重要因素。可见，现在我们所面临的民生问题和以前的温饱型民生问题相比，已经不能同日而语了。

当前的民生问题主要表现在教育、就业、分配、社会保障四大方面，所以，要协调好群众之间的利益关系，就要从这四方面入手。这四大问题都是民生的基本问题，公平的教育机会使每个国民都有受教育的机会，伴随的将是国民素质的整体提高；公平的就业机会构成了巩固民生之本的基本条件；合理的收入分配政策将使民生问题在更高的层次上得到改善；完备的社会保障体系将起到解除国民后顾之忧，增强国民幸福与安全感的作用。所以，改善民生应该抓好这四方面内容，通过协调不同群体的利益关系，使之达到利益关系的和谐。

第三节 民生工程

民生工程是政府坚持以人为本，贯彻落实科学发展观，切实保障公民基本权利，提高生活水平，重点关心弱势群体采取的一系列积极政策举措。一句话，民生工程就是政府为民办实事、办好事的“民心工程”和“德政工程”，是立党为公、执政为民的现代版“为人民服务”的具体体现。如赣州市实施的教育发展民生工程就包括以下四项：

一是实施教育扶贫工程。统筹安排资金 10.72 亿元，为义务教育阶段学生免除学杂费、教科书费；对家庭经济困难的寄宿生补助生活费；对家庭经济困难的幼儿园、普通高中、中等职业及大学学生进行资助。

二是加快城区公办幼儿园建设。统筹安排资金 1.5 亿元，完成城区新（改、扩）建 26 所公办幼儿园，支持 408 所普惠性幼儿园发展。

三是着力改善城乡办学条件。统筹安排资金 15.99 亿元（2016 年完成 15.24 亿元），实施赣州一中扩建工程；进一步改善城区学校办学条件，缓解城区大班额问题；完成 500 所薄弱学校的改造，新改（扩）建校舍面积 78 万平方米；改善 18 所普通高中教育办学条件，购置教学仪器设备 4000 套（台）。

四是推进赣南职业技术学院及赣州职业教育园区建设。统筹安排资金 30 亿元（2016 年完成 7.97 亿元），完成赣南职业技术学院基础设施及部分主体工程建设；完成职教园区首期范围内基础设施和部分路网项目建设。

第二章　我国民生理论与思想

第一节　我国古代民生思想

“民生” 二字作为一个独立的词组最早出现可以追溯到公元前 4 世纪前叶成书的《左传》。《左传》中记载“民生在勤，勤则不匮”，意即“百姓生活的根基在于勤劳，只要勤劳就不会缺衣少食”。《楚辞》：“民生各有所乐兮，余独好修以为常。”此处“民生”就有了对于人生、人性观点的意义。此外，“民生”还可以泛指普通民众。

孔子说：“政宽则民慢，慢则纠之以猛；猛则民残，残则施之以宽。宽以济猛，猛以济宽，政是以和。”刑不上大夫，礼不下庶人。民可使，由之；不可使，知之。劳心者治人，劳力者治于人。孔子在《成之闻之》中也有：“闻之曰：古之用民者，求之于己为恒。行不信则命不从，信不著则言不乐。民不从上之命，不信其言，而能念德者，未之有也。故君子之莅民也，身服善以先之，敬慎以守之，其所在者入矣，民孰弗从？形于中，发于色，其诚也固矣，民孰弗信？是以上之恒务，在信于众。”李世民《晋宣帝总论》黎元：平民百姓。凡考虑天下之事，先要想到广大平民百姓。

明代冯梦龙《东周列国志》第三回：民生以德义为本，兵事以民为本。惟有德义者，方能恤民。富民和教民是儒家民生思想的两个基本方面。儒家主张先富后教，先富民后富国，并提出了种种富民教民的具体措施，例如节用薄赋、使民以时、制民之产等。孟子民本主义的基本内容有两个方面，即政治方面的和经济方面的。在政治方面，孟子的民本主义从民众与统治者最一般的关系上，把民众当作国家的根本，把天子、国君、大夫等统治者当作从属，统治者是为民众办事的。其意义在于：其一，儒家注重道德以及维持人际间的关系，有一整套的礼仪规则，这些都是有利于规范人们的日常行为，以达到人际关系和谐的目的。其二，儒家的仁义核心价值观，让人从本源上理解并付诸去“和谐”，以达到“恕”的准则。有利于人们从人生观、价值观塑造和谐的观念，自动并自愿走上“和谐”之路。其三，儒家的哲学思想讲究天人合一、琴瑟和谐、中庸之道等，为人民创造一个“和谐”的精神世界，提供整套的哲学世界观、方法论，指导人民的实践。

第二节　近代孙中山民生思想

近代中国民主革命风生水起，孙中山作为民主革命的先驱对于“民生”做出了更多、更深刻的解释。孙中山最初为国民党制定了著名的“三民主义”革命纲领，亦即“民族、民权、民生”，对于三民主义的简单解释则是“驱除鞑虏、恢复中华、建立民国、平分地权”，毫无疑问，此处的“民生”指的就是“平分地权”。在其后的革命实践中，孙中山又为“民生”注入了新的内涵，他强调民生的根本是人民的生活，其中自然包含着人在社会中的生存权、发展权。除此之外，他甚至直接指出“民生就是政治的中心，就是经济的中心和种种历史活动的中心，民生是社会一切活动的原动力”。从这些论述中我们不难看出，在中国近代伟大的民主革命家和政治家孙中山的眼中，“民生”早已超越了一般意义上认为的“人民的生计、生活”的高度而上升到了政治变革、国家发展的更高层面上。

孙中山的民生主义在新中国成立前提出，具有划时代的意义，但是由于辛亥革命的失败以及孙中山的资产阶级地位，导致民生主义没有与中国的根本国情相结合，没有意识到当时中国的根本问题所在，从而使民生主义学说仅停留在理论水平层面，在实践过程中没有经受住考验，农民土地问题没有妥善解决，最广大人民群众的根本生活生存资本没有得到解决，而对国家进行资本主义改造，也与当时中国的经济现状不符合，薄弱的宏观经济基础，很难使国家迈入工业革命时代。

第三节　新中国成立初期的民生思想

毛泽东把改善民生作为巩固新生人民政权的重要方面，早在中共七届二中全会上，毛泽东就明确指出：中国共产党就要着力解决民生问题、改善人民生活。1956 年 4 月 25 日，毛泽东在政治局扩大会议上作了《论十大关系》的讲话，5 月 2 日又在最高国务会议上作了进一步阐述。《论十大关系》的主要内容是：重工业和轻工业、农业的关系；沿海工业和内地工业的关系；经济建设和国防建设的关系；国家、生产单位和生产者个人的关系；中央和地方的关系；汉族和少数民族的关系；党和非党的关系；革命和反革命的关系；是非关系；中国和外国的关系。《论十大关系》初步总结了我国社会主义建设的经验，提出了探索适合我国国情的社会主义建设道路的任务。他认为只有在社会主义制度下，才能集中国家力量进行农业振兴；只有在社会主义制度下，才能集中共同力量兴建农业基础设施，抗击农业自然灾害，通过农业机械化提高农业产量。另外，他认为大力发展生产力是改善民生的根本，生产力水平的高低决定着国家物质财富创造的能力高低。

第四节　改革开放后的民生思想

一、社会主义本质论渗透共同富裕的民生思想

邓小平同志对“什么是社会主义，怎样建设社会主义”的问题进行了长时间的反复思考、探索。1980 年，邓小平同志指出：“社会主义是一个很好的名词，但是如果搞不好，不能采取正确的政策，那就体现不出社会主义的本质。”“经济长期处于停滞状态总不能叫社会主义，人民生活长期停止在很低的水平总不能叫社会主义。”“根据我们自己的经验，讲社会主义，首先要使生产力发展，这是主要的。只有这样，才能表明社会主义的优越性。”1985 年，邓小平同志提出：“在建立社会主义经济基础以后，多年来没有制定为发展生产力创造良好条件的政策。社会生产力发展缓慢，人民的物质和文化生活条件得不到理想的改善，国家也无法摆脱贫穷落后的状态。这种情况，迫使我们在 1978 年 12 月召开党的十一届三中全会上决定进行改革。”同时，他还指出：“社会主义与资本主义不同的特点就是共同富裕，不搞两极分化。创造的财富，第一归国家，第二归人民，不会产生新的资产阶级。”随着全面改革的深入发展，邓小平同志在 1986 年指出：“社会主义是共产主义第一阶段，当然这是一个很长很长的历史阶段。社会主义时期的主要任务是发展生产力，使社会物质财富不断增长，人民生活水平一天天好起来，为进入共产主义创造物质条件。不能有穷的共产主义，同样也不能有穷的社会主义。致富不是罪过。”1988 年，邓小平同志又指出：“社会主义的特点不是穷，而是富，但是这种富是人民共同富裕。”1990 年底，邓小平同志进一步指出，社会主义不是少数人富起来、大多数人穷，不是那个样子。社会主义最大的优越性就是共同富裕，这是体现社会主义本质的一个东西。

二、社会主义和谐论渗透公平平等民生思想

胡锦涛指出，构建社会主义和谐社会必须坚持以马克思列宁主义、毛泽东思想、邓小平理论和“三个代表”重要思想为指导，坚持党的基本路线、基本纲领、基本经验，坚持以科学发展观统领经济社会发展全局，按照民主法治、公平正义、诚信友爱、充满活力、安定有序、人与自然和谐相处的总要求，以解决人民群众最关心、最直接、最现实的利益问题为重点，着力发展社会事业、促进社会公平正义、建设和谐文化、完善社会管理、增强社会创造活力，走共同富裕道路，推动社会建设与经济建设、政治建设、文化建设协调发展。

民主法治，就是社会主义民主得到充分发扬，依法治国基本方略得到切实落实，各方面积极因素得到广泛调动；公平正义，就是广大人民群众的各项权益得到保障，利益分配的机会和过程公平，社会各方面利益关系得到妥善协调；诚信友爱，就是全体人民都要诚实守信、相互帮助，各族人民平等友爱、融洽相处；充满活力，就是通过合理的制度、体制和机制创新，使各种有利于经济发展和社会进步的创造活力、创造才能得到尊重和发挥，每个社会成员的积极性、主动性得以调动；安定有序，就是社会基本道德规范得到广泛认同，经济和社会秩序井井有条，人民群众安居乐业；人与自然和谐相处，就是生产发展、生活富裕、生态良好，人类生产活动与自然生态活动处于良性循环。这个总要求是社会和谐与否的基本价值取向和主要衡量标准，也是推进社会主义和谐社会建设的目标参考系。

三、中共十八大以来“中国梦”的民生思想

中共十八大在总结中共十六大和中共十七大以来全面建设小康社会成就的基础上，进一步提出了全面建成小康社会的目标要求。对此，我们应该深刻认识和理解，特别是要依据历史唯物主义的方法论，将这一目标放在社会主义现代化建设的历史进程中，从整体的高度去把握。从“人民生活达到小康”到“全面建设小康社会”，再到“全面建成小康社会”，清楚地展现出我

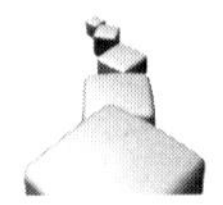

们党在小康社会建设问题上的认识脉络。小康社会建设的目标从侧重强调经济发展和人民生活水平的提高，逐步扩展为“五位一体”的发展目标。

习近平总书记指出，每个人都有理想和追求，都有自己的梦想。现在，大家都在讨论中国梦。笔者认为，实现中华民族伟大复兴，就是中华民族近代以来最伟大的梦想。空谈误国，实干兴邦。笔者坚信，到中国共产党成立100周年时全面建成小康社会的目标一定能实现，到新中国成立100年时建成富强、民主、文明、和谐的社会主义现代化国家的目标一定能实现，中华民族伟大复兴的梦想一定能实现。

生活在我们伟大祖国和伟大时代的中国人民，共同享有人生出彩的机会、共同享有梦想成真的机会、共同享有同祖国和时代一起成长与进步的机会。有梦想、有机会、有奋斗，一切美好的东西都能创造出来。

第三章　西方福利经济理论与实践

第一节　新福利经济学理论

一、概念

新福利经济学是研究社会经济福利的一种经济学理论体系，它是由英国经济学家霍布斯和庇古于20世纪20年代创立的。福利经济学研究的主要内容有：社会经济运行的目标，或称检验社会经济行为好坏的标准；实现社会经济运行目标所需的生产、交换、分配的一般最适度的条件及其政策建议等。

二、产生与发展

新福利经济学作为一个经济学的分支体系，最先出现于20世纪初期的英国。1920年庇古的《福利经济学》一书的出版是福利经济学产生的标志。第一次世界大战的爆发和俄国十月革命的胜利，使资本主义陷入了经济和政治的全面危机。福利经济学的出现，是资本主义世界，最先是英国阶级矛盾和社会经济矛盾尖锐化的结果。西方经济学家承认，英国十分严重的贫富悬殊的社会问题由于第一次世界大战变得更为尖锐，因而出现以建立社会福利为目标的研究趋向，导致福利经济学的产生。1929~1933年资本主义世界经济危机

以后，英美等国的一些资产阶级经济学家在新的历史条件下对福利经济学进行了许多修改和补充。庇古的福利经济学被称为旧福利经济学，庇古以后的福利经济学则被称为新福利经济学。第二次世界大战以来，福利经济学又提出了许多新的问题，正在经历着新的发展和变化。

新福利经济学是西方经济学家从福利观点或最大化原则出发，对经济体系的运行予以社会评价的经济学分支学科。新福利经济学的出现，是英国阶级矛盾和社会经济矛盾尖锐化的结果。

边沁的功利主义原则是福利经济学的哲学基础。边沁认为，人生的目的都是使自己获得最大幸福，增加幸福总量。幸福总量可以计算，伦理就是对幸福总量的计算。边沁把资产阶级利益说成是社会的普遍利益，把资产阶级趋利避害的伦理原则说成是所有人的功利原则，把“最大多数人的最大幸福”标榜为功利主义的最高目标。

帕累托最优状态概念和马歇尔的“消费者剩余”概念是福利经济学的重要分析工具。帕累托最优状态是指这样一种状态，任何改变都不可能使任何一个人的境况变得更好而不使别人的境况变坏。按照这一概念，一项改变如果使每个人的福利都增加了，或者一些人福利增加而其他的人福利不减少，这种改变就有利；如果使每个人的福利都减少了，或者一些人福利增加而另一些人福利减少，这种改变就不利。

马歇尔从消费者剩余概念推导出政策结论：政府对收益递减的商品征税，得到的税额将大于失去的消费者剩余，用其中部分税额补贴收益递增的商品，得到的消费者剩余将大于所支付的补贴。马歇尔的消费者剩余概念和政策结论对福利经济学也起了重要作用。

三、特点与作用

新福利经济学的主要特点是：以一定的价值判断为出发点，也就是根据已确定的社会目标，建立理论体系；以边际效用基数论或边际效用序数论为基础，建立福利概念；以社会目标和福利理论为依据，制订经济政策方案。

庇古是资产阶级新福利经济学体系的创立者。他把福利经济学的对象规定为对增进世界或一个国家经济福利的研究。庇古认为，福利是对享受或满足的心理反应，福利有社会福利和经济福利之分，社会福利中只有能够用货币衡量的部分才是经济福利。

庇古根据边际效用基数论提出两个基本的福利命题：国民收入总量越大，社会经济福利就越大；国民收入分配越均等化，社会经济福利就越大。他认为，经济福利在相当大的程度上取决于国民收入的数量和国民收入在社会成员之间的分配情况。因此，要增加经济福利，在生产方面必须增大国民收入总量，在分配方面必须消除国民收入分配的不均等。

20 世纪 30 年代，庇古的福利经济学受到罗宾斯等的批判。罗宾斯认为，经济理论应当将价值判断排除在外，效用可衡量性和个人间效用可比较性不能成立，福利经济学的主张和要求没有科学根据。继罗宾斯之后，卡尔多、希克斯、勒纳等从帕累托的理论出发也对庇古的福利经济学进行了批判。同罗宾斯不同的是，他们认为福利经济学仍然是有用的。

1939 年，卡尔多提出了福利标准或补偿原则的问题。此后，希克斯、西托夫斯基等对福利标准或补偿原则继续进行讨论。他们主张把价值判断从福利经济学中排除出去，代之以实证研究；主张把福利经济学建立在边际效用序数论的基础之上，而不是建立在边际效用基数论的基础之上；主张把交换和生产的条件作为福利经济学研究的中心问题，反对研究收入分配问题。卡尔多、希克斯、勒纳、西托夫斯基等建立在帕累托理论基础上的福利经济学被称作新福利经济学。

新福利经济学基本定理是经济学标准观点，但是随着信息经济学的发展，斯蒂格利茨在他的书中写道：它的准确性需要被重新审视。

四、主要定理

（一）第一定理（帕累托最优状态）

新福利经济学第一定理，是在经济主体的偏好被良好定义的条件下，带有再分配的价格均衡都是帕累托最优的，是指消费者 A 与 B 的无差异曲线相切的共同切线的斜率等于社会边际转换率。这种状态是通过自由竞争市场实

现的。

而作为其中的特例，任意市场的竞争均衡都是帕累托最优的。也可以这样理解：如果每个人都在竞争性的市场上进行贸易，则所有互利的贸易都将得以完成，并且其产生的均衡资源配置在经济上是有效的。说明了完全竞争的均衡与帕累托最优状态之间的关系，完全竞争的均衡能够实现帕累托最优。

假设偏好是局部非饱和的，若（x^*，y^*，p）是一个带移转的价格均衡，则配置（x^*，y^*）是帕累托最优的。特别地，任意的瓦尔拉斯均衡配置都是帕累托最优的。一句话：任何竞争性市场均衡都是帕累托有效的。

福利经济学第一定理告诉我们：不管初始资源配置怎样，分散化的竞争市场可以通过个人自利的交易行为达到瓦尔拉斯均衡，而这个均衡一定是帕累托有效的配置。但是，这并没有表明这种均衡配置是“社会福利最大”的。其存在条件有三个：①市场充分竞争；②无外部因素；③无信息不对称。

福利经济学第一定理的重要性在于，它阐释了通过市场，我们可以保证经济高效率运行的观点。而对上述观点正确性的假设在格林沃德—斯蒂格利茨定律面前都失去了存在的基础。

第一定理的政策启示：政府为了实现公平而干预市场定价有可能导致市场低效率；政府为了实现公平而对交易者的禀赋进行征税并不能改变帕累托有效率配置。始于任何初始商品禀赋的交易都会导致一种帕累托有效率配置。不管一个人如何重新分配禀赋，由市场力量决定的均衡配置依然是帕累托有效率配置。

（二）第二定理

新福利经济学第二定理指出，每一种具有帕累托效率的资源配置都可以通过市场机制来实现。人们所应做的一切只是使政府进行某些初始的总量再分配。该定理被广泛解释为，人们可以使效率问题与分配问题相分离。有时收入分配的结果并不尽如人意，但这并不能否认市场的作用。如果社会不愿进行收入分配，那么政府分配部门（马斯格瑞夫的术语）可以通过总量再分配来改变资源的初始禀赋。

新福利经济学第二定理证明，每一种帕累托有效的配置，都可由某个初始配置通过市场竞争得到。

第二基本定理告诉我们：存在一个初始的分配方案，重新做财产分配，让所有的社会成员得到相应的份额，然后让他们经过自由竞争，这样一般均衡就会达到我们预想的帕累托最优点。

新福利经济学第二定理的证明：如果所有交易者的偏好成凸性时，则总会有一组这样的价格，在这组价格上，帕累托有效配置是在适当的商品禀赋条件下的市场均衡。

在契约线上，帕累托有效配置的契约曲线是两个效用曲线的公切点，所以契约曲线所代表的配置是稳定的——市场均衡。假设存在一个帕累托有效的配置是非均衡的，则该点一定不在契约曲线上。由帕累托最优的推导我们知道，契约曲线以外的点都是不稳定的——非均衡的。也就是说，帕累托最优的配置一定在契约曲线上。所以任何帕累托有效的资源配置都是市场均衡。

（三）第三定理（阿罗不可能性定理）

在非独裁的情况下，不可能存在有适用于所有个人偏好类型的社会福利函数。

（1）消费者的偏好具有完备性、反射性（$a=b$，则 $b=a$）和可传递性（$a>b>c$，则 $a>c$）需求是非饱和的，MRS 递减规律成立。

（2）MRTS 递减规律成立，规模报酬不变或递减。

（3）生产和消费都不存在外部性，则每一个完全竞争条件下经济达到的一般均衡都是帕累托最优状态。

阿罗巴伯格森的社会福利函数拓展成为算子（Operator），它不再是一个函数，而依赖每个人偏好的变化必须满足五个条件：

（1）对于任何一套给定的个人偏好，存在一个与之相对应的社会福利函数。

（2）“正向反应”假设。个人的变化不会影响社会的宏观选择。

（3）“无关方案独立性”假设，即我们的选择不应该受到那些不相干的可选方案的影响。

（4）非强加性。社会集结所有社会成员的个体偏好，可以得到一个选择的排序。

(5) 假如社会中的任何一个人把他的偏好强加给了全社会，那么这个人就是独裁者。这个定理原叫“可能性定理”(Possibility Thorem)。今天的经济学家称为“阿罗不可能定理”。

这个可能性定理说的是：如果我们放弃个体间效用的可比性，放弃基数效用的传统（边沁的传统），在满足前四个条件的情况下，社会偏好的排序不是强加的，就一定是独裁的。这就是“可能性定理”。阿罗认为，导致社会理性的偏好若不是强加的，就一定是独裁的。

第二节　福利国家及其政策

一、福利国家的诞生

1941 年，英国一边在备战，一边考虑战后怎么办，它会制订一些战后国家重建、国家建设方面的计划。1941 年，贝弗里奇是当时伦敦经济学院的院长，受英国内阁的委托制订战后实行社会保障的计划。

1942 年，他提交的题为《贝弗里奇报告》的社会保险相关服务报告，引起了社会的轰动。这一报告是一个全方位的关于福利制度的报告，它突出的一点是仔细研究人的需要，根据人的需要来提出相关的对策，从而形成一个完整的福利体系。开始的一个保险就只是简单地分类成医疗、养老、工伤，《贝弗里奇报告》则思考人类从一出生到死亡一生当中需要得到哪些资助或帮助，他设计了一套从摇篮到坟墓的社会福利制度，提出国家应为每一个公民提供各种各样的社会保险待遇，他在报告当中就列出了 11 种，这些待遇包括失业、伤残、培训保险金、退休养老金、生育保险金、寡妇保险金、监护人保险金、抚养补贴、子女补贴、工商养老金、一次性补助金（人一生一次的事情，如结婚、生育、丧葬、因工作发生事故而死亡等情况给予的补助金），为人提供了全方位的医疗和康复服务，同时根据每个人经济状况去提供帮助，这是以前从来没有人想过，也没有人做过的事情，尤其是其中一个为儿童提供子女补贴，这完全打破了人们已有的一个概念，甚至有的学者认为这是福利国家的一个核心，因为养孩子，现在中国依然认为抚养子女完全是一个家庭内部的责任，结果《贝弗里奇报告》认为国家应承担抚养儿童的责任，国家应出钱来资助人们去抚养自己的子女，这打破了传统的家庭抚养职能，由国家直接来行使这样的抚养职责，这是一个观念上的巨大飞跃。

《贝弗里奇报告》还提出应建立全方位的医疗制度，这在英国的效果确实是非常明显的，2012 年，伦敦奥运会的开幕式上有一个英国人表演的节目，介绍国民健康制度，英国称为 NHS 制度，这是全民免费医疗保障制度，在英国看病是不花钱的，这一制度实行至今，哪怕后来英国的福利制度有所改革，但制度的基本精神还是存在的，这都是拜《贝弗里奇报告》所赐。

此外，这一报告还要求建立非常完整的社会保险制度，由国家强制实施，这和之前俾斯麦提出的类似，但《贝弗里奇报告》在这一制度之下还提出更具体的要求，无论收入多少、风险高低，所有的国民都必须参加保险，而且每个人的缴费费率要相同，待遇也要统一，而这些就等于突破了英国原有的一些保险，它们只是限于某些行业、群体之内，如医生有医生的、煤矿工人有煤矿工人的、纺织工人又是另外一个缴费费率，有的行业发展得好，钱就比较多，有的行业发展得不好，钱就比较少，这也造成了人与人之间的不平等、不平均，《贝弗里奇报告》就认为应统一化，这才是真正的平等。除此之外，《贝弗里奇报告》在理论上提出了福利制度的“四大基本原则”：

第一，普遍性原则，社会保障应满足全体居民不同的社会保障需求。

第二，保障基本生活原则，即社会保障只能确保每一个公民最基本的生活需要，如果有更多、更高的需求，就不是社会保障所应该做的事情。

第三，统一原则，即社会保障的缴费标准、待遇支付和行政管理必须统一。

第四，权利与义务对等原则，享受社会保障，必须以劳动和缴纳保险费为条件。

这些原则的提出为福利国家的制度奠定了理论基础，现在一般将贝弗里奇看作是“福利国家之父”，其地位非常之高。他提出这样一个理论更新了人们的价值观、价值理念，从而使人们在这样一个全新的理念下去建设一些制度，将人类的文明带到了一个更新的高度。

这一报告出来之后，英国接下来就开始在这一报告的指导下建设福利国家，1945~1948 年，英国相继修改了《国民保险法》，出台了《国民卫生服务法》、《国民救助法》、《家庭津贴法》等一系列的保险，同时不断地提高保险的水平。1945 年，当时的英国首相艾德礼宣布英国建成了福利国家，这也是世界上第一个福利国家。

二、福利国家快速发展

《贝弗里奇报告》的思想也开始向其他国家蔓延，影响非常之大，其他正在进行积极的工业化建设的国家也开始意识到要建立这样一个福利制度，几乎所有的发达国家都在积极地进行福利制度的建设。这里阐述法国和德国的福利进展情况。

法国在 1930 年就发布了《社会保险法》，虽然有了一部国家法律，但实施情况并不理想，人民真正得到的补助并不是特别多。第二次世界大战之后，1945 年开始，法国颁布了《社会保障法》，为每一个公民提供社会保障，这时法国的社会保障体系才开始运作起来，它将法国的社会保障分为三大部分：医疗、养老、家庭保险。家庭保险是法国福利制度很有特色的地方，国家对于家庭遇到的各方面的困难都会予以补助，如单亲家庭、家庭的租房、子女的教育等方面，都会予以补贴，这与中国人比较熟悉的工伤、医疗不太一样，这些保险一般是与成年人工作以后的收入相挂钩的保险，哪怕没有工作，法国的家庭保险也在进行一些补贴。到了 1946 年，所有法国人要强制保险，因为之前法国的保险也是像之前德国一样，在各种各样的小工厂、小行业里，形成一些行业保险，但并不是强制的，而且也并不是普遍化、全国性的。到了 1948 年和 1954 年，普遍保险的范围扩大到了学生、军人、作家、残疾人、寡妇、战争孤儿，同时还建立了独立的退休保险制度，保障经营者、自由职业者和农业经营者，这些行业是之前保险没有触及的，因为最开始的保险往往是建立在工厂当中的。之后又建立了补充退休保险，在一个基本的退休金制度之下，还可以多缴一些钱，将来退休时以获得更好的保障。到了 1972 年和 1973 年，一些零售商和手工业者也建立了自己的退休保险，建立了全国的基金会，使老年人获得比较好的保障，这是法国的情况。

俾斯麦很早就建立了德国的保险制度，但因为打仗，德国的社会保障制度基本在第二次世界大战中完全崩溃，到了 1949 年，德国重新颁布了《社会保险适应法》，社会保障制度才在德国逐渐恢复，这个制度主要表现在三个方面：第一个方面，对原有的社会福利制度进行了广泛的改革，增加了《劳动促进法》，颁布了事故保险的一些条例；还修改了《联邦社会救济法》，改善对残疾人的救济支付，增加了对特殊困难群体的救助。第二个方面，建立了一些新的社会福利制度，1951 年建立了《联邦社会救济法》、1952 年制定了《战争损失补偿法》、1960 年制定了《联邦住宅补贴法》、1964 年制定了《联邦儿童补贴法》、1969 年制定了《联邦教育法》，同时还增加了有关社会福利司法权的法律，如果在社会福利方面有纠纷，还专门制定了一些法律来规定如何处理这些纠纷并进入司法程序。第三个方面，在不断健全社会保险的同时，还在劳资合作方面进行规范，因为德国是延续俾斯麦时期的制度，保险是在工厂里建立的，所以它往往是工人与雇主进行谈判，保险要交工资的百分之几，到时候拿钱能拿百分之几，这些费率都是通过集体协商、劳资谈判的方式来进行的，所以德国在这方面也制定了一些法律：《企业法》（1952 年），《职工代表会议法》（1955 年），专为炼钢企业发展的《共同决定权法》（1951 年），以及 1976 年为雇员在 2000 人以上的大企业如何运作、如何操作增加了新的法律条款。

第四章　赣南苏区民生问题

第一节　当前我国民生发展总体水平

一、近年来我国经济形势

当前，我国发展面临的国际、国内环境复杂、严峻，全球经济复苏艰难、曲折，主要经济体走势分化。国内经济下行压力持续加大，多重困难和挑战相互交织。2014 年，我国经济社会发展总体平稳，稳中有进。“稳”的主要标志是，经济运行处于合理区间。增速稳，国内生产总值达到 63.6 万亿元，比 2013 年增长 7.4%，在世界主要经济体中名列前茅。就业稳，城镇新增就业 1322 万人，高于 2013 年。价格稳，居民消费价格上涨 2%。“进”的总体特征是，发展的协调性和可持续性增强。经济结构有新的优化，粮食产量达到 6.07 亿吨，消费对经济增长的贡献率上升 3 个百分点，达到 51.2%，服务业增加值比重由 46.9%提高到 48.2%，新产业、新业态、新商业模式不断涌现。中西部地区经济增速快于东部地区。发展质量有新的提升，一般公共预算收入增长 8.6%，研究与试验发展经费支出与国内生产总值之比超过 2%，能耗强度下降 4.8%，是近年来的最大降幅。

经济运行保持在合理区间，国内生产总值达到 67.7 万亿元，增长 6.9%，

在世界主要经济体中位居前列。粮食产量实现“十二连增”，居民消费价格涨幅保持较低水平，特别是就业形势总体稳定，城镇新增就业1312万人，超过全年预期目标。服务业在国内生产总值中的比重上升到50.5%，首次占据“半壁江山”。消费对经济增长的贡献率达到66.4%，高技术产业和装备制造业增速快于一般工业，单位国内生产总值能耗下降5.6%。

二、我国民生发展水平稳步提高，但总体偏低

2014年，我国人民生活有新的改善，全国居民人均可支配收入实际增长8%，快于经济增长；农村居民人均可支配收入实际增长9.2%，快于城镇居民收入增长；农村贫困人口减少1232万人；6600多万农村人口饮水安全问题得到解决；出境旅游超过1亿人次。2015年，全国居民人均可支配收入实际增长7.4%，快于经济增速。2015年末居民储蓄存款余额增长8.5%，新增4万多亿元，又解决了6434万农村人口饮水安全问题。扶贫攻坚力度加大，农村贫困人口减少1442万人。

我国坚持以人为本，持续增加民生投入，保基本、兜底线、建机制，尽管财政收入增速放缓、支出压力加大，财政用于民生的比例达到70%以上。总体体现在以下七个方面：

(1) 就业和社会保障得到加强。我国政府不断完善就业促进政策，推出创业引领计划，高校毕业生就业稳中有升。统一城乡居民基本养老保险制度，企业退休人员基本养老金水平又提高10%。新开工保障性安居工程740万套，基本建成511万套。全面建立临时救助制度，城、乡低保标准分别提高9.97%、14.1%，残疾军人、烈属和老复员军人等优抚对象抚恤和生活补助标准提高20%以上。2015年在财力紧张的情况下，保障民生力度继续加大。推出新的政策，重点解决高校毕业生和就业困难群体的就业创业问题。此外，我国不断提高低保、优抚、企业退休人员基本养老金等标准，推行机关事业单位养老保险制度改革并完善工资制度。

(2) 教育公平得以逐步改善。我国政府加强义务教育薄弱贫困地区学校建设，提高家庭经济困难学生资助水平，国家助学贷款资助标准大幅上调。中

等职业学校免学费补助政策扩大到三年。实行义务教育免试就近入学政策，28 个省份实现了农民工随迁子女在流入地参加高考。贫困地区农村学生上重点高校人数连续两年增长 10%以上。经过努力，全国财政性教育经费支出占国内生产总值比例超过 4%。2015 年，我国加快改善贫困地区义务教育薄弱学校办学条件，深化中小学教师职称制度改革，重点高校招收贫困地区农村学生人数又增长 10.5%。

（3）不断深入推进医药卫生改革发展。当前我国城乡居民大病保险试点扩大到所有省份，疾病应急救助制度基本建立，全民医保覆盖面超过 95%。基层医疗卫生机构综合改革深化，县乡村服务网络逐步完善。公立医院改革试点县市达到 1300 多个。2015 年，我国全面推行县级公立医院综合改革，拓展居民大病保险，建立重特大疾病医疗救助制度、困难残疾人生活补贴和重度残疾人护理补贴制度。

（4）积极发展文化事业和文化产业。我国政府推动重大文化惠民项目建设，广播电视“村村通”工程向“户户通”升级。实施文艺精品战略，完善现代文化市场体系。群众健身活动蓬勃开展。2015 年，我国政府不断加强基本公共文化服务建设。广大人民群众有了更多获得感。

（5）着力创新社会治理，促进和谐稳定。我们妥善应对自然灾害和突发事件，有序化解社会矛盾，建立健全机制，强化源头防范，保障人民生命安全，维护良好的社会秩序。国务院提请全国人大常委会审议法律议案 11 件，制定修订行政法规 8 部。2015 年，我国政务公开加快推进、推广电子政务和网上办事。建立重大政策落实督查问责机制，开展第三方评估。有效应对自然灾害和突发事件。加强安全生产监管，事故总量和重特大事故、重点行业事故数量继续下降。推进食品安全创建示范行动。强化社会治安综合治理，依法打击各类违法犯罪活动，有力地维护了公共安全。

（6）推动城镇保障性安居工程。2015 年城镇保障性安居工程住房基本建成 772 万套，棚户区住房改造开工 601 万套，农村危房改造 432 万户，一大批住房困难家庭圆了安居梦。

（7）改善农村公共服务。2015 年，我国政府加大农村基础设施建设力度，

新建改建农村公路20万公里，具备条件的乡镇和建制村要加快通硬化路、通客车。抓紧新一轮农村电网改造升级，两年内实现农村稳定可靠供电服务和平原地区机井通电全覆盖，实施饮水安全巩固提升工程，推动电子商务进农村，建设美丽宜居乡村。

三、2016年我国民生发展状况

（1）实施脱贫攻坚工程。2016年要完成1000万人以上农村贫困人口脱贫任务，其中易地搬迁脱贫200万人以上，继续推进贫困农户危房改造。中央财政扶贫资金增长43.4%。在贫困县推进涉农资金整合。坚持精准扶贫脱贫，因人因地施策。大力培育特色产业，支持就业创业。解决好通路、通水、通电、通网络等问题，增强集中连片特困地区发展能力。国家各项惠民政策和民生项目，要向贫困地区倾斜。深入开展定点扶贫、东西协作扶贫，支持社会力量参与脱贫攻坚。扶贫脱贫是硬任务，各级政府已经立下军令状，必须按时保质保量完成。

（2）切实保障改善民生，加强社会建设。为政之道，民生为本。我们要念之再三、铭之肺腑，多谋民生之利，多解民生之忧。财政收入增长虽放缓，但该给群众办的实事一件也不能少。着力扩大就业创业。实施更加积极的就业政策，鼓励以创业带动就业。2016年高校毕业生将高达765万人，要落实好就业促进计划和创业引领计划，促进多渠道就业创业。用好失业保险基金结余，增加稳就业资金规模，做好企业下岗职工再就业工作，对城镇就业困难人员提供托底帮扶，完成2100万人次以上农民工职业技能提升培训任务。加强对灵活就业、新就业形态的扶持，切实做好退役军人安置和就业创业服务工作。

（3）发展更高质量、更加公平的教育。教育承载着国家的未来、人民的期盼。公共教育投入要加大向中西部和边远、贫困地区倾斜。统一城乡义务教育经费保障机制，改善薄弱学校和寄宿制学校办学条件，鼓励普惠性幼儿园发展，办好特殊教育。大力发展现代职业教育，分类推进中等职业教育免除学杂费。对贫困家庭学生率先免除普通高中学杂费。落实提高乡村教师待遇政策。加快推进远程教育，扩大优质教育资源覆盖面。提升高校教学水平和创新能力，推动具备条件的普通本科高校向应用型转变。继续扩大重点高校面向贫困地区农村招生规模，落实和完善农民工随迁子女在当地就学和升学考试政策。支持和规范民办教育发展。从家庭到学校、从政府到社会，都要为孩子们的安全健康、成长成才担起责任，共同托起明天的希望。

（4）协调推进医疗、医保、医药联动改革。健康是幸福之基。2016 年要实现大病保险全覆盖，政府加大投入，让更多大病患者减轻负担。中央财政安排城乡医疗救助补助资金 160 亿元，增长 9.6%。整合城乡居民基本医保制度，财政补助由每人每年 380 元提高到 420 元。改革医保支付方式，加快推进基本医保全国联网和异地就医结算。扩大公立医院综合改革试点城市范围，协同推进医疗服务价格、药品流通等改革。深化药品医疗器械审评审批制度改革。加快培养全科医生、儿科医生。在 70%左右的地市开展分级诊疗试点。基本公共卫生服务经费财政补助从人均 40 元提高到 45 元，促进医疗资源向基层和农村流动。鼓励社会办医，发展中医药、民族医药事业。建立健全符合医疗行业特点的人事薪酬制度，保护和调动医务人员的积极性。完善一对夫妇可生育两个孩子的配套政策。为了人民健康，要加快健全统一权威的食品药品安全监管体制，严守从农田到餐桌、从实验室到医院的每一道防线，让人民群众吃得安全、吃得放心。

（5）织密织牢社会保障安全网。继续提高退休人员基本养老金标准。各地要切实负起责任，确保养老金按时足额发放。制定划转部分国有资本充实社保基金办法。开展养老服务业综合改革试点，推进多种形式的医养结合。落实临时救助、特困人员救助供养等制度。城、乡低保人均补助标准分别提高 5%、8%。加快健全城乡社会救助体系，使困难群众遇急有助、遇困有帮，让社会充满关爱和温暖。

（6）推进文化改革发展。用中国梦和中国特色社会主义凝聚共识、汇聚力量，培育和践行社会主义核心价值观，加强爱国主义教育。实施哲学社会科学创新工程，发展文学艺术、新闻出版、广播影视、档案等事业。建设中国特色新型智库。加强文化遗产保护利用。深化群众性精神文明创建活动，倡

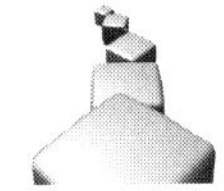

导全民阅读，普及科学知识，提高国民素质和社会文明程度。促进传统媒体与新兴媒体融合发展。培育健康网络文化。深化中外人文交流，加强国际传播能力建设。引导公共文化资源向城乡基层倾斜，推动文化产业创新发展。推进数字广播电视户户通。做好北京冬奥会和冬残奥会筹办工作，形成全民健身新时尚。

（7）加强和创新社会治理。推进城乡社区建设，促进基层民主协商。支持工会、共青团、妇联等群团组织参与社会治理。加快行业协会商会与行政机关脱钩改革，依法规范发展社会组织，支持专业社会工作、志愿服务和慈善事业发展。完善社会信用体系。切实保障妇女、儿童、残疾人权益，加强对农村留守儿童、妇女和老人的关爱。开展法治宣传教育，做好法律援助和社区矫正工作。完善国家网络安全保障体系。创新社会治安综合治理机制，以信息化为支撑推进社会治安防控体系建设，依法惩治违法犯罪行为，严厉打击暴力恐怖活动，增强人民群众的安全感。改进信访、人民调解工作，有效化解矛盾纠纷，促进社会平安祥和。

第二节 《若干意见》出台前赣南苏区民生发展水平

一、2012 年赣州市经济总体水平

2012 年赣州市实现地区生产总值（GDP）1508.43 亿元，第一产业增加值 252.41 亿元；第二产业增加值 696.78 亿元；第三产业增加值 559.24 亿元。三次产业结构由 2011 年的 17.4∶47.2∶35.4 调整至 2012 年的 16.7∶46.2∶37.1。非公有制经济实现增加值 922.99 亿元，增长 13.9%，占 GDP 比重为 61.2%。

全年居民消费价格比 2011 年上涨 2.8%，其中食品价格上涨 5.5%。商品零售价格上涨 2.6%。工业生产者购进价格下降 0.34%，其中有色金属材料及电线类下降 12.0%，农副产品类上涨 8.2%。工业品出厂价格下降 2.6%，其中

冶金工业下降 12.0%，建筑材料工业下降 4.5%，造纸工业下降 4.2%（见表 4–1）。

表 4–1　2012 年居民消费价格比上年涨跌幅度

指标	比 2011 年涨跌（%）
居民消费价格	2.8
食品	5.5
粮食	4.5
烟酒	0.8
衣着	2.9
家庭设备用品及维修服务	–0.2
医疗保健和个人用品	2.6
交通和通信	1.4
娱乐教育文化用品及服务	1.8
居住	0.3

2012 年末全市就业人员为 506.35 万人，比 2011 年末增加 14.66 万人，其中，城镇就业 108.69 万人，比 2011 年末增加 4.87 万人。年末城镇登记失业率为 3.23%。

2012 年财政总收入 230.82 亿元，比 2011 年增长 28.0%。其中公共财政收入 141.30 亿元，增长 28.4%。财政总收入占 GDP 的比重达到 15.3%，同比提高 1.8 个百分点。全年各项税收收入 210.12 亿元，增长 35.4%（见表 4–2）。

表 4–2　2012 年税收及其增长情况

	指标值（亿元）	比 2011 年增长（%）
税收合计	210.12	35.4
第一产业	0.21	29.1
第二产业	114.38	34.8
第三产业	95.53	36.1

2012 年房地产开发投资 163.27 亿元，比 2011 年增长 25.0%。商品房施工面积 1439.94 万平方米，增长 24.9%；商品房竣工面积 207.51 万平方米，下降 5.8%；商品房销售面积 392.38 万平方米，增长 22.7%。商品房销售额 204.58

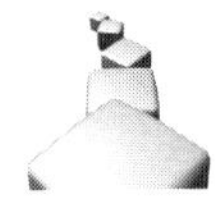

亿元，增长 46.7%。

全年保障性住房完成投资 33.19 亿元，其中中心城区完成投资 9.74 亿元；保障性住房施工面积 232.79 万平方米，其中中心城区 85.48 万平方米；保障性住房竣工面积 114.89 万平方米，其中中心城区 12.85 万平方米。

2012 年社会消费品零售总额 492.42 亿元，比 2011 年增长 15.0%。分城乡看，城镇消费品零售额 405.46 亿元，增长 15.5%；乡村消费品零售额 86.96 亿元，增长 12.5%。分行业看，批发业零售总额 160.52 亿元，增长 18.7%；零售业零售总额 289.43 亿元，增长 13.1%；住宿业零售总额 5.37 亿元，增长 17.0%；餐饮业零售总额 37.10 亿元，增长 14.1%。

2102 年货物进出口总额 328949 万美元，比 2011 年增长 12.5%。其中，货物出口 283945 万美元，增长 12.6%；货物进口 45004 万美元，增长 12.4%。主要出口国家（地区）如下：美国 62373 万美元，同比增长 20.8%；欧盟（25 国）39715 万美元，下降 2.5%；日本 37323 万美元，下降 50.1%；东盟 24341 万美元，增长 62.4%；德国 11304 万美元，下降 39.6%。出口额中，10 个县（市、区）和赣州开发区超过 5000 万美元；7 个县（市、区）和赣州开发区超过 2 亿美元，分别是章贡区、龙南县、开发区、信丰县、上犹县、瑞金市、赣县，它们的货物出口占全市货物出口总额的 83.8%。

二、赣州市民生发展基本情况

2012 年赣州市人口主要构成如表 4-3 所示。

表 4-3　2012 年赣州市人口主要构成情况

指标	年末数（万人）	比重（%）
全市总人口	926.70	100.0
男	482.16	52.0
女	444.54	48.0
18 岁以下	236.22	25.5
18~35 岁	245.42	26.5
35~60 岁	325.67	35.1
60 岁以上	119.39	12.9

2012年研究生教育招生830人，在校研究生2927人，毕业生553人。普通高等教育招生2.43万人，在校学生8.86万人，毕业生2.15万人。各类中等职业教育（包括中等专业和中等职业学校）招生5.82万人，在校学生13.57万人，毕业生3.89万人。普通高中招生5.92万人，在校学生15.10万人，毕业生4.05万人。普通初中招生14.54万人，在校学生41.25万人，毕业生12.82万人。普通小学招生16.69万人，在校学生92.83万人，毕业生14.55万人。适龄儿童小学入学率为99.9%，适龄少年初中入学率为98.8%。

电视人口覆盖率99.3%，广播人口覆盖率98.3%，全市有群艺馆、文化馆19个，组织文艺活动780次；乡镇文化站292个，组织文艺活动1465次；艺术表演团体19个，演出场次3170次；图书馆19个，有藏书210.1万册，图书流通130.3万人次；博物馆18个，文物藏品4.53万件（套），参观人数214.48万人次。年末全市共有卫生机构9023个。其中，医院58个，社区卫生服务中心（站）41个，卫生院320个，村卫生室7603个，诊所、卫生所、医务室897个，疾病预防控制中心20个，专科疾病防治院（所、站）27个，妇幼保健院（所、站）19个。卫生技术人员2.77万人，其中，执业医师和执业（助理）医师0.94万人，注册护士1.08万人，卫生机构床位2.75万张。

2012年举办群众体育活动1082次，人数45.89万人；体育健身俱乐部56个，市级体育协会21个；二级裁判员发展人数370个，二级运动员发展人数134个；公共体育场地38个，其中田径场9个，体育馆10个，游泳池10个，全民健身广场9个；少儿体育学校19个，在校学生2914人，专职教练员88人。

2012年农村居民人均纯收入5301元，比2011年增长13.2%；城市（章贡区）居民人均可支配收入18704元，增长16.5%。农村居民家庭恩格尔系数为45.4%，城市居民家庭恩格尔系数为40.0%（见表4-4）。城镇单位在岗职工平均工资32869元，增长18.3%。

2012年末全市参加城镇基本养老保险人数71.89万人，比2011年末增加6.45万人，其中参保职工53.60万人，参保离退休人员18.28万人。参加职工基本医疗保险的人数为62.39万人，增加0.71万人；参加城镇居民基本医疗

表 4-4 2008~2012 年城乡居民生活改善情况

指标	2008 年	2009 年	2010 年	2011 年	2012 年
农村居民人均纯收入（元）	3570	3856	4182	4684	5301
城市居民人均可支配收入（元）	11834	12901	14203	16058	18704
农村居民家庭恩格尔系数（%）	50.1	47.0	45.6	46.9	45.4
城市居民家庭恩格尔系数（%）	45.6	43.6	43.6	40.9	40.0

保险的人数为 141.07 万人，减少 1.46 万人；参加失业保险的人数为 34.52 万人；参加生育保险的人数为 16.2 万人。9.77 万城镇居民和 31.45 万农村居民得到政府最低生活保障。

第三节　赣南苏区民生问题严峻

一、赣南苏区民生水平严重落后于全国同期水平

（一）人均收入水平比较

2012 年，全国农民年平均收入为 7917 元，可支配收入 7019 元，食品支出占消费的 39.39%。而赣南地区农民年可支配收入 5301 元，食品支出占消费的 45.4%。全国城镇居民年平均收入为 24650 元，食品支出占消费的 36.2%。而赣南地区城镇居民收入 18704 元，食品支出占消费的 40%。

（二）教育水平差距比较

2012 年，全国在校研究生总人数 172 万人，每万人便有在校研究生 11.6 人。赣州在校研究生 0.2927 万人，每万人便有在校研究生 3.04 人。全国高等教育在校大学生 2391.8 万人，每万人便有在校大学生 161.5 人。而赣州市在校大学生人数为 8.86 万人，每万人便有在校大学生 96 人。

（三）安居工程差距

2012 年，赣州市 2012 年完成保障房 0.8 万套，每万人平均有 8.33 套。全国完成保障房 601 万套，每万人平均有 40.6 套。

（四）医疗服务水平差距

2012 年，赣州市万人拥有卫生技术人员 34.8 人，而全国卫生技术员 650 万人，每万人拥有 43.9 名卫生技术人员。

（五）私人汽车拥有量

2012 年，全国私人汽车拥有量为 12089 万辆，人均拥有 0.082 辆。而赣州私人汽车为 56.08 万辆，人均拥有 0.058 辆。

（六）养老床位差距

2012 年，全国养老床位数量为 429.8 万张，每万人均拥有 29 张。而赣州养老床位数量为 26 万张，每万人均拥有 27 张。

（七）人均消费差距

2012 年，全国零售消费品总额为 210307 亿元，人均消费 14209 元。赣州零售消费品总额为 705.21 亿元，人均消费为 7346 元。

二、赣南经济自生能力难以支持民生发展需求

假设经济中只存在两种投入——资本和劳动，为了取得自生能力，劳动价格相对低廉、资本价格相对高昂的企业应当选择劳动相对密集的生产技术，而劳动价格相对高昂、资本价格相对低廉的企业就应当选择资本相对密集的生产技术。

企业是否具有自生能力取决于企业是否选择了与整个经济的要素禀赋结构相适合的生产技术。那些选择偏离经济资源禀赋特征的企业——劳动相对丰裕经济中使用资本密集型生产技术或资本相对丰裕经济中使用劳动相对密集型生产技术的企业——往往不会具备自生能力。

"自生能力"概念还可以进一步扩展到同一产业中不同产品的选择方面。虽然一种产品的生产可以采用多种技术，即不同的要素组合，但是这些要素组合的集合在不同产品之间又有重要的差别。简单地说，与另一种产品相比，一种产品的所有生产技术的组合整体上可能是更为劳动密集或资本密集。由于这种差别，在资源禀赋不同的两个经济中，企业对于产品的选择也会不同。那些资本相对丰裕、劳动相对稀缺的企业可能会选择多生产资本相对密集的

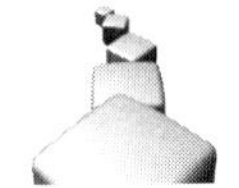

产品、少生产劳动相对密集的产品，而那些劳动相对丰裕、资本相对稀缺的企业则要选择多生产劳动相对密集的产品、少生产资本相对密集的产品。只有这样，该经济中的多数企业才具有自生能力。

林毅夫进一步将“自生能力”的概念扩展到拥有多个行业的经济。与产品的情形相类似，行业之间也存在劳动相对密集或资本相对密集的差别。同样类似的是，只有按照该经济的资源禀赋特征来配置资源，该经济中的多数企业才会具有自生能力。

一个经济中的多数企业是否具有自生能力关键取决于该经济中的企业在行业和技术上的选择是否与经济的资源禀赋结构相一致。另外，“自生能力”的概念与该经济是开放经济还是封闭经济没有必然的关系。那些封闭经济当然需要生产所有的产品——无论它是资本相对密集的还是劳动相对密集的，但其产业结构和生产技术的选择仍然会向自己更多地拥有资源的那些产业和技术倾斜。下面两种情况往往会导致经济中的许多企业不具有自生能力：

第一，在一个劳动相对丰裕、资本相对稀缺的经济中过多地发展资本相对密集型行业或产品；反之，在一个资本相对丰裕、劳动相对稀缺的经济中过多地发展劳动相对密集型行业或产品。

第二，在一个劳动相对丰裕、资本相对稀缺的经济中超前地使用资本相对密集的生产技术；反之，在一个资本相对丰裕、劳动相对稀缺的经济中保留了许多劳动相对密集的生产技术。

目前赣南苏区有“造血”能力的企业不多，企业规模小，生产技术落后，以粗放式经营为主。这是导致赣南地区经济基础非常薄弱的根本原因，目前赣南地区经济发展的财政造血能力不足。2012 年，全年全国公共财政收入 117210 亿元，人均 7920 元。而赣州市财政收入 230 亿元，人均 2395 元。其财政支出一半以上依靠国家转移支付。当地政府财政属于“吃饭”财政。因此，要快速改善当地人的生活水平，靠增强自身能力来解决需要一个漫长的时期，需要强有力的外部支援。如果没有国家支援和较大转移支付力度，赣南苏区可能会陷入“马太效应”，使之与发达地区间的差距越来越大，也难以实现在 2020 年与全国各地同步迈入小康社会的目标。

第二篇

改革实践篇

第五章　政策先行：《若干意见》的出台

第一节　《若干意见》出台的背景及赣南苏区发展目标

一、《若干意见》出台背景

赣南等中央苏区地跨赣闽粤，是土地革命战争时期中国共产党创建的最大、最重要的革命根据地，是中华苏维埃共和国临时中央政府所在地，是人民共和国的摇篮和苏区精神的主要发源地，为中国革命做出了重大贡献和巨大牺牲。由于战争创伤的影响以及自然地理等多种原因，迄今为止，中央苏区特别是赣南地区，经济发展仍然滞后，民生问题仍然突出，贫困落后面貌仍然没有得到根本改变。还有不少群众住在危旧土坯房里，喝不上干净水，不能正常用电，一些红军和革命烈士后代生活依然困窘；基础设施薄弱、产业结构单一、生态环境脆弱等制约当地经济社会发展的问题仍然比较突出。振兴发展赣南等中央苏区，既是一项重大的经济任务，更是一项重大的政治任务，对于全国革命老区加快发展具有标志性意义和示范作用。支持赣南等中央苏区振兴发展，是尽快改变其贫困落后面貌，确保与全国同步实现全面建设小康社会目标的迫切要求；是充分发挥其自身比较优势，逐步缩小区域

发展差距的战略需要；是建设我国南方地区重要生态屏障，实现可持续发展的现实选择；是进一步保障和改善民生，促进和谐社会建设的重大举措。

赣南等中央苏区既存在着历史包袱沉重、现实基础薄弱等困难和问题，又具有加快发展的有利条件和重大机遇。区位条件相对优越，是珠三角、厦漳泉地区的直接腹地和内地通向东南沿海的重要通道；特色资源丰富，素有世界钨都和稀土王国之称；正处于产业转移加快推进和工业化、城镇化加速发展阶段，市场开发潜力大；国家扶持力度进一步加大，中央苏区人民思富图强、负重拼搏的意识不断增强。当前赣南等中央苏区已进入加快发展的关键时期，必须牢牢抓住历史机遇，奋力攻坚克难，努力实现全面振兴和跨越式发展。

二、赣南苏区发展的基本原则、战略定位和目标

（一）基本原则

（1）统筹兼顾，突出重点。在中央苏区范围内，赣南具有特殊地位，面临特殊困难，要把支持赣南加快发展作为工作重点，协同推进中央苏区整体振兴发展。

（2）立足当前，着眼长远。采取更加有力的措施，力争两三年内使突出的民生问题得到有效解决；加快实施一批增强“造血”功能的工程和项目，不断提升自我发展能力。

（3）加快发展，推进转型。坚定不移地走新型工业化、城镇化道路，同步推进农业现代化，促进“三化”协调发展；坚持加快发展与转型发展相结合，努力实现又好又快发展。

（4）改革创新，开放合作。进一步解放思想，开拓创新，深化重点领域和关键环节改革，鼓励先行先试，增强发展动力和活力；加强区域合作，构筑开放平台，提高对内对外开放水平。

（5）国家扶持，自力更生。充分考虑赣南等中央苏区的特殊地位和当前面临的特殊困难，国家在资金、项目和对口支援等方面进一步加大支持力度；充分调动和发挥地方的积极性、主动性、创造性，大力弘扬苏区精神，通过

自身努力加快发展。

（二）战略定位

（1）全国革命老区扶贫攻坚示范区。集中力量打好新阶段扶贫攻坚战，编制实施罗霄山片区区域发展与扶贫攻坚规划，为全国革命老区扶贫开发、群众脱贫致富、全面建设小康社会积累经验，提供示范。

（2）全国稀有金属产业基地、先进制造业基地和特色农产品深加工基地。建设具有较强国际竞争力的稀土、钨稀有金属产业基地。依托本地资源和现有产业基础，大力发展新材料和具有特色的先进制造业。建设世界最大的优质脐橙产业基地和全国重要的特色农产品、有机食品生产与加工基地。

（3）重要的区域性综合交通枢纽。依托赣州区域性中心城市的区位优势，加快现代综合交通体系和快速通道建设，建成连接东南沿海与中西部地区的区域性综合交通枢纽和物流商贸中心。

（4）我国南方地区是重要的生态屏障。推进南岭、武夷山等重点生态功能区建设，加强江河源头保护和江河综合整治，加快森林植被保护与恢复，提升生态环境质量，切实保障我国南方地区的生态安全。

（5）红色文化传承创新区。加强革命遗址保护和利用，推动红色文化发展创新，提升苏区精神和红色文化影响力，建设全国爱国主义教育和革命传统教育基地，打造全国著名的红色旅游目的地。

（三）发展目标

到 2015 年，赣南等中央苏区在解决突出的民生问题和制约发展的薄弱环节方面取得突破性进展。尽快完成赣州市农村安全饮水、农村危旧土坯房改造、农村电网改造升级、农村中小学薄弱学校改造等任务；基础设施建设取得重大进展，特色优势产业集群进一步壮大，城镇化率大幅度提升，生态建设和环境保护取得显著成效；经济保持平稳较快发展；城乡居民收入增长与经济发展同步，基本公共服务水平接近或达到中西部地区平均水平。

到 2020 年，赣南等中央苏区整体实现跨越式发展。现代综合交通运输体系和能源保障体系基本形成；现代产业体系基本建立，工业化、城镇化水平进一步提高；综合经济实力显著增强，人均主要经济指标与全国平均水平的

差距明显缩小；人民生活水平和质量进一步提升，基本公共服务水平接近或达到全国平均水平，与全国同步实现全面建设小康社会目标。

第二节 《若干意见》的基本内容

一、优先解决突出民生问题，凝聚振兴发展民心民力

解决好民生问题是振兴发展的首要任务。要加大资金投入，集中力量尽快解决最突出的民生问题，切实改善群众生产生活条件，保护和调动人民群众参与振兴发展的积极性。

（一）加大以土坯房为主的农村危旧房改造力度

加大对赣南等中央苏区农村危旧土坯房改造支持力度，重点支持赣州市加快完成改造任务。适应城镇化趋势，结合新农村建设，积极探索创新土坯房改造方式。大力支持保障性住房建设，加大对赣州市城市棚户区改造的支持力度，加快国有工矿棚户区和国有农林场危房改造，“十二五”末基本完成改造任务。

（二）加快解决农村饮水安全问题

加大农村安全饮水工程实施力度，2014 年底前解决赣州市农村饮水安全问题，“十二五”末全面完成赣南等中央苏区农村饮水安全任务。支持有条件的农村地区发展规模化集中供水，鼓励城镇供水管网向农村延伸。建立健全农村水质安全监测系统。

（三）加强农村电网改造和农村道路建设

加快推进赣南等中央苏区新一轮农村电网改造升级，到“十二五”末建立起安全可靠、节能环保、技术先进、管理规范的新型农村电网。支持赣州市农网改造升级工程建设，电网企业加大投入，2013 年底前全面解决赣州市部分农村不通电或电压低问题。实施农村公路危桥改造，推进县乡道改造和

连通工程，进一步提高农村公路的等级标准和通达深度。

（四）提高特殊困难群体生活水平

将在农村和城镇居住，无工作单位、18周岁之前没有享受过定期抚恤金待遇且年满60周岁的烈士子女，以及试行义务兵役制后至《退役士兵安置条例》实施前入伍、年龄在60周岁以上（含60周岁）、未享受国家定期抚恤补助的农村籍退役士兵等人员纳入抚恤补助范围，落实相关待遇；积极研究在乡退伍红军老战士、失散红军等人员遗孀的定期生活补助政策；支持解决上述特殊困难对象中孤老病残优抚对象的集中供养问题；帮助残疾人改善生活条件。

二、大力夯实农业基础，促进城乡统筹发展

把解决“三农”问题放在突出位置，巩固提升农业基础地位，大力发展现代农业，促进农业稳定发展、农民持续增收，加快城乡一体化进程，打牢振兴发展的坚实基础。

（一）稳定发展粮食生产

以吉泰盆地、赣抚平原商品粮基地为重点，加强粮食生产重大工程建设，不断提高粮食综合生产能力。严格基本农田保护，支持高标准基本农田建设，加大中低产田改造投入，积极推行“单改双”，稳定粮食播种面积。支持发展现代种业，加快良种繁育体系建设。扩大对种粮农民直接补贴和农资综合补贴规模，扩大良种补贴范围。将适宜丘陵山区的中小型农机具纳入农机购置补贴范围，提高农业机械化水平。支持农业科技服务体系建设，加快新技术、新品种的引进、示范和推广。

（二）大力发展特色农业

优化农产品区域布局，推进农业结构调整，加快发展特色农业，建设面向东南沿海和中国港澳地区的重要农产品供应基地。做强脐橙产业，加快脐橙品种选育和改良，推进标准化、有机果园建设，支持储藏、加工、物流设施建设。积极推进国家脐橙工程（技术）研究中心建设，研究建立脐橙交易中心。对脐橙实行柑橘苗木补贴政策和“西果东送”政策。大力发展油茶、

毛竹、花卉苗木等特色林业，支持油茶示范基地县建设。积极发展蜜橘、茶叶、白莲、生猪、蔬菜、水产品、家禽等特色农产品。支持畜禽标准化规模养殖场（小区）建设。研究开展脐橙、蜜橘、白莲保险。支持动植物疫病防控、农产品质量安全检验检测等体系建设，扶持农业产业化龙头企业和农民专业合作社发展。支持赣州市、吉安市、抚州市建设国家现代农业示范区。

（三）促进城乡统筹发展

统筹城乡规划建设，推动城镇道路、供水、生态、环保等基础设施向农村延伸，公共服务向农村拓展。扎实推进新农村建设，加强村庄规划布局，引导农村社区建设，改善农村人居环境。大力发展县域经济，提升带动农村发展的能力。支持基础较好的中心镇壮大实力，增强向周边农村的生产生活提供服务的功能。推进户籍管理制度改革，把有合法稳定职业和稳定住所的农村人口逐步转为城镇居民。大力发展休闲农业、乡村旅游，拓展农业功能，多渠道增加农民收入。强化农村劳动力转移就业和创业能力培训，鼓励外出农民工回乡创业，建设农民创业基地。支持赣州开展统筹城乡发展综合改革试验。

三、加快基础设施建设，增强振兴发展支撑能力

坚持基础设施先行，按照合理布局、适度超前的原则，加快实施一批重大交通、能源、水利等基础设施项目，构建功能完善、安全高效的现代化基础设施体系。

（一）建设赣州综合交通枢纽

编制赣州市综合交通枢纽规划，加快构建综合交通运输体系，加强与周边城市和沿海港口城市的高效连接，把赣州建成我国重要的区域性综合交通枢纽。加快赣（州）龙（岩）铁路扩能改造，建设昌（南昌）吉（安）赣（州）铁路客运专线，规划研究赣州至深圳铁路客运专线和赣州至韶关铁路复线，打通赣州至珠三角、粤东沿海、厦漳泉地区的快速铁路通道，加快赣（州）井（冈山）铁路前期工作，加强赣州至湖南、广东、福建等周边省份铁路运输通道的规划研究，提升赣州在全国铁路网中的地位和作用。改造扩建

赣州黄金机场，研究建设航空口岸。适时将赣州黄金机场列为两岸空中直航航点。加快赣江航道建设，结合梯级开发实现赣州—吉安—峡江三级通航，加快建设赣州港。

（二）加强交通基础设施建设

完善铁路网络，加快鹰（潭）瑞（金）梅（州）铁路、浦（城）梅（州）铁路、广（州）梅（州）汕（头）铁路扩能前期工作，适时开工建设。规划研究吉安至建宁铁路。研究瑞金火车站升级改造。加强公路建设，支持大庆—广州高速公路赣州繁忙路段实施扩容改造工程，规划建设兴国—赣县、寻乌—全南、乐安—宁都—于都、广昌—建宁、金溪—资溪—光泽等高速公路。加大国省道干线公路改造力度，力争县县通国道，重点推进通县二级公路建设。加快推进国家公路运输枢纽站建设。支持三明沙县机场新建工程，扩建吉安井冈山机场、龙岩连城机场，研究建设赣东南机场和瑞金通勤机场。

（三）提高能源保障能力

研究论证瑞金电厂扩建项目，规划建设抚州电厂、粤电大埔电厂“上大压小”工程等电源点项目；推进国电井冈山水电站前期工作；支持发展风电、太阳能、生物质能发电；建设赣州东（红都）500千伏输变电工程和抚州至赣州东（红都）500千伏线路；提高县网供电保障能力，在石城县、崇义县、安远县建设220千伏变电站；取消赣州市220千伏、110千伏输变电工程建设贷款地方财政贴息等配套费用；推进樟树—吉安—赣州、泉州—赣州、揭阳—梅州—赣州等成品油管道项目建设；依托蒙西至华中电煤运输通道建设，解决赣州地区煤运问题。支持建设赣州天然气及成品油仓储基地。

（四）加快水利基础设施建设

加大支持力度，加快实施城镇防洪工程建设，提高赣州等市城镇防洪标准。开展上犹江引水、引韩济饶供水等水资源配置工程和韩江（高陂）大型水利枢纽前期工作，继续支持廖坊灌区工程建设。加快章江等大型灌区续建配套与节水改造，尽快完成病险水库除险加固。加快中小河流治理，逐步扩大赣南苏区小型农田水利重点县建设覆盖面。将一般中小型灌区新建、续建配套及节水改造，中小型排涝泵站更新改造以及小水窖、小水池、小塘坝、小泵站、小水渠“五小”水利工程纳入中央支持范围。建立山洪地质灾害监测预警预报体系。

四、培育壮大特色优势产业，走出振兴发展新路子

坚持市场导向，立足比较优势，着力培育产业集群，促进集聚发展、创新发展，推动服务业与制造业、产业与城市协调发展，构建特色鲜明、结构合理、集约高效、环境友好的现代产业体系。

（一）积极推动优势矿产业发展

发挥骨干企业和科研院所作用，加大技术改造和关键技术研发力度，促进稀土、钨等精深加工，发展高端稀土、钨新材料和应用产业，加快制造业集聚，建设全国重要的新材料产业基地。将赣南等中央苏区列为国家找矿突破战略行动重点区域，加大地质矿产调查评价、中央地质勘查基金等中央财政资金的支持力度。支持赣州建设稀土产业基地和稀土产学研合作创新示范基地，享受国家高新技术产业园区和新型工业化产业示范基地扶持政策。积极推进技术创新，提升稀土开采、冶炼和应用技术水平，提高稀土行业集中度。按照国家稀土产业总体布局，充分考虑资源地利益，在赣州组建大型稀土企业集团。国家稀土、钨矿产品生产计划指标向赣州倾斜。研究支持建设南方离子型稀土与钨工程（技术）研究中心，加大国家对稀土、钨关键技术攻关的支持力度。支持赣州建设南方离子型稀土战略资源储备基地，论证建立稀有金属期货交易中心。

（二）加快提升制造业发展水平

发挥现有产业优势，大力发展电子信息、现代轻纺、机械制造、新型建材等产业，积极培育新能源汽车及其关键零部件、生物医药、节能环保、高端装备制造等战略性新兴产业，形成一批科技含量高、辐射带动力强、市场前景广阔的产业集群。支持设立战略性新兴产业创业投资资金，建设高技术产业孵化基地。加大对重大科技成果推广应用和产业化的支持力度，增强科技创新能力。支持国内整车企业在赣州等市设立分厂。支持军工企业在赣州、吉安发展军民结合高技术产业。支持赣州新型电子、氟盐化工、南康家具以

及吉安电子信息、抚州黎川陶瓷、龙岩工程机械等产业基地建设。支持建设国家级检验检测技术研发服务平台。

（三）促进红色文化旅游产业大发展

编制赣南等中央苏区革命遗址保护规划，加大对革命旧居旧址保护和修缮力度，发挥革命旧居旧址在爱国主义教育中的重要作用。支持中央苏区历史博物馆、中央苏区烈士陵园、东固革命烈士陵园等红色文化教育基地建设。支持在瑞金建设公务员培训基地。大力发展红色旅游，将赣南等中央苏区红色旅游列入国家旅游发展战略，支持红色旅游基础设施建设。深化赣南与井冈山、闽西、粤东北的旅游合作，以瑞金为核心，高起点建设一批精品景区和经典线路，支持创建国家5A级旅游景区，推动红色旅游与生态旅游、休闲旅游、历史文化旅游融合发展。支持赣州、吉安创建国家旅游扶贫试验区。

（四）大力发展现代服务业

健全金融机构组织体系，完善金融机构、金融市场和金融产品，推动建立赣闽粤湘四省边际区域性金融资源共享机制。鼓励境内外金融机构在赣州设立经营性分支机构，支持和鼓励各金融机构发起设立新型农村金融机构。大力发展现代物流业，研究完善物流企业营业税差额纳税试点办法，支持赣州、抚州创建现代物流技术应用和共同配送综合试点城市，推动赣州、吉安综合物流园区及广昌物流仓储配送中心等项目建设。鼓励发展科技研发、工业设计和服务外包，规范发展法律咨询、信用评估、广告会展、培训认证等商务服务业。适应城镇化和人口老龄化趋势，扶持发展社区服务、家政服务、社会化养老等生活服务业。支持赣州建设服务业发展示范基地。

（五）推动产业与城市协调发展

促进产业和生产要素向城市集聚，提升城市服务功能和承载能力。支持赣州建设省域副中心城市，调整行政区划，增设市辖区，推动赣县、南康、上犹与赣州中心城区同城化发展，科学规划建设章康新区，扶持瑞金、龙南次中心城市建设。加快吉泰走廊城镇体系建设。科学规划城市功能定位和产业布局，强化城市基础设施和公共服务设施建设，增强辐射带动能力。推进数字化城市建设。

五、加强生态建设和环境保护，增强可持续发展能力

牢固树立绿色发展理念，大力推进生态文明建设，正确处理经济发展与生态保护的关系，坚持在发展中保护、在保护中发展，促进经济社会发展与资源环境相协调。

（一）加强生态建设和水土保持

加强天然林资源保护，巩固和扩大退耕还林成果，加大长江和珠江防护林工程以及湿地保护和恢复投入力度，支持自然保护区、森林公园、地质公园、湿地公园等建设。加强生物多样性保护。加强中幼龄林抚育和低质低效林改造，改善林相结构，提高林分质量。将赣州、吉安列为全国木材战略储备生产基地。支持森林防火设施建设。加大对森林管护和公益林建设扶持力度，加强草山草坡保护和利用。加大水土流失综合治理力度，继续实施崩岗侵蚀防治等水土保持重点建设工程。加强赣江、东江、抚河、闽江源头保护，开展水产种质资源保护和水生态系统保护与修复治理。深入开展瑞金、上犹等生态文明示范工程试点。支持开展生态移民搬迁、地质灾害移民搬迁。将赣州市居住在库区水面木棚的农民纳入“渔民上岸”工程。

（二）加大环境治理和保护力度

编制矿山环境综合治理规划，加大矿山地质环境治理专项资金支持力度，加快完成赣州市历史遗留矿山环境综合治理。支持城镇污水处理厂和污水管网建设，“十二五”末完成所有县城生活污水管网体系建设，支持开发区、工业园区、产业园区污水处理设施建设。推进多种污染物协同控制，加强城市大气污染防治。支持赣州市重点区域重金属污染防治和历史遗留问题综合整治，加大工业行业清洁生产推行力度。支持建设赣南危险废物处置中心，加强危险废物规范化管理。加强城乡饮用水水源保护以及陡水湖、万安水库生态环境保护与治理。推进农村清洁工程，加大农村环境综合整治和农业面源污染防治力度，支持发展农村沼气，加强乡镇垃圾处理设施建设。加强环境监管能力建设。

（三）大力发展循环经济

鼓励参与国家循环经济“十百千示范行动”，支持赣州建设铜铝有色金属循环经济产业园，推进资源再生利用产业化；严格控制高耗能、高排放和产能过剩行业新上项目，提高行业准入门槛；积极开展共伴生矿、尾矿和大宗工业固体废弃物综合利用，发展稀土综合回收利用产业；支持赣州、井冈山经济技术开发区实施循环化改造，建设国家生态工业示范园区；支持赣州开展全国低碳城市试点，实施低碳农业示范和碳汇造林工程；推进循环农业发展。支持资源型城市可持续发展。

六、发展繁荣社会事业，促进基本公共服务均等化

坚持以人为本，促进经济建设与社会发展相协调，大力发展各项社会事业，不断提高基本公共服务水平，让改革发展成果更多地惠及广大城乡居民。

（一）优先发展教育事业

加快实施学前教育三年行动计划；支持农村义务教育薄弱学校改造、边远艰苦地区农村学校教师周转宿舍建设，到 2013 年全面完成赣州市校舍危房改造，到 2015 年基本解决小学、初中寄宿生住宿问题；逐步提高农村义务教育阶段家庭经济困难寄宿生生活费补助标准，在集中连片特殊困难地区全面实施农村义务教育学生营养改善计划；加大“特岗计划”、“国培计划”向赣州市倾斜的力度；统筹研究解决普通高中债务，在实施普通高中改造计划等项目中向赣州等市进行倾斜；建立适应地方产业发展的现代职业教育体系，扶持办好中等职业学校；面向贫困地区定向招生专项计划向赣州等市倾斜，扩大部属师范大学的招生规模，支持免费师范毕业生到赣州等市中小学任教；支持江西省与有关部门共建江西理工大学，扶持赣州等市高等院校和稀土、钨、铀等优势特色学科建设；支持赣州开展教育综合改革试验。

（二）提升城乡医疗卫生服务水平

健全农村县、乡、村三级和城市社区医疗卫生服务网络，加快重大疾病防控等公共卫生服务能力建设。加强赣州市市级医院建设，支持中心城区增设三级综合医院，建设儿童、肿瘤等专科医院和市县两级中医院、妇幼保健

院，支持人口大县建设三级综合医院，到2015年千人床位数达到江西省平均水平，2020年达到全国平均水平，提升区域性医疗服务能力。加强基层医疗卫生队伍建设，积极培养全科医生。完善食品药品检验检测体系，支持赣州市食品药品检验检测中心和瑞金、龙南等区域性食品药品检验检测机构建设。加强人口和计划生育服务能力建设。

（三）加快文化体育事业发展

支持市级图书馆、文化馆、博物馆和县级文化馆、图书馆以及乡镇街道综合文化站、村及社区文化室、农家书屋等城乡公共文化设施建设。加快实施“广播电视村村通”等文化惠民工程，支持赣州市加强高山无线发射台站建设，“十二五”内提前实现户户通广播电视。加大历史文化名城名镇名村保护力度，加强非物质文化遗产保护。在新闻出版资源配置上向赣州倾斜，支持赣州按照市场化方式创办客家出版社。推动抚州黎川发展油画艺术。支持城乡公共体育设施建设。

（四）加强就业和社会保障

加强基层人力资源和社会保障公共服务平台建设，依托现有资源建设综合性职业技能实训基地。建立完善统筹城乡的社会保障体系，实现基本养老保险、基本医疗保险制度全覆盖。逐步提高新型农村社会养老保险和城镇居民社会养老保险基础养老金标准以及企业退休人员基本养老金水平。完善城乡低保制度，实现应保尽保，合理提高低保标准。支持儿童福利院、残疾人康复中心、社会养老服务机构等设施建设。支持赣州区域性救灾减灾指挥中心和救灾物资储备库、应急避难场所建设。加大对赣州社会救助资金的支持力度。

（五）强化基层社会管理服务

加强基层组织建设，创新社会管理，积极、主动地为基层群众送政策、送温暖、送服务，推动社会管理重心下移。加快社区服务中心、服务站等综合性基层平台建设，构建以城乡社区为重点的基层社会管理服务体系。进一步拓展和延伸基层社会管理服务内容，完善维护群众权益机制。提高乡村基本运转经费保障水平。

七、深化改革扩大开放，为振兴发展注入强劲活力

坚持以改革开放促振兴发展，积极探索、开拓创新，着力构建有利于加快发展、转型发展的体制机制，有序承接产业转移，打造内陆开放型经济新格局。

（一）创新体制机制

深化行政管理体制改革，加快转变政府职能，提高行政效率，优化发展环境。支持赣州发展成为较大的市，依法享有相应的地方立法权。加快要素市场建设，支持非公有制经济和中小企业发展，鼓励民间资本参与基础设施、公用事业和社会事业等领域建设。稳步开展农村土地承包经营权登记，探索农村集体建设用地流转制度改革。深化集体林权制度改革，开展经济林确权流通。采取更加灵活的措施，支持和鼓励赣州市在城乡统筹、扶贫开发、投融资等方面先行开展政策探索。研究设立瑞（金）兴（国）于（都）经济振兴试验区，鼓励先行先试，加大支持力度。支持赣州在地方金融组织体系、中小企业金融服务等方面开展改革试验。

（二）有序承接产业转移

坚持市场导向与政府推动相结合，发挥自身优势，完善产业配套条件和产业转移推进机制，依托现有产业基础，促进承接产业集中布局。支持设立赣南承接产业转移示范区，有序承接东南沿海地区产业转移，严禁高污染产业和落后生产能力转入。推动赣州“三南”（全南、龙南、定南）和吉泰走廊建设加工贸易重点承接地。在条件成熟时，在赣州出口加工区的基础上按程序申请设立赣州综合保税区，建设成为内陆开放型经济示范区。推动瑞金、龙南省级开发区加快发展，支持符合条件的省级开发区升级，在科学规划布局的基础上有序推进未设立开发区的县（区、市）设立产业集聚区。支持设立国家级高新技术产业园区。

（三）推动开放合作

强化与珠三角、厦漳泉等沿海地区的经贸联系，打造以赣州经济技术开发区为核心，以赣州“三南”至广东河源、瑞金兴国至福建龙岩产业走廊为

两翼的“一核两翼”开放合作新格局。支持建设赣闽、赣粤产业合作区。支持吉泰走廊开发，建设工业化、城镇化和农业现代化协调发展示范区，打造重要的经济增长带。建立并完善区域内更加紧密的合作机制，加强在基础设施共建共享、资源开发利用、产业发展、生态建设与环境保护等方面的合作，加快区域一体化进程。密切与鄱阳湖生态经济区、海峡西岸经济区等周边重要经济区的协作互动。鼓励与沿海地区加强铁海联运等合作。深化与中国台港澳地区在农业、环保、电子信息及服务贸易等领域的合作交流。支持省级出口基地升级为国家级外贸转型升级专业型示范基地。

第三节 《若干意见》中的扶持政策与组织保障

一、政策扶持

中央苏区特别是赣南地区经济社会发展存在特殊困难和问题，应给予特别的政策支持。

（一）赣州市执行西部大开发政策

（二）财税政策

进一步加大中央财政均衡性转移支付力度，逐步缩小地方标准财政收支缺口。加大中央财政对赣南等中央苏区振兴发展的财力补助。加大中央专项彩票公益金对赣州社会公益事业的支持力度。支持化解赣州市县乡村公益性债务，将公益性建设项目国债转贷资金全部改为拨款。中央代地方政府发行的债券向中央苏区倾斜。统筹研究将赣州列为中国服务外包示范城市并享受税收等相关优惠政策问题。

（三）投资政策

加大中央预算内投资和专项建设资金投入，在重大项目规划布局、审批核准、资金安排等方面向赣南等中央苏区倾斜。中央在赣州安排的公益性建设项目，取消县及县以下和集中连片特殊困难地区市级资金配套。加大扶贫资金投入。国家有关专项建设资金在安排赣州市公路、铁路、民航、水利等项目时，提高投资补助标准或资本金注入比例。

（四）金融政策

鼓励政策性银行在国家许可的业务范围内，加大对赣南等中央苏区的信贷支持力度。鼓励各商业银行参与赣南等中央苏区振兴发展。促进赣州地方法人金融机构加快发展，发挥差别准备金动态调整机制的引导功能，支持地方法人金融机构合理增加信贷投放，优化信贷结构，满足有效信贷需求。支持开展保险资金投资基础设施和重点产业项目建设，开展民间资本管理服务公司试点。支持符合条件的企业发行企业（公司）债券、中期票据、短期融资券、中小企业集合票据和上市融资。深化融资性担保公司或再担保公司、小额贷款公司创新试点。大力推进农村金融产品和服务方式创新，鼓励和支持设立村镇银行。

（五）产业政策

实行差别化产业政策，从规划引导、项目安排、资金配置等多方面，给予支持和倾斜。加大企业技术改造和产业结构调整专项对特色优势产业发展的支持力度。对符合条件的产业项目优先规划布局。支持赣州创建国家印刷包装产业基地，并实行来料加工、来样加工、来件装配和补偿贸易的政策。

（六）国土资源政策

在安排土地利用年度计划、城乡建设用地增减挂钩周转指标等方面，加大向赣南等中央苏区的倾斜力度。支持赣州开展低丘缓坡荒滩等未利用地开发利用试点和工矿废弃地复垦利用试点，相关指标单列管理；支持开展农村土地综合整治工作，研究探索对损毁的建设用地和未利用地开发整理成园地的，经认定可视同补充耕地，验收后用于占补平衡；支持开展稀土采矿临时用地改革试点。在符合矿产资源规划和不突破开采总量指标的前提下，支持对稀土、钨残矿、尾矿和重点建设项目压覆稀土资源进行回收利用，对因资源枯竭而注销的稀土、钨采矿权，允许通过探矿权转采矿权或安排其他资源地实行接续。对稀土、钨矿等优势矿产资源，在国家下达新增开采、生产总量控制指标时给予倾斜，积极支持绿色矿山建设。

（七）生态补偿政策

将东江源、赣江源、抚河源、闽江源列为国家生态补偿试点。结合主体功能区规划调整和完善，研究将贡江、抚河源头纳入国家重点生态功能区范围，提高国家重点生态功能区转移支付系数，中央财政加大转移支付力度。加快建立资源型企业可持续发展准备金制度。国家加大对废弃矿山植被恢复和生态治理工程的资金支持。加大对国家公益林生态补偿的投入力度。

（八）人才政策

加大东部地区、中央国家机关和中央企事业单位与赣南等中央苏区干部交流工作的力度。鼓励中央国家机关在瑞金设立干部教育培训基地。国家重大人才工程和引智项目向中央苏区倾斜，鼓励高层次人才投资创业，支持符合条件的单位申报建立院士工作站和博士后科研工作站。

（九）对口支援政策

建立中央国家机关对口支援赣州市 18 个县（市、区）的机制，加强人才、技术、产业、项目等方面的对口支援，吉安、抚州的特殊困难县参照执行。鼓励和支持中央企业在赣州发展，开展帮扶活动。支持福建省、广东省组织开展省内对口支援。鼓励社会力量积极参与对口支援。

二、切实加强组织领导

（一）加强指导协调

由发改委牵头，建立支持赣南等中央苏区振兴发展部际联席会议制度，负责对中央苏区振兴发展的指导和统筹协调，加强监督检查和跟踪落实，研究解决重大问题，重大事项及时向国务院报告。抓紧编制赣闽粤中央苏区振兴发展规划，进一步细化实化各项政策措施。国务院有关部门要结合自身职能，细化政策措施，加大支持力度，全面落实本意见提出的各项任务。

（二）强化组织实施

支持赣南等中央苏区振兴发展是一项长期而艰巨的任务。江西省、福建省、广东省人民政府要加强对本意见实施的组织领导，制订工作方案，落实工作责任，加强与有关部门和单位的沟通衔接，强化协调配合，推进本意见的实施。要按照本意见确定的战略定位和重点任务，加快重大项目建设，努力探索有利于科学发展的体制机制。涉及的重大政策、改革试点和建设项目按规定程序另行报批后实施。

（三）弘扬苏区精神

赣南等中央苏区干部群众要切实增强责任感和使命感，大力弘扬以“坚定信念、求真务实、一心为民、清正廉洁、艰苦奋斗、争创一流、无私奉献”为主要内涵的苏区精神，进一步发扬艰苦奋斗作风，振奋精神、不等不靠，齐心协力、真抓实干，推动中央苏区实现跨越式发展，不断开创振兴发展工作新局面。

第六章　民生工程：赣南苏区改革与实践

赣州市大力提升民生保障力度，科学推进全方位、多层次的普惠型民生工程，让人民群众生活得更舒适、更体面、更幸福。大力实施农村危旧土坯房改造，不断加大保障性安居工程建设力度，破解困难群众“住房难”；在江西省率先实行地方政府为乡镇卫生院订单式培养临床医学本科生，解决乡镇卫生院人才不足的问题；通过实施“雨露计划”、“金蓝领工程”等暖心工程，增强困难群众的就业创业能力。同时，加大民生资金投入力度，快速有效地解决了百姓饮水难、行路难、用电难等问题。

第一节　赣州市民生发展的战略与举措

一、战略部署

《若干意见》出台后，赣南市发改委紧紧围绕赣南苏区振兴发展工作大局，优先解决民生问题，凝聚振兴发展民心民力。解决好民生问题是振兴发展的首要任务。要加大资金投入，集中力量尽快解决最突出的民生问题，切实改善群众生产生活条件，保护和调动人民群众参与振兴发展的积极性。迅速跟进，主动作为，积极争取把国家支持中央苏区的政策措施转化为促进发展的

切实动力，着力改善贫困地区，特别是国家扶贫工作重点县以及罗霄山集中连片特困地区县的基础设施条件，全力助推打赢脱贫攻坚战。

二、五大抓手

（一）加大以土坯房为主的农村危旧房改造力度

加大对赣南等中央苏区农村危旧土坯房改造支持力度，重点支持赣州市加快完成改造任务。适应城镇化趋势，结合新农村建设，积极探索创新土坯房改造方式。大力支持保障性住房建设，加大对赣州市城市棚户区改造支持力度，加快国有工矿棚户区和国有农林场危房改造，“十二五”末基本完成改造任务。

（二）加快解决农村饮水安全问题

加大农村安全饮水工程实施力度，2014 年底前解决赣州市农村饮水安全问题，“十二五”末全面完成赣南等中央苏区农村饮水安全任务。支持有条件的农村地区发展规模化集中供水，鼓励城镇供水管网向农村延伸。建立健全农村水质安全监测系统。

（三）加强农村电网改造和农村道路建设

加快推进赣南等中央苏区新一轮农村电网改造升级，到“十二五”末建立起安全可靠、节能环保、技术先进、管理规范的新型农村电网。支持赣州市农网改造升级工程建设，电网企业加大投入，2013 年底前全面解决赣州市部分农村不通电或电压低问题。实施农村公路危桥改造，推进县乡道改造和连通工程，进一步提高农村公路的等级标准和通达深度。

（四）提高特殊困难群体生活水平

将居住在农村和城镇无工作单位、18 周岁之前没有享受过定期抚恤金待遇且年满 60 周岁的烈士子女，以及试行义务兵役制后至《退役士兵安置条例》实施前入伍、年龄在 60 周岁以上（含 60 周岁）、未享受到国家定期抚恤补助的农村籍退役士兵等人员纳入抚恤补助范围，落实相关待遇。积极研究在乡退伍红军老战士、失散红军等人员遗孀定期生活补助政策。支持解决上述特殊困难对象中孤老病残优抚对象的集中供养问题。帮助残疾人改善生活条件。

（五）重大基础设施建设

基础设施是指为社会生产和居民生活提供公共服务的物质工程设施，是用于保证国家或地区社会经济活动正常进行的公共服务系统。基础设施建设具有“乘数效应”，即能带来几倍于投资额的社会总需求和国民收入。一个国家或地区的基础设施是否完善，是其经济是否可以长期持续稳定发展的重要前提。基础设施主要包括交通运输、机场、港口、桥梁、通信、水利及城市供排水供气、供电设施和提供无形产品或服务于科教文卫等部门所需的固定资产，它是一切企业、单位和居民生产经营工作和生活共同的物质基础，是城市主体设施正常运行的保证，既是物质生产的重要条件，也是劳动力再生产的重要条件。

三、落实情况良好

（一）重大交通基础设施建设

赣龙铁路扩能改造于 2014 年底通车运营；昌赣客专已全面开工；赣深客专可研报告正在部省会签，拟于近期报国家发改委；兴泉铁路可研报告已上报国家发改委；已实现县县通高速，通车里程突破 1000 公里；南昌至宁都、寻乌至全南（安远至寻乌段）高速已建成通车；宁都至定南（赣粤界）高速及定南联络线、兴赣高速正在加快实施，其中兴赣高速已完成投资约 44 亿元；广昌至吉安高速可研已批复。赣州黄金机场改扩建项目正在加快推进，目前已完成投资 2.89 亿元。

（二）重大能源基础设施建设

（1）电源点建设推进有力。经过积极争取，华能瑞金电厂二期扩建工程已于 2015 年 11 月 4 日开工建设，目前正在进行场地平整以及设备采购；神华国华信丰火电项目已列入《江西省电力中长期发展规划》和《国家能源局 2016 年定点扶贫与对口支援工作要点》，并通过项目初可研评审，目前已启动可研编制工作；宁都火电已完成初可研报告的编制和评审；赣县抽水蓄能电站正在编制预可研。2016 年上半年，多次以市政府名义向国家能源局、省能源局行文恳请支持赣州能源发展，请求国家发改委、省能源局将赣县抽水蓄能电站和信丰、宁都火力发电项目列入国家"十三五"能源发展规划和省"十三五"电力发展规划，并早日下达信丰、宁都火电项目容量指标。

（2）各级电网更加完善。500千伏及以上输变电工程：抚州至瑞金红都500千伏线路工程的投运，实现了赣州与江西电网500千伏"双通道"，大幅提高了赣州电力供应稳定性和可靠性。220千伏电网工程建设：石城桃金坑、安远车头220千伏输变电工程均已建成，标志着赣州境内的18个县（市、区）全面迈入220千伏电网时代。110千伏电网工程建设：2016年6月13日，全省第一座110千伏国网创优示范工程——信丰古陂变电站顺利投产。

（3）油气管道建设进一步提速。樟树—吉安—赣州成品油管道已建成投产；江西省天然气管网二期工程（赣州段）11个县全面启动前期工作，石城县、上犹县、崇义县、大余县、会昌县、龙南县城市天然气管网工程项目正在建设。

（4）新能源开发利用势头良好。赣州市成功入选全国第一批创建新能源示范城市。风电项目建设情况：天润崇义龙归、大唐国际赣州安远狮头山、中电投上犹仙鹅塘、大唐国际赣州寻乌乱罗嶂、天润赣州全南天排山、金富盛新能源赣州龙南雷公山、中电投赣州寻乌基隆嶂风电场项目已开工建设。地面光伏电站建设情况：中设国联于都县盘古山镇（一期20兆瓦）、石城晶科、会昌磊鑫20兆瓦分布式地面光伏电站项目已建成并网发电。生物质发电项目：赣县王母渡、信丰垃圾焚烧发电项目正在开展前期工作。

（三）农村基础设施建设

积极争取中央预算内资金、省级专项资金以及国家专项建设基金在项目数量、投资补助标准和项目安排时序上向贫困地区，特别是向国家扶贫工作重点县和罗霄山集中连片特困地区县的贫困村倾斜，大力改善农村基础设施条件。

（1）农村危旧土坯房改造工程。2012~2015年，共争取到农村危房改造计划指标39.2万户，补助资金46.50亿元，其中中央补助资金27.81亿元，省级配套资金18.69亿元。

（2）农村安全饮水工程。着力解决偏远地区农村人口饮水安全以及农村学校饮水困难问题。2012~2015 年，共实施农村安全饮水工程 341 个，争取中央资金 8.8241 亿元。

（3）以工代赈工程。2012~2015 年，共争取以工代赈项目资金 3.58 亿元，用于建设与贫困地区经济发展和农民脱贫致富密切相关的农村生产生活设施和生态环境治理工程，包括农村公路、基本农田、农田水利等。

（4）农村电网改造工程。继续推进新一轮农村电网改造升级工程，全面解决贫困户生产生活用电问题，提高电网性能和用电质量。2016 年 1~5 月，实施农网升级改造项目 18 个，争取中央、省级农网改造升级工程资金 7.21 亿元。2012 年以来，全市共争取农网改造升级工程建设资金达 37.22 亿元，累计完成 41.39 万低电压用户治理，农村电网电压合格率提高至 99.2%。

（四）其他民生工程

（1）易地扶贫搬迁工程。积极争取国家发改委以工代赈易地扶贫搬迁计划指标，2012~2015 年，共搬迁 5707 户 27016 人，争取中央预算内资金 1.61 亿元。2016 年国家下达赣州市易地扶贫搬迁任务 54725 人，其中建档立卡贫困户 23459 人，同步搬迁人口 31266 人，争取中央预算内资金 1.64 亿元，省级专项补助资金 2345.9 万元，贴息贷款规模 8.21 亿元。

（2）农村文教卫生工程。卫生计生项目：着力完善赣州市公共卫生体系，提高赣州市公共卫生服务能力。2012 年以来，共争取地市级医院、县级医院、乡镇卫生院、乡镇卫生院周转房、村级卫生室等项目 1041 个，上级补助资金 8.6 亿元。教育项目：2012~2016 年，共争取义务教育学校建设、农村学校教师周转宿舍、农村学前教育、农村初中校舍、中等职业教育基础能力建设等项目 456 个，上级补助资金 7.57 亿元。文化项目：2012~2016 年，共争取广播电视村村通、国家文化和自然遗产保护等项目 39 个，上级补助资金 0.65 亿元。旅游项目：2012~2016 年，共争取旅游基础设施建设、旅游富民工程等项目 36 个，上级补助资金 0.69 亿元。体育项目：2012~2016 年，共争取公共体育服务设施等项目 15 个，上级补助资金 0.41 亿元。

（3）农村养老、社区服务体系工程。2012~2016 年，共争取社会养老服务体系、社会福利服务体系、残疾人服务体系建设等项目 84 个，上级补助资金

2.06 亿元。

（4）农村就业保障体系工程。加强基层就业和社会保障公共服务平台建设，加大街道乡镇公共服务平台的整合力度，2012 年以来，共争取 12 个基层就业和社会保障服务设施项目获中央预算内资金 4210 万元、省预算内资金 813 万元。加快实现县级公共就业和社会保障服务平台的全覆盖。

（5）全力支持油茶产业。推动江西省油茶产业综合开发工程研究中心顺利通过省级专家评审，获江西省发改委批复，赣州成为省内首个省级油茶工程研究中心。2015 年实施油茶产业发展项目 9 个，争取中央资金 2710 万元。

（6）大力争取专项建设基金项目。从 2015 年 7 月起，国家分批次投放专项建设基金，支持地方经济发展。到目前，已投放专项建设基金 6 批次（其中 2015 年 4 批次、2016 年 2 批次）。全市前 6 批共争取 244 个项目获得国开行、农发行基金支持额度 126.95 亿元，用于棚户区改造、养老旅游、环境保护治理等一大批改善民生及生态建设项目建设。争取基金额度占江西省争取总额比重达到 21.3%，列江西省各区市第一位。

赣州市积极补齐民生“短板”，建立长效机制，让发展成果惠及更多群众。持续推进脱贫攻坚，出台了建设全国革命老区扶贫攻坚示范区发展规划、扎实推进精准扶贫工作的实施意见和 17 个行业部门支持精准扶贫的子方案，形成“1+1+17”的精准扶贫政策体系，推动“短期治标”转化为“长效治本”。同时，加快城市棚户区改造，不让城市棚户区成为被遗忘的角落；加快教育改革发展试验区建设，完善中心城区学校布局，着力解决城区大班额、农民工子女上学难等问题；持续提升县乡村三级医疗卫生服务水平，让群众在家门口就享受到良好的医疗服务。

第二节　教育工程——以赣州市为例

一、主要做法

（1）加强领导，落实责任。鉴于人事的变动，为把“民生工程”有关教育的各项任务真正落到实处，教育局及时调整了教育“民生工程”领导小组，由黄德明局长任组长，黄元魁副局长、兰赟副局长、余炜副局长任副组长，发规科、办公室、基教科、职教科、高招办等科室负责人为成员，领导小组下设办公室，办公室设在发规科，具体负责抓好各项日常工作。各县（市、区）教育局也相应成立了教育“民生工程”相应组织机构，明确了工作责任，确保每一件实事都落实到具体股（科）室、具体单位（学校）、具体工作人员，做到事事有人抓，事事有落实，事事有实效。

（2）制定配套政策，建立健全机制。为使实施工作规范操作、有序推进，我们结合2015年好的做法，完善和制订一系列实施方案，提出了更加具体的工作措施：①会同财政、物价等部门联合下发了《关于转发〈关于江西省义务教育免费提供教科书后学校有关收费问题的通知〉的通知》（赣市教计字〔2008〕3号）文件；②制定了《关于认真做好2008年教育“民生工程”实施工作的通知》和《赣州市2008年“民生工程”教育工作目标考核方案》等一系列“民生工程”配套政策措施，为实施民生工程提供了有力的制度保障。

（3）分解民生指标，明确分担责任，落实配套资金。根据《赣州市民生工程目标责任书》，我们按照教育“民生工程”六项目标任务分解到县（市、区），并根据各项目标的经费标准，按照2007年江西省财政厅、教育厅制定经费测算办法和各级财政与县（市、区）的分担比例进行了初步测算，2008年赣州市教育“民生工程”总投入达到近7亿元，其中免除学杂费（含公用经费）资金42194万元，免费提供教书资金13765万元，补助寄宿生生活费

资金 5820 万元，资助普通高中贫困生资金 962.08 万元，资助中职贫困生资金 6014.1 万元，资助考入大学贫困生资金 1195 万元。各县（市、区）已将配套资金列入了 2008 年财政预算。在 2016 年春季开学前，全市拨付到位免杂费资金 3346.33 万元，确保了春季如期平稳开学。同时积极落实农民工子女进城入学，确保农民工子女与当地学生享受同等待遇。

（4）规范学校收费行为，坚决制止教育乱收费。根据新机制、新形势的要求，赣州市进一步加强了对学校收费工作的管理，严格规范了收费行为，避免了“一边免费，另一边乱收费”的行为发生。主要做法：①从 2008 年春季开学起，对全市城乡义务教育阶段学校学生免除学杂费和免费提供教科书后，学校只能收取寄宿生的住宿费，城市学校在国家还没有作出统一规定前，暂时可以收取借读生的借读费；②建立健全了资助家庭经济困难学生就学制度，做好对贫困学生的“两免一补”和扶助工作；③继续对学校乱收费保持高压态势，做到发现一起，查处一起，绝不姑息迁就，严厉惩处和制止教育乱收费行为。

二、各项指标完成情况

（1）“两免一补”完成情况。2008 年春季，对义务教育阶段学生免除学杂费 1221924 人，比江西省下达民生工程指标数 1213000 人多 8924 人，完成率达 100.74%；对义务教育阶段学生免费提供教科书 1221924 人，比江西省下达民生工程指标数 1172000 人多 49924 人，完成率达 104.26%；江西省下达赣州市补助贫困家庭寄宿生生活费指标数 87087 人，目前赣州市各学校正在对资助贫困生对象进行摸底调查。截至 2008 年 3 月底已到位“两免一补”资金 3607.6 万元。

（2）资助中职学生和普通高中贫困生等工作进展情况。2008 年春季，赣州市将资助中等职业学校（含技工学校）的一年级、二年级农村学生和城市家庭经济困难学生 40000 余人，比江西省政府下达民生指标数 33000 人多 7000 余人，预计完成率可达 120%。目前，各县（市、区）、各学校正对春季招生的学生进行调查摸底，此项工作正在有序推进。资助普通高中家庭经济困难学生名单已核定，待江西省下达资金后，将及时发放到学生手中；资助考入大学的家庭经济困难学生工作按管理办法将在高考录取后启动实施。

三、存在的问题和建议

（1）涉及教育“民生工程”的有关经费文件和资金江西省还未下达，补助贫困家庭寄宿生生活费和资助普通高中家庭经济困难学生经费未能发放。

（2）学生生均公用经费标准小学 300 元/生·年，初中 500 元/生·年，但目前上级仅预拨到校生均公用经费小学 20 元/生·年、初中 30 元/生·年。建议上级尽快下拨各项经费，确保赣州市教育“民生工程”顺利实施。

第三节　农村饮水安全工程——以大余县为例

2012 年以来，大余县争取苏区振兴发展实施农村安全饮水项目 14 个，争取上级资金 3481.84 万元（其中中央资金 2280.77 万元、省级配套资金 785.15 万元、市级配套资金 155.7 万元），先后实施了农村饮水安全工程，解决了 5.526 万人饮水不安全的问题（其中师生饮水困难人口 1.5462 万人），现将相关情况汇报如下。

一、2012 年农村饮水安全项目

2012 年 7 月 31 日江西省发改委、省水利厅批复黄龙镇大龙村农村饮水安全工程总投资 90.25 万元（其中中央投资 54.15 万元，地方投资 36.1 万元），解决规划内不安全饮水人口 1805 人。设计供水规模 500 立方米/天。

2012 年 11 月 12 日由赣州市发改委、市水利局批复左拔镇云山村农饮工程总投资 407.49 万元（其中中央投资 291 万元，地方投资 116.49 万元），解决规划内不安全饮水人口 7203 人。设计供水规模 1940 立方米/天。

二、2013年农村饮水安全项目

2012年12月大余县发改委和县水利局向上申报了吉村镇上村村农村饮水安全集中供水工程项目，2013年5月通过赣州市发改委对实施方案的批复。2013年7月江西省发改委、省水利厅下达了该项目投资计划为292.59万元，其中中央资金234.07万元，其他投资58.52万元（其中省级配套资金33.51万元，市级配套资金14.63万元），解决规划内不安全饮水人口5325人，师生人口878人，设计供水规模为1100立方米/天。

三、2014年农村饮水安全项目

（1）2014年6月4日，信丰县发改委、县水利局向上申报了浮江乡浮江村农村饮水安全工程（油罗口自来水工程（一期）管网延伸工程油罗口水库）、樟斗镇樟斗村碟孜岗农村饮水安全工程、樟斗镇双伏村中间塘饮水安全工程、浮江乡双田村石屋安全饮水工程、左拔镇大江村饮水安全工程5处工程，5月29日通过赣州市发改委对以上工程实施方案的批复。2014年6月19日赣州市发改委、市水利局下达了投资计划，以下是各工程基本情况、资金到位及使用情况：

1）浮江乡浮江村农村饮水安全工程（油罗口自来水工程（一期）管网延伸工程油罗口水库）下达批复总投资为1426.29万元（其中中央资金1083.32万元，省级资金162.11万元，市级资金84.49万元，县级配套资金96.37万元），解决规划内不安全饮水人口14321人，师生人口13681人，设计供水规模为2000立方米/天。

2）樟斗镇樟斗村碟孜岗农村饮水安全工程下达计划投资455.6万元（其中中央资金364.48万元，省级资金45.56万元，市级资金22.78万元，县级配套资金22.78万元），解决规划内不安全饮水人口11485人，师生人口903人，设计供水规模为2650立方米/天。

3）樟斗镇双伏村中间塘饮水安全工程下达计划总投资93.38万元（其中中央资金74.7万元，其他投资18.68万元；其中省级配套资金9.34万元，市级配套资金 4.67 万元，县级配套资金 4.67 万元），解决规划内不安全饮水人口 1849 人，设计供水规模为 200 立方米/天。

4）左拔镇大江村饮水安全工程下达计划总投资 50.6 万元（其中中央资金 40.48 万元，其他投资 10.12 万元；其中省级配套资金 5.06 万元，市级配套资金 2.53 万元，县级配套资金 2.53 万元），解决规划内不安全饮水人口 1002 人，设计供水规模为 120 立方米/天。

5）浮江乡双田村石屋安全饮水工程下达计划总投资 40.76 万元（其中中央资金 32.6 万元，其他投资 8.16 万元；其中省级配套资金 4.08 万元，市级配套资金 2.04 万元，县级配套资金 2.04 万元），解决规划内不安全饮水人口 807 人，设计供水规模为 100 立方米/天。

（2）内良白井自来水工程、吉村满埠自来水工程、樟斗蕉坑农饮工程、浮江山南农饮工程 4 处工程为江西省农村重点污染区居民饮水安全项目，省级专项资金建设。2013 年 12 月 31 日通过江西省发改委对实施方案的批复。

1）内良白井自来水工程下达计划总投资 166.95 万元。到位资金 91.16 万元（其中到位省级专项资金 88.82 万元，到位市级补助资金 2.34 万元），解决规划内不安全饮水人口 2960 人，设计供水规模为 350 立方米/天。

2）吉村满埠自来水工程下达计划总投资 256.65 万元。到位资金 173.76 万元（其中到位省级专项资金 169.26 万元，到位市级补助资金 4.5 万元），解决规划内不安全饮水人口 3469 人，设计供水规模为 400 立方米/天。

3）樟斗蕉坑农饮工程下达计划总投资 94.74 万元。到位资金 46.71 万元（其中到位省级专项资金 45.09 万元，到位市级补助资金 1.62 万元），解决规划内不安全饮水人口 948 人，设计供水规模为 120 立方米/天。

4）浮江山南农饮工程下达计划总投资 98.8 万元。到位资金 40.4 万元（其中到位省级专项资金 39.32 万元，到位市级补助资金 1.08 万元），解决规划内不安全饮水人口 788 人，设计供水规模为 100 立方米/天。

四、2015 年农村饮水安全项目

2015 年争取农村饮水安全工程有内良乡李洞村蓝屋少数民族农村饮水安

全工程和河洞金坪农村饮水安全工程2处工程。

（1）大余县内良乡李洞村蓝屋少数民族农村饮水安全工程设计供水规模95立方米/天，批复总投资39.35万元（其中中央资金25.06万元，省级配套资金7.19万元，市级配套资金3.55万元，县级配套资金3.55万元），工程解决饮水不安全人口780人。

（2）大余县河洞金坪农村饮水安全工程设计供水规模300立方米/天，计划总投资127.07万元（其中中央资金80.91万元，省级配套资金23.22万元，市级配套资金11.47万元，县级配套资金11.47万元），工程解决饮水不安全人口2518人。

以上项目均在当年已实施完成，并通过了相关部门验收，且发挥了一定的作用。

第四节　就业创业与社会保障工程——以信丰县为例

信丰县坚持“民生为本，人才优先”的工作主线，积极做好与群众利益息息相关的就业创业、社会保障、人事人才、劳动维权等工作，倾力打造民生工程，筑起了社会和谐的民生之“基”。

一、积极开展就业援助

一是广泛开展了宣传活动。充分利用招聘大会、招工服务、就业扶贫等时机，在政府网、信丰就业创业网等网络、媒体，在人员集中地点张贴宣传招工服务信息，切实帮扶企业招用工。二是成功举办了2016年信丰县工业企业用工招聘大会。参会企业130家，提供岗位7500个，求职人员与企业应聘洽谈11279人次，企业登记求职4071人次，有进厂意向2693人次。三是大力开展了服务重点企业用工专项行动。开展了两期重点企业招工工作，第一期工业重点向万辉（江西）塑胶制品有限公司等 8 家企业开展送工服务，累计招工 651 人；第二期重点帮扶江西集友日用品有限公司等 35 家企业招工。四是积极开展了就业调研工作。分城区小企业用工、外出务工人员两个专题开展了调研，为县委县政府更好地解决园区企业用工需求进行了有益的探索。五是认真做好公益性岗位管理。全县累计开发公益性岗位 1230 个，有效帮扶贫困劳动力、“4050”人员、残疾人、高校毕业生等重点群体就业。六是切实抓好高校毕业生见习工作。共收集县直机关事业单位见习岗位 305 个。七是积极开展社保补贴工作。共受理 181 人的社保补贴申请，目前正在进行审核确认。

二、切实抓好职业培训和做好小额贷款

通过开展定向培训、创业培训、电子商务培训等各类职业技能培训班，大大提高了信丰县劳动者的就业技能。截至 6 月底，积极开展受训 2338 人，其中园区定向培训 1340 人；创业培训 738 人，其中电商培训 626 人。

按照《2016 年全省小额担保贷款工作要点》的要求，坚持“稳中求进、提质转型”的发展思路，通过 “稳增长、提质量、强基础、防风险、促转型”等系列措施，在创新创业中寻找突破，实现小额担保贷款向创业担保贷款转型，为扶持创业带动和稳定就业。截至 6 月底，共发放创业贷款 4307 万元，扶持个人创业 201 人，扶持企业 5 家。

三、积极推进就业扶贫工作

主动发挥职能作用，积极协调相关部门，指导乡镇做好就业扶贫工作，促成贫困劳动力实现就业。通过开展“就业援助月”、“春风行动”、“招聘大会”、“重点企业招工”等公共就业服务活动，为贫困群众提供免费职业介绍、职业指导、政策咨询，促其上岗就业。通过社会保险补贴、贷款贴息等政策扶持，鼓励企业吸纳贫困群众就业，推进零就业家庭就业援助行动；通过政府购买公益性就业岗位等措施，对有劳动能力且有就业意愿的贫困群众实施就业援助，实现就地就近就业。截至 6 月，共帮助 616 名贫困对象实现就业，

其中公益性扶贫岗位安置就业 155 人。

截至 2016 年 6 月底，全县城镇新增就业 2690 人，完成全年任务的 64.05%，“4050”就业困难人员就业 331 人，完成全年任务的 71.96%，城镇就业率稳定在 97%，零就业家庭安置率保持 100%。新增转移农村劳动力 5590 人，完成全年任务的 71.67%，其中省内新增转移 4230 人，完成全年任务的 61.30%，工业园区新增转移 3410 人。新增家庭服务业从业人员 360 人，完成全年任务的 83.72%，县内工业园区定向培训 1340 人，完成全年任务的 51.54%，创业培训 738 人，完成全年任务的 82%，其中电商培训 626 人，完成全年任务的 189.7%。新增创业贷款预计发放 4307 万元，完成全年任务的 53.75%，失业保险参保人数 2.06 万人，完成全年任务的 100%。

四、强化扩面征缴，城镇职工基本养老保险扎实推进

（1）积极开展扩面宣传。为扩大信丰县企业职工基本养老保险覆盖面，我们利用各种媒体，多形式组织开展了对社会保险政策法规的宣传，有力地扩大了群众的政策知晓程度。

（2）积极开展被征地农民参保。出台了《信丰县被征地农民参加基本养老保险实施办法》；召开了信丰县被征地农民参保工作布置会，明确各相关单位职责；广泛开展宣传工作，将大好政策利用短信、公告以及政府信息平台公诸于众；统筹安排，周密部署，有条不紊地开展了广大被征地农民的参保缴费。目前，共有 1278 名被征地农民办理了补缴、改办手续。

（3）积极推动机关事业单位参保。按照省社保中心《关于启动机关事业单位养老保险业务经办工作的通知》和《关于明确机关事业单位养老保险个人缴费工资项目和纳入基本养老保险基金支付的统筹项目的通知》文件要求，认真梳理了信丰县机关事业单位数据信息，对人员缴费及待遇水平等指标项目逐一核查；针对全县机关事业单位数据采集工作中上报的 11141 名在职人员和 3851 名退休人员进行了审核完善，保证了数据质量，为正式启动机关事业单位参保工作夯实了基础。

（4）及时启动了助保贷款。积极与县财政局、赣州银行协调沟通，与赣州

银行达成了合作意向，并结合信丰县的实际，制定了办理流程。

（5）认真开展了生存资格认证。分成三个小组下到各乡镇，认真开展了退休人员领取养老金资格认证。在以往认证工作的基础上，再次进行了完善，灵活运用 QQ、微信等视频软件，针对临时外出、身体不便的退休人员开展视频、拍照认证工作，大大减轻了企业退休人员的负担，也为今后的重点认证对象建立了图像档案。

截至 2016 年 6 月底，全县城镇职工基本养老保险参保 48780 人，完成全年任务的 104.2%；基金征缴总额 9322 万元，完成全年任务的 54.8%；被征地农民参加养老保险总数 7490 人，完成全年任务的 124.8%。

五、落实便民措施，城镇基本医疗保险制度日趋完善

（1）全面实施代扣代缴办法。实施城镇居民、灵活就业人员医保银行缴费代扣业务，实现异地缴费，财政负担人员从统发工资代扣代缴，企业负担人员委托托收。2016 年 6 月底，已完成城镇居民、灵活就业人员、企业负担人员、财政统发人员代扣代缴业务约 10 万人次，成功代扣金额 8492 万元，稳步推进了医疗保险扩面征缴。

（2）巩固了医疗费用报销实时结算。参保人员在全市范围内，门诊、购药、住院实行“一卡通”，通过全市定点机构实时联网结算，参保对象除按规定需个人负担的费用由个人结算外，属于医保基金和大病补充医保基金报销的费用全部实行记账管理，同步运行并实行统筹区域内医疗费用实时结算，最大程度减轻了参保人员垫付医药费压力。

（3）“三险合一”征缴模式稳步推进。信丰县全面实施了城镇职工医疗、工伤、生育三项保险统一征缴；巩固市级统筹成果，实现社会保险业务管理“六个统一”；扩大了工伤、生育保险覆盖范围，保障了用人单位、企业职工的合法权益，纠正了单位和企业瞒报、漏报、选择性参保行为，稳步推进应保尽保。

（4）全力推进建筑业企业参加工伤保险。对辖区内施工项目进行了调查摸底、开展建筑业企业参加工伤保险为主题的宣传咨询活动，为施工人员免费

进行体检，通过各种有效措施，大力推进了建筑业企业参加工伤保险。

（5）加强信息系统建设。加强了“两定”机构医疗保险信息管理系统的维护与管理，及时帮助定点机构排除信息管理系统障碍，严格要求计算机按专机专用，保证医保系统及时结算、快速运行。

（6）大力推动医保服务制度化、标准化、规范化。按照“六个统一”要求，建立健全各项规章制度，设置“基本医疗保险政策宣传栏”和“投诉箱”；在县政服务中心设立医保服务窗口，常年为参保对象服务，对接 96333 服务平台，倾听群众呼声，改进和促进服务进步；在医院显要位置公布医保就医流程、方便参保患者就医购药；设立医保结算专用窗口，简化流程，提供便捷、优质的医疗服务。

截至 2016 年 6 月底，信丰县城镇医疗保险参保人数达到 100862 人，完成全年任务的 100.06%。其中：城镇职工基本医疗保险参保人数达到 38128 人，完成全年任务的 100.06%；城镇居民基本医疗保险参保人数 62734 人，完成全年任务的 100.06%；工伤保险参保人数 21196 人，完成全年任务的 100.49%；生育保险参保人数 20421 人，完成全年任务的 139.97%。

六、坚持严格管理和优化服务并重，城乡居民社会养老保险工作成效明显

（1）把握工作主动，全面推行代扣代缴工作。为做好 2016 年保费代扣代缴工作，我们做到早动员、早安排、早部署，于 2015 年 11 月 2 日召开了全县城乡居民基本养老保险工作会议。通过采取加强组织领导、强化业务培训、加大宣传力度、跟踪督促参保进度等有效措施，确保了参保缴费有序推动。

（2）创新经办方式，着力抓好村级便民服务点建设。为进一步提高城乡居保经办服务水平，扎实推进信丰县村级便民服务点建设工作，我们把完善“城乡居保便民服务点”建设和打造六个村级便民服务站精品示范点作为 2016 年工作的重点内容，切实把城乡居保惠民措施落到实处。全县共设立 297 个“城乡居保便民服务站”和 452 个“村级金融取款服务点”。便民服务站悬挂统一制作的 POS 机、支付通使用操作步骤，城乡居保政策问答，业务经办流

程图等相关知识，并配齐惠民支付通、POS 机等设备。这一方便快捷的支付方式实现了便民服务“零距离”，基本实现参保缴费、待遇领取、信息查询、生存认证“四个不出村”，为全面推行城乡居保银行代扣代缴奠定了坚实的基础。

（3）提升服务水平，抓好信息和经办平台建设。进一步做好窗口经办服务平台建设，努力打造便民为民的经办平台。加大“365 城乡居保业务查询系统”和“365 短信平台”建设力度。城乡居民足不出户就可掌握个人的基本信息、缴纳保费信息、待遇发放明细等，让参保居民把“养老钱”这本账看得清清楚楚、算得明明白白，也能放心地参保。

（4）克服工作困难，做好新老农保制度的衔接。按照江西省政府办公厅《关于新农保与老农保制度衔接有关问题的指导意见》文件要求，我们加大了新老农保衔接政策的宣传，全面推动了新老农保制度衔接工作。对老农保参保退保人员信息进行再一次的核对查实，然后要求乡镇在每个行政村、居委会张贴公示信息，参保人员在规定时间内填好合并或退保申请，最后统一由农保局汇总退保或转保。截至目前，发放新老农保衔接喷绘 600 张，公告 950 张，申请表 2500 本。截至 2016 年 6 月底，信丰县城乡居保参保人数 20.7125 万人，共收取保费总额 2648 万元，代扣代缴成功率达 78.9%；为 77309 名 60 周岁以上人员发放养老金 4026 万元，发放率达 100%。

七、坚持扩面征缴和降低成本兼顾，扎实做好失业保险的各项工作

从年初开始不断加强与财政等相关部门的联系，全力做好失业保险的扩面征缴工作，截至 6 月底，全县失业保险参保人数 2.02 万人，失业保险基金征缴 236 万元。深入开展了降低企业成本优化发展环境专项行动，进一步降低企业用工成本，从 2016 年 5 月 1 日起，将失业保险费率由现行的 2%降至 1%。

八、积极向上争取资金

社保、医保、农保、就业各经办机构先后多次赴省、市相关部门主动汇报信丰县社保基金管理情况，特别是积极汇报了信丰县社保基金缺口现状，努力争取上级对信丰县在资金和政策上的倾斜。截至 6 月底，全系统共向上争资 15382.7 万元，其中中央专项资金 13447.7 万元，省、市转移支付 1935 万元。

第五节　农村危房（土坯房）改造工程——以新干县为例

在党中央、国务院和省委、省政府的亲切关心和支持下，2010 年起新干县被确定为全省农村危房改造试点县之一。新干县农村危房（土坯房）改造取得了显著成效，既改善了民生，又促进了发展，在实践探索中走出了一条推进农村危房改造又好又快的新路子。

一、新干县农村危房（土坯房）改造工作成效

2010 年以来，在县委、县政府的高度重视下，全县农村危房（土坯房）改造工作共完成农村危房改造 3064 户，累计发放补助资金 3497.6 万元，农户自筹资金 8387 万元。2010~2012 年农村危房改造任务全面完成，并顺利通过省、市检查验收。2013 年江西省下达给新干县全年农村危房改造任务为 1750 户，已落实政策补助资金 2187.5 万元，已发放到对象补助资金 1225.5 万元，目前工作进展顺利。

二、实施农村危房改造的几点经验做法

（一）领导重视是做好危房改造工作的前提

县委、县政府高度重视农村危房改造工作，把农村危房改造作为一项重点工作来抓，每年都及时召开全县农村危房改造工作会议，研究部署全县农村危房改造工作。围绕危改工作目标任务，县、乡（镇）、村都成立了工作领导小组，县级领导小组由县长担任组长，分管副县长担任副组长，各有关单位主要负责人为成员；乡（镇）长为乡（镇）领导小组第一责任人，分管领导抓落实，各村委会由村党支部书记负总责。并将这项工作纳入县政府对乡镇的目标管理考评内容，层层签订目标责任书，形成了县包乡、乡包村、村包户，一级抓一级，层层抓落实的工作责任制。

（二）科学规划是做好危房改造工作的基础

根据省、市农村危房改造工作要求，2010 年新干县组织开展了全县农村房屋调查摸底工作，共摸查出农村危旧（土坯房）房屋 46300 户，根据调查摸底情况，及时编制了新干县农村危房改造（土坯房）“十二五”规划，为今后的农村危房改造指明了方向。在实施农村危房改造中，坚持尊重科学，按照“先规划、后建设，无规划、不建设”的原则，做到建房选址“四避一高”，即避洪水、避低洼、避泥沙流、避山体滑坡和高基础；做到选址交通方便、生产便利、安全科学，既防灾、又避险，既改善面貌、又利长远发展。坚持结合实际、注重特色，结合各村庄土地利用规划和新农村建设规划，充分挖掘地方住宅文化、民族特色，并与旅游村、文化村等特色村庄建设结合起来，找到了农村危房改造与新农村建设相结合的有效载体，形成新农村村庄整治和农村危房改造同步推进的良好局面。

（三）规范操作是做好危房改造工作的保证

在农村危房改造这一惠民工程中，新干县坚持规范运作，严格把好“六关”，努力确保这一工程经得起群众的检验，经得起质量的考验。

(1) 严把对象审查关。县农村危房改造领导小组办公室严格依照工作方案，严格按照“本人自愿申请、村民代表评议、村委会集体初查、乡政府逐

一复核、县危改办严格审批”的程序，认真组织开展调查核实和房屋安全鉴定，通过“实地看、逐户访、认真核、反复比”，按照危险房屋危险程度、家庭经济承受能力等方面因素进行认真筛选，严密鉴定审批，结果实行组、村、乡三榜公示，做到确定对象准确、公正、公开、公平。

（2）严把施工调度关。坚持加强施工管理和建设调度，县、乡两级多次召开工作会和调度会，及时研究解决建设施工中存在的问题和困难。为了加快工程进度，县危改办开展了三次全面检查和一次自查自验活动，并及时通报检查结果，为推进整个工程顺利实施打下坚实基础。

（3）严把工程质量关。组织专业技术人员定期深入村组，开展质量安全巡回检查督导，帮助和指导农户解决建房技术问题，促进建房户按照规划和设计要求进行建设，确保了房屋建设质量。

（4）严把档案管理关。村镇规划人员协同乡镇及村组干部走巷串户收集和整理农村危房改造户基本资料，实行建档管理，一户一档纸质档案及电子档案录入完成率达 100%，使改造对象档案资料完整、格式规范、真实有效。

（5）严把资金监管关。由县财政、审计、监察部门负责资金管理使用，将农村危房改造资金纳入“财政社会保障基金专户”，实行专户管理、分账核算、封闭运行、专款专用，在时间上做到按工程进度及时将资金拨付到补助对象账户一卡通上，做到不擅自更改发放补助资金对象及标准，资金发放接受群众的监督。

（6）严把验收关。实施农村危房改造县级验收，定期抽调专业技术人员与乡镇干部联合组成验收小组，对各乡镇农村危房改造工作进行交叉验收，督促所有改造对象的危房改建工作达到上级验收标准。

第七章　对口支援：中央部委的实践

第一节　中央国家机关对口支援赣南中央苏区方案

国务院办公厅印发《中央国家机关及有关单位对口支援赣南等原中央苏区实施方案》（以下简称《方案》），要求充分调动各方面积极性，形成整体合力，共同推动赣南等中央苏区加快振兴发展。

《方案》规定，对口支援工作期限初步确定为2013~2020年，2020年以后根据实施情况另行研究。到2020年，要通过支援单位、江西省、相关设区市和受援地的共同努力，使受援地有效解决突出的民生问题和制约发展的薄弱环节，干部人才队伍素质全面提升，基本生产生活条件明显改善，公共文化服务体系切实加强，特色优势产业加快发展，自我发展能力和可持续能力显著增强，为实现赣南等原中央苏区与全国同步全面建成小康社会目标提供重要支撑。

一、总体要求

（一）指导思想

高举中国特色社会主义伟大旗帜，以邓小平理论、“三个代表”重要思想、科学发展观为指导，紧紧围绕《若干意见》确定的目标任务，以提升受援地自我发展能力为重点，充分发挥支援单位职能优势，切实加大对口支援力度，帮助解决发展中的突出困难和问题，努力构建人才、技术、产业、项目相结合的对口支援工作格局，推动赣南等中央苏区实现全面振兴和跨越式发展。

（二）基本原则

（1）科学谋划，有序实施。支援单位要根据职能特点和受援地发展需要，科学制订对口支援工作方案，明确工作重点，确定分步推进的时间表，确保对口支援工作扎实有序开展。

（2）统筹兼顾，突出重点。支援单位要按照《若干意见》要求，结合自身优势，着眼受援地长远发展，统筹开展对口支援工作。要坚持把保障和改善民生、提升基本公共服务水平摆在突出位置，全面增强受援地自我发展能力和可持续发展能力。

（3）创新方式，多措并举。支援单位要在总结以往对口支援工作经验的基础上，创新对口支援方式，通过人才交流、培养培训、技术支持、产业扶持、项目引导等多种形式，着力支持受援地优化发展环境，推动对口支援工作深入开展。

（4）加强协作，形成合力。支援单位和受援地人民政府要加强组织领导，搞好协调配合，完善工作机制，推动对口支援任务全面落实。受援地要大力弘扬苏区精神，自力更生、艰苦奋斗，充分发挥主动性和创造性，推动对口支援工作取得实效。

（三）工作目标

到 2020 年，通过支援单位、江西省、相关设区市和受援地的共同努力，使受援地有效解决突出的民生问题和制约发展的薄弱环节，干部人才队伍素质全面提升，基本生产生活条件明显改善，公共文化服务体系切实加强，特色优势产业加快发展，自我发展能力和可持续发展能力显著增强，为实现赣南等中央苏区与全国同步全面建成小康社会目标提供重要支撑。

二、时间安排和结对关系

（一）时间安排

对口支援工作期限初步确定为2013~2020年，2020年以后根据实施情况另行研究。

（二）支援单位

发展改革委、中央组织部牵头，中央宣传部、中央统战部、教育部、科技部、工业和信息化部、国家民委、公安部、民政部、司法部、财政部、人力资源和社会保障部、国土资源部、环境保护部、住房和城乡建设部、交通运输部、水利部、农业部、商务部、文化部、卫生计生委、人民银行、审计署、国资委、海关总署、税务总局、工商总局、质检总局、新闻出版广电总局、体育总局、安全监管总局、食品药品监管总局、统计局、林业局、旅游局、法制办、台办、银监会、证监会、保监会、粮食局、能源局、国防科工局、烟草局、铁路局、民航局、文物局、扶贫办、供销合作总社、国家开发银行、农业发展银行参加，共计52个支援单位。

（三）受援地

江西省赣州市所辖18个县（市、区），以及参照执行对口支援政策的吉安市吉州区、青原区、吉安县、吉水县、新干县、永丰县、泰和县、万安县和抚州市黎川县、南丰县、乐安县、宜黄县、广昌县13个特殊困难县（区），共计31个县（市、区）。

（四）结对原则

对赣州市18个县（市、区）原则上各安排2个支援单位进行对口支援。对吉安市、抚州市的13个特殊困难县（区）各安排1个支援单位进行对口支援。在具体对口支援安排上，充分考虑支援单位职能优势与受援地的比较优势和发展需要。

（五）结对安排

发展改革委、中央组织部为对口支援工作牵头部门，负责对口支援工作的组织协调和统筹指导，并结合自身职能全面开展对口支援工作，不再安排具体对口支援关系。其他支援单位的结对安排如下：

（1）赣州市18个县（市、区）：

1）工业和信息化部、公安部、国资委——章贡区（含赣州经济技术开发区）。

2）财政部、银监会——瑞金市。

3）证监会、民航局——南康市。

4）科技部、国土资源部——赣县。

5）农业部、能源局——信丰县。

6）新闻出版广电总局、安全监管总局——大余县。

7）教育部、法制办——上犹县。

8）环境保护部、体育总局——崇义县。

9）交通运输部、供销合作总社——安远县。

10）海关总署、食品药品监管总局——龙南县。

11）保监会、台办——定南县。

12）商务部、国家开发银行——全南县。

13）人力资源和社会保障部、水利部——宁都县。

14）卫生计生委、粮食局——于都县。

15）民政部、烟草局——兴国县。

16）审计署、质检总局——会昌县。

17）中央宣传部、统计局——寻乌县。

18）司法部、扶贫办——石城县。

（2）吉安市特殊困难县（区）：

1）税务总局——吉州区。

2）旅游局——青原区。

3）住房和城乡建设部——吉安县。

4）国防科工局——吉水县。

5）人民银行——新干县。

6）铁路局——永丰县。

7）工商总局——泰和县。

8）林业局——万安县。

（3）抚州市特殊困难县：

1）文化部——黎川县。

2）农业发展银行——南丰县。

3）国家民委——乐安县。

4）文物局——宜黄县。

5）中央统战部——广昌县。

三、主要任务

（一）加大人才技术支援

组织开展支援单位和受援地干部的双向挂职、两地培训，各支援单位要选派优秀干部到受援地挂职。实施专业人才培养计划，加快培养受援地经济社会发展亟须的技能型人才。鼓励高层次人才投资创业，支持引进领军型人才，帮助建设高素质企业家队伍。加强技术指导，推动科研机构、高等院校开展多种形式的交流和科研合作，引导鼓励科技型企业到受援地发展。

（二）加强业务指导与支持

各支援单位要结合自身职能，紧紧围绕受援地经济社会发展需求，加强业务指导，在政策实施、项目安排、资金投入、体制创新等方面给予积极支持，帮助受援地加快振兴发展。

（三）帮助解决发展难题

各支援单位要加强与受援地的沟通，全面了解受援地经济社会发展特别是民生方面面临的突出困难和问题，充分发挥部门优势，积极协调和有效调动社会各方面力量，整合各种资源，加大对受援地支持力度，合力破解制约受援地经济社会发展的重大难题。

（四）支持中央企业开展帮扶活动

支持中央企业在赣州市发展，开展帮扶活动。鼓励中央企业自主与赣州市有关县（市、区）形成帮扶关系，通过参与地方资源开发、产业发展和重大项目建设，实现互利双赢、共同发展。中央企业帮扶工作由国资委具体负责。

四、组织领导

对口支援是一项系统工作，各支援单位和受援地人民政府要高度重视，加强协调，周密安排，扎实工作，力求取得实效。

（一）精心组织实施

各支援单位要按照《若干意见》精神和《方案》要求，抓紧与江西省、相关设区（市）及受援地人民政府协商制订工作方案并组织实施；每年年初要对对口支援工作进行部署，明确年度工作目标和任务，力争每年有实质性进展。江西省和赣州市、吉安市、抚州市人民政府要建立健全工作机制，加强与有关部门的沟通衔接，并参照本实施方案，组织安排本省、市的相关部门和单位对口支援原中央苏区有关县（市、区）。各受援地要主动配合和支持支援单位的工作，积极作为、不等不靠，合力推动对口支援工作顺利开展。

（二）加强督促落实

各支援单位要将本单位对口支援工作方案及年度工作安排、完成情况及时报送发展改革委、中央组织部。发展改革委、中央组织部要按照职能分工，加大督促检查力度，定期对对口支援工作进行总结和效果评估，适时对对口支援工作进行考核，确保对口支援工作取得实效。

第二节　中国证监会对口支援赣州市南康区

2012 年 6 月，国务院出台《若干意见》，掀开了赣南苏区振兴发展的时代篇章。2013 年 8 月，国务院印发《中央机关及有关单位对口支援赣南等原中央苏区实施方案》，明确了中国证监会对口支援赣州市南康区。2014 年 4 月，证监会出台了《中国证监会支持赣南等原中央苏区振兴发展的实施意见》。

自对口支援南康以来，证监会结合自身职责，认真贯彻《若干意见》和部级联席会议精神，科学定位，主动谋划，积极支援，先后组织 47 人次（证监会领导 1 人次，司局级领导 9 人次）来赣州调研 9 次（专题调研 3 次）。特别是 2014 年以来，在证监会下派干部曹子海的积极协调和争取下，证监会高位推动一系列对口支援工作，取得了积极成效，开启了对口支援赣南苏区振兴发展的新征程。证监会以南康为重点，按照"援区促市带省"的原则，充分发挥多层次资本市场作用，努力助推赣南苏区振兴发展，对当地经济社会发展给予大力支援。

一、完善金融组织体系，优化金融发展环境

南康民营经济活跃，但一直以来金融机构少，金融服务匮乏。对口支援伊始，证监会积极帮助南康完善金融组织体系，提升金融服务水平。

大力引进金融机构。引导和鼓励证券期货经营机构在赣南开展业务和新设分支机构，服务当地实体经济发展。共批准国内证券公司在中央苏区新设证券营业部 31 家，批准新设期货营业部 1 家。其中赣州市新增 18 家，南康新增 2 家。截至目前，赣南等中央苏区共有证券营业部 35 家，期货营业部 3 家，证券营业部的金融服务已全面覆盖赣州市 18 个县（市、区），对于推动当地企业规范经营、改制上市、挂牌等工作，提高金融服务实体经济能力，发挥了积极作用。

鼓励区域性股权交易市场服务当地实体经济。积极帮助赣州深化与深圳前海股权交易中心的合作，该中心在赣州设立办事处，在南康设立服务基地，为当地中小企业提供展示、融资服务。截至目前，赣州已有 336 家企业（南康 61 家）在该中心挂牌，其中已为 56 家企业（南康 46 家）实现融资总额 2.21 亿元（南康 1.21 亿元），实实在在地解决了部分中小微企业融资难的问题。

大力支持赣州设立法人证券公司和公募基金管理公司。2016 年 11 月 2 日，江西省委常委、赣州市委书记李炳军同志亲赴证监会洽谈赣州设立法人证券公司和公募基金管理公司等事宜，证监会领导十分重视，李超副主席亲自接见。之后，证监会派出相关部门领导和专家来赣州宣讲证券、基金管理

公司设立政策，现场指导筹备工作。

二、借助多层次资本市场，寻找地方经济突围通道

南康企业数量众多，仅中小企业就超过 3 万家，而在 2014 年以前，却没有一家挂牌上市企业。同时，家具、矿产品加工、纺织服装三大传统产业均面临粗犷经营、融资难、融资贵等发展瓶颈，转型升级、做大做强的压力较大。针对这一现状，证监会积极支持推动符合条件的企业规范改制，指导企业通过“新三板”挂牌、发行债券等方式实现直接融资。

推动企业挂牌上市。加大了全国中小企业股份转让系统支持力度，指导赣州市出台《关于加快推进企业进入全国股份转让系统挂牌的实施意见》，鼓励并推动赣州企业通过“新三板”挂牌实现直接融资，2014 年实现赣州企业新三板挂牌零的突破。截至目前，赣州市有 70 余家企业纳入“新三板”重点培育企业，20 余家企业与主办券商签约启动了“新三板”挂牌工作，现有 10 家企业挂牌（南康 1 家），另外还有 6 家企业在审。

发行债券。指导赣州开发区建设投资（集团）有限公司成功发行 20 亿元企业债，其中 5.8 亿元通过上海证券交易所发行。引进券商启动南康区城发公司申请发行 10 亿元中小企业增信集合债券工作。筹划发行 1 亿元规模的梧桐分级集合私募债，大力扶持家具产业发展。

设立产业发展基金。促成南康区中小企业投资发展有限责任公司与玖发新能源汽车有限公司共同发起设立总规模为 10 亿元的新能源汽车产业基金，加快了新能源汽车产业链的形成和发展。指导南康筹划设立区级工业创业投资引导基金，推动工业转型升级和加快发展。

三、指导地方探索金融改革创新之路

南康区位优势明显，主导产业优势突出，金融基础好。证监会积极指导南康深化金融改革创新，帮助南康争当金融发展先锋，争取创建省、市“金融改革创新试验示范区”，不断发挥辐射、带动、引领作用。

发展股权投资产业。指导制定了符合赣州（南康）实际的《关于促进私募

投资基金业发展的若干意见》等文件，鼓励包括创业投资基金在内的各类私募股权投资基金到南康注册并投资，参与产业转型升级，助推实体经济发展。目前已引进5家私募基金和4家总部经济入驻。

发展金融外包服务。争取中国基金业协会同意和支持，推动赣南金融资产交易中心在南康区设立该协会授权咨询服务机构——私募呼叫中心，依托区位和成本优势发展私募基金行业咨询等金融外包服务产业，并逐步承接资本市场行业和各类机构的外包服务。

推进要素市场建设。指导国内期货交易所开展钨、稀土、脐橙等期货品种上市可行性研究论证工作。推动国内期货交易所调查研究在赣州（南康）设立相关期货品种交割仓库。

四、积极开展人才培训培养

结合赣州（南康）实际需求，证监会主动从干部交流、定期专题培训等方面入手，大力支持赣州（南康）加强人才培训培养，努力留下对口支援队伍。

推进干部双向交流挂职工作。证监会和南康区互派优秀年轻干部挂职，促进融合与交流，并发挥桥梁纽带作用，帮助南康开展金融工作，促进对口支援工作落地。

开展金融知识专题培训。制定《中国证监会对口支援赣州（南康）培训需求计划》，定期安排专家到赣州（南康）开展专题讲座，提高地方领导干部、企业家对我国当前金融改革形势的理解与把握能力。目前，已成功举办了9期资本市场专题培训，共计培训1300多人次。组织赣州市领导干部及企业家共70人走进深交所专题培训1次。按赣州市委组织部的要求，证监会下派干部曹子海同志多次到赣州市委党校为基层领导干部讲授资本市场基础知识。

五、心系民生，大力开展社会帮扶

由于历史等原因，南康民生方面底子薄、欠账多。证监会积极推动、鼓励系统内相关单位和市场主体，通过金融扶贫、基础设施扶贫、教育扶贫、养老扶贫等方式推动民生事业发展。2016 年引进了国信证券、招商证券、中信证券 3 家证券公司，华夏基金、嘉实基金 2 家基金公司捐助资金合计 848.7 万元，用于援建南康乡镇敬老院、农村小学、郭大力故居维修等民生工程。

六、竭尽所能，充分发挥桥梁纽带作用

2014 年 1 月，证监会选派机构监管部处长曹子海同志到赣州市南康区挂职，挂任副书记、副区长，协助分管金融、苏区振兴、改革创新等工作。之前，曹子海是中国证监会创新业务监管部监管一处处长，从京城处长变身“南康老表”，是一次重大的角色转变。他说：“这对我的个人素质和能力提出了更高的要求，促使我必须尽快转换角色定位，融入新的集体，迅速进入工作状态。”

履职上任后，他经常下村入户，深入一线基层和群众，走访企业，很快就和当地干部群众打成了一片。他说：“来南康后，我深刻感受到赣南苏区各级领导班子和广大人民群众对振兴发展的渴望，对对口支援的期盼，对挂职干部的期待，我深感重任在肩，也下定决心在工作中尽心尽责，努力完成各项工作任务，助推赣南苏区振兴发展。”

认真学习调研，找准工作的出发点和落脚点。到了南康，曹子海就决定沉下心来，拜基层干部群众为师，多听、多看、多思、多干，不断加强分管领域知识的学习、研究和应用。一方面，他认真学习，为开展工作、指导实践打好基础。根据工作要求和特点，认真学习领会党中央、国务院、证监会和江西省各级领导的讲话精神和指示，查看了近几年赣州市委、市政府及南康区委、区政府的工作报告、调研报告和统计数据等资料。同时，关注国家关于金融改革创新的最新政策，认真学习掌握新三板、创业板、新股发行、优先股、沪港通等资本市场的政策动向，并坚持定期学习国内外金融监管法律法规，不断提升专业知识水平。另一方面，他坚持深入调研，及时了解情况、发现问题，找到推动工作的有力抓手。借鉴证监会工作时到证券公司调研的做法，他积极到基层一线调查研究。多次深入企业、金融机构、乡镇、区直单位和农户家中调研，例如到蓝天木业、康意服装、南山锡业、博晶科

技、罗边玻纤等南康本地有代表性的企业，重点了解南康家具、纺织服装、矿产品加工等传统行业及电子商务、新能源汽车等其他新兴行业发展情况，到中信建投证券南康营业部等金融机构，了解南康金融业特别是资本市场的发展情况，到横寨乡低保户、困难党员、“三送”帮扶对象、精准扶贫对象家中，了解困难群众的生产生活情况，到学校、乡镇敬老院、郭大力故居，了解南康民生的方方面面。

调研中，结合证监会监管职责和自身专业优势，曹子海更多地关注经济和金融的发展情况，发现南康经济和金融有以下四个突出特点：一是“无中生有”，民营经济活跃。例如，当地不产木材，但工商注册的民营家具企业有7000多家；当地没有矿产，但工商注册的民营矿产品加工企业有80多家。二是规模企业不少，存在融资需求，但企业挂牌上市意愿不强。三是企业发展面临瓶颈和困难。如南康家具企业多，但是“小、散、乱”的现象严重，普遍面临转型升级的发展瓶颈和困难。四是金融业发展较为落后。首先，金融机构组织体系不完善。以银行业和保险业机构为主，分支机构多、法人机构少，金融服务的覆盖面和满足社会多种金融服务需求的能力不足。其次，社会融资结构较单一。以银行贷款等间接融资为主，通过资本市场直接融资较少，民间资本的作用发挥不充分，满足实体经济加快发展、转型发展和跨越发展需求的能力不足。最后，金融业开放水平和风险防控能力有待提升。由于金融机构类型少，没有民营、外资机构，致使金融业整体市场化水平不高，缺乏竞争力和活力，防范风险的能力较低。

积极担当作为，在解决基层实际问题上下功夫。通过走企业、下基层、访农户等广泛扎实的调研，为顺利开展各项工作指明了方向。两年来，曹子海挂点帮扶重点企业7家，帮助企业解决融资、用地、供电等实际问题。挂点帮扶贫困农户10户，针对贫困户家庭情况和致贫原因，找准有效脱贫措施。带班接访和联合接访14次，节假日值班17次。在清明节、春节等节假日和“中共十八届四中、五中全会”、“全国两会”、“抗战胜利70周年9·3阅兵”等重大活动事件期间，调度和参与了赴京劝访维稳、扑灭森林火灾以及抓好安全生产等工作，维护了基层和谐安全稳定。

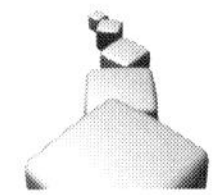

2015年1月15日，是江西华源新材料有限公司副董事长刘春明永远难忘的日子，因为这天他们公司在“新三板”正式挂牌。说起公司在“新三板”挂牌上市，刘春明表示，他第一个想要感谢的就是曹子海书记：“‘新三板’挂牌上市专业性非常强，幸亏曹书记给我们做指导，转变了我们的思想观念，帮助公司尽早着手准备并成功挂牌上市，我们非常感激他！”

挂职南康以来，曹子海积极引资引智，助推地方产业转型升级，参与筹备第一届、第二届中国（赣州）家具产业博览会，邀请了国家林业局和中国家具协会领导参加家博会，招引上市家具企业和知名企业参展，代表南康参加了国家林业局召开的新闻发布会，有效提升了南康家具的知名度和影响力。多次汇报沟通、争取商务部支持，南康家具市场成功获批成为第二批国家级电子商务示范基地。促成南康区政府与河北香河县政府签订友好县区战略合作协议，为两地长期合作及南康家具拓展北方市场奠定基础。联系拜访知名企业、商协会，邀请中国林业集团及其子公司中国林产工业公司、中国林产品公司等来南康考察投资。参加“赣州（香港）经贸合作活动”、“赣州市与全国知名民营企业合作推介会”等招商推介活动，联系一批重点客商，签约2个总投资合计50亿元的项目，引进2家家具进出口企业入驻，为南康传统产业和新兴产业的转型升级注入了强大动力。

发挥自身专业优势，主动提供智力支持。曹子海着眼于打基础、利长远，完成了《在赣州市发起新设全牌照证券公司的初步方案及可行性研究》、《南康区建设私募基金电话呼叫中心外包业务的分析》、《关于南康区建立征信中心的初步思路》、《关于对南康建立仓单质押融资第三方公共监管仓库的初步建议》、《在南康发展家具产业链金融服务的工作方案》等13项调研报告和工作方案，供地方领导决策参考。按照赣州市建设江西省次金融中心定位，积极指导南康区向江西省金融办申报争取创建省级金融创新示范区，推进金融服务创新，打造中小微企业金融服务中心。他牵头制定完善了《南康区关于促进私募投资基金业发展的若干意见》、《南康区中小企业还贷周转金管理办法（试行）》、《南康区家具产业信贷通工作方案》、《南康区民间融资登记服务机构工作管理办法（试行）》、《南康区非法集资风险全面排查活动实施方案》5个金融方面的政策文件，还牵头编写了《现代金融知识和赣南苏区振兴发展财税金融政策读本》，不断提高党政干部的金融知识水平。此外，曹子海积极争取中国证券业、基金业、期货业协会支持，增设江西理工大学、赣南师范大学为全国证券、基金从业资格考试考点和从业资格考试教材推广试点高校、远程教育培训和后续培训合作机构。

一个个政策的落地、一个个项目的推进、一个个难题的破解，都离不开证监会对口帮扶的精准发力，离不开挂职干部的倾情付出，离不开受援地的共同努力。正是在证监会的倾力支持下，畅通了赣南苏区与资本市场的对接渠道，有效推动了实体经济转型升级，切实增强了老区的内生动力和发展后劲，推进了全面振兴、跨越式发展和同步实现全面小康的步伐。

第三节　农业部对口支援信丰县

一、政策红利照耀苏区，振兴发展迎来契机

2012 年 6 月 28 日，900 万赣南苏区人民都永记心头的日子，《若干意见》正式出台。

2013 年 7 月，农业部农机鉴定总站与江西（信丰）绿萌农业发展有限公司签订果业机械试验示范基地建设备忘录，从科技、管理等各方面支持信丰农机产业发展。

2013 年 8 月，对口支援政策进一步明确，《中央国家机关及有关单位对口支援赣南等原中央苏区实施方案》及时出台，明确农业部对口支援信丰县。

接到对口支援工作任务后，农业部党组高度重视，第一时间派出调研组深入赣南苏区尤其是信丰县进行调查摸底，掌握第一手材料，并及时出台了《农业部办公厅关于印发〈关于支持江西省信丰县现代农业发展实施方案〉的通知》，这是最早将对口支援任务分解到司局的文件。

二、调研深入接地气，找准抓手促发展

2013 年 9 月，农业部贸易促进中心处长张明杰来到信丰县调研农业（脐橙）产业损害预警及农产品成本调查点工作。

2013 年 11 月，农业部发展计划司副司长刘北桦带领农业部联合调研组来到信丰县进行对口支援工作调研。调研组分成种植业、畜牧业、渔业三个组，总行程 500 多公里，对信丰县 5 个乡镇的 24 个产业基地、专业村、农业龙头企业、农民合作社、乡镇农技推广站、标准粮田建设点、新农村建设点等进行实地调研。刘北桦表示，通过此次调研，发现信丰县经济社会发展及农业发展势头不错，农业部作为对口支援部委，对下一步开展好支援工作充满信心。

为了进一步做好对口支援工作，根据中央组织部的统一安排，2014 年 1 月，农业部选派财务司副处长舒帆到信丰县挂职锻炼，任信丰县县委常委、县政府副县长，分管农粮、农机、扶贫等工作。与此同时，明确了人事劳动司挂点联系信丰县大塘埠镇六星村、发展计划司挂点联系信丰县西牛镇曾屋村。

2014 年 4 月，农业部针对赣南脐橙黄龙病暴发等情况，紧急下拨柑橘（脐橙）脱毒苗木繁育基地建设资金 120 万元，帮助信丰县建成一个年提供柑橘（脐橙）脱毒苗木 100 万株的繁育基地，为赣南脐橙再次振兴打下坚实基础。

2014 年 5 月，为解决信丰生猪养殖这个传统产业和环境污染等问题，大力发展绿色循环农业，信丰县大塘埠大型沼气工程集中供气项目获得批复，项目建设总投资 3168.20 万元，集中供气 4000 户。

2014 年 6 月，农业部制订了《关于支持江西省信丰县现代农业发展实施方案》，明确了 2020 年前重点开展八方面工作。该方案得到了江西省委书记强卫同志的高度重视，并亲自作出重要批示。8 月，人民日报专题报道《赣南苏区再启程　振兴举措焕发红土地活力》中，农业部是 39 个对口支援赣州的部委中唯一因政策出台和落实被提及的部委。

随后，农业部组织中国农科院资源区划所专家帮助信丰编制《2015~2020年信丰县现代农业发展规划》，进一步理清信丰县现代农业的发展思路、布局重点等，为信丰县科学谋划“十三五”现代农业规划。

2014 年 6 月，为进一步指导赣南脐橙黄龙病防治工作，中国农科院柑橘研究所周常勇教授一行来到信丰县专题调研柑橘黄龙病防控工作情况。

2014 年 8 月，十二届全国人大常委会委员、华中农业大学校长、中国工程院院士邓秀新来到信丰县现场指导脐橙病虫害防治、橘园管理等工作，并提出了科学、合理的意见和建议。

2014 年 11 月，农业部发展计划司司长叶贞琴一行在赣州（信丰）调研现代农业发展、现代农业示范区建设、脐橙黄龙病防控工作，并做“现代农业发展形势和任务”专题讲座。

2015 年 1 月，农业部副部长余欣荣接见赣州市振兴办主任黄金龙、信丰县县长黄蕙一行，详细听取了对口支援政策以来赣州市的发展与变化，并主动询问了赣南脐橙黄龙病等情况，表示将进一步加大对口支援力度。

农业部发文认定信丰县为第三批国家现代农业示范区，这为信丰农业现代化跨越式发展提供了强有力助推。

2015 年 2 月，农业部财务司司长李健华一行深入信丰县指导农业农村经济发展，就信丰县金融支农、电子商务、农业物流等信丰现代农业发展迫切需要解决的问题出谋划策。

2015 年 4 月，农业部加大对赣南主导产业——脐橙扶持力度，下拨农业综合开发资金 500 万元，帮助赣州市建设一座柑橘（脐橙）繁育基地。

2015 年 5 月，农业部批复实施信丰县国家现代农业示范区高标准农田建设项目，核定项目总投资 3000 万元，专项用于 2 万亩旱涝保收标准农田建设。

2015 年 6 月，为了推动信丰县国家现代农业示范区进程，农业部发展计划司派出调研组到信丰，了解信丰县经济社会发展情况、农业发展现状及柑橘黄龙病防控等工作情况，并与相关人员进行座谈。

2015 年 8 月，农业部农机推广总站副站长李安宁一行在信丰县调研农机化工作，了解防虫网、节水灌溉安装使用和果蔬采后处理设备生产等情况，并就防虫网下一步推广使用提出指导性意见。

2015 年 11 月，为更好地解决赣南脐橙黄龙病防控问题，农业部在赣州市召开全国重大植物疫情阻截防控现场会，会后种植业管理司副巡视员陈友权带领中国农科院、中国农业大学的专家学者再次来到信丰县、大余县指导黄龙病防控工作。

2015 年 11 月 10 日，2015 年赣南脐橙网络博览会（中国赣州国际脐橙节）开幕暨苏宁易购赣州馆上线启动仪式在信丰县举行。

三、扎根红土地，群众如亲人

农业部部长韩长赋多次指出，农业部离农民最近，为农民服务最具体，反映农民的愿望和呼声最直接，所以农业部的干部应该有好的作风，应该深入基层，深入农民群众，深入生产一线，为农民服务。作为从国家部委到基层挂职的干部，舒帆同志一直秉承这个原则，走出机关大楼，深入村组，直接到田间地头，到老表家中，真正做到手握手、心连心。从挂职第一天起，他迅速转变角色，甘当小学生，努力向地方干部学、向群众学、向身边的人学，想方设法了解农业农村、科教文卫、结构调整、城镇建设、精准扶贫等情况，将信丰县县情烙在了自己的脑海里，并和很多老表结下深厚的友谊。

拜师学习绝不停在口头。作为一名挂职干部，他并没有“挂”，而是真挂实下。在最短的时间内适应新的工作岗位，投入到并不熟悉的工作中。在挂职的第一个月，他就走访了信丰县人大、政协、法检两院和大部分职能部门，足迹遍布了全部（乡）镇。

2014 年，舒帆到党的群众路线教育活动挂点乡镇万隆乡高坎村讲党课时，认识了 84 岁高龄的老党员刘年娇。刘年娇老人十分健谈，见舒帆没有官架子，为人随和，拉着他的手讲述以前当村干部时带领群众奋斗的情景，还不时和旁边人开玩笑，说这细伢崽子长得好白、好壮。2016 年 8 月，他利用工作之便，再次看望了刘年娇老人，还没有走到刘年娇老人跟前，老人就一眼认出了他，笑呵呵地说道：“细伢崽子怎么乌了那么多呀！过几天不要成黑休（瘦）了。”信丰县县委书记张逸听到这件事，半开玩笑地对舒帆说：“小舒行呀，去村里不找干部也能有饭吃。”

一年多来，他扎根基层一线汲取养分，在苏区革命精神的熏染下，学会了群众的语言，掌握了基层的方法，积极投身丰富多彩的工作实践，在广阔天地里尽情挥洒着青春和汗水，结下了累累硕果。“皮肤由白变黑了，手掌由细变粗了，能力由单一变全面了。”在基层干部眼中，舒帆身上发生的变化确实很大。

四、主动对接，跑好支援挂职“第一棒”

农业部门离农民最近，为农民服务最具体，“三农”干部更应该熟悉农业、了解农村、懂得农民。到信丰挂职以来，舒帆就将自己视为“信丰老表”，矢志跑好对口支援挂职“第一棒”，主动抓好对口支援项目落地的工作，做了很多打基础、利长远的事情。

信丰县是赣南脐橙发祥地，拥有“中国脐橙之乡”之美誉，脐橙、烤烟、红瓜子、萝卜、草菇等名优特产久负盛名。在挂职期间，舒帆找准中央政策和地方实际的结合点，牵线搭桥，无缝对接，推动政策落地生根、开花结果，真正把农业部的政策支持、智力支持、资金支持、项目支持用在刀刃上，发挥出最大效益。为促进农业部与地方基层的对接和联络，他先后协调农业部人事劳动司、发展计划司、财务司、种植业管理司、中国农科院和全国农技中心等相关领导到信丰县调研指导，为信丰县振兴发展问诊把脉，出谋划策。

一年多来，舒帆充分发挥桥梁纽带作用，努力当好农业部和信丰县的纵向交通员，农业部对口支援信丰县取得了显著成效，一批富民强县项目接踵落地。2014 年，在农业部的大力支持下，信丰县实现农业总产值 40.87 亿元，向上争取农业项目资金达 1.028 亿元，同比增长 138%；信丰县国家现代农业示范区获批；成功申报成为国家现代农业示范区和江西省唯一的“国家有机产品认证示范创建区”；为信丰县农业现代化发展提供有力保障，安排 2400 万元中央定额补助资金专项用于建设 2 万亩高标准农田，以提高信丰县农业田间基础设施及农业生产能力；安排专项资金 120 万元帮助信丰县建成了一个年提供柑橘脱毒苗木 100 万株的柑橘脱毒苗木繁育基地，为信丰乃至赣南

脐橙产业健康发展打下坚实基础。

“要政策接地气，就要人先接地气”。根据信丰县经济社会发展实际，舒帆组织完成了《关于支持江西省信丰县现代农业发展实施方案》、《信丰县国家现代农业示范区规划》等文件的起草；针对赣南脐橙黄龙病等突出问题，他数十次深入果园，并到寻乌、安远等脐橙大县调研，找果农、农业企业和专家学者了解情况，撰写了《关于信丰脐橙产业发展的几点思考》，系统梳理了信丰脐橙产业存在的问题、起因和相关建议，得到当地领导干部的高度评价。

在有效推进各项分管工作的同时，舒帆坚持将系统学习和日常工作有机结合，积极参加市、县组织的党的群众路线教育实践活动和“三严三实”等系列活动，并先后多次到联系点调研，召开群众会，征求意见并指导群众路线教育实践活动有序开展。

五、身心融入，服务群众不当“局外人”

洼路走得长才会有真感情，泥土沾得多才会有真收获。一路走来，舒帆积极参与农业农村、精准扶贫、抗洪救灾、扑灭山火等工作，在实践中不断磨砺成长。2014 年 5 月 18 日傍晚，一场突如其来的强降雨袭击了信丰县，强降雨引发的山洪冲毁堤坝和公路，淹没农田，许多房屋浸水倒塌，威胁群众生命财产安全。其中万隆乡短时间内降雨量达 117.7 毫米，加上地势低洼，是全县受灾最严重的一个乡镇。

面对突如其来的自然灾害，作为中央国家机关对口支援赣南苏区振兴发展的挂职干部及挂点万隆乡的县领导，舒帆做出了不交“白卷”的选择，并立即会同信丰县有关领导冒着大雨分赴该乡圩镇、龙头等三个重灾区开展抢险救灾工作，用实际行动践行了党的群众路线教育实践活动。

来到万隆乡后，看到圩镇上洪水已漫过街道流进商铺，且水位仍在快速上涨，最深处达 2 米，多处电线杆倒塌。舒帆说：“洪灾面前，群众生命安全是重中之重。”他立即通知供电公司根据水情进行断电处理，预防漏电触电事故发生，并组织应急分队队员把受困群众转移到安全的地方。同时，帮助和引导危险区域受灾群众安全撤离。并叫来该乡派出所所长刘建国，在街道主要通道口、积水区等危险地段拉起了警戒线。

“这么晚了，又下着这么大的雨，没想到北京来的县长来到我们这里，心里挺感动的。”回忆当晚的情形，信丰县万隆乡村民李熏华印象颇深。为更好地开展抢险救灾工作，凌晨一点半，舒帆会同有关县领导召集该乡乡村两级干部召开抢险救灾调度会。汇总灾情情况，研究被困群众营救方案，部署今后几天抢险救灾工作，明确乡村两级干部和县相关单位职责分工等。所有工作安排妥当已是凌晨三点。

“洪水过后，看到圩镇到处一片狼藉，愁啊，不知要到什么时候服装店才能正常营业，没想到政府这么快就把圩镇清理好了，政府救灾很‘给力’。”万隆乡圩镇服装店主刘春年说。5 月 20 日，洪水过后，给万隆乡圩镇留下厚厚难闻的淤泥。在信丰县县委书记张逸指示下，舒帆会同其他县领导带领民兵预备役官兵和乡村干部 120 多人开展艰难的清淤防疫工作，整整一天，圩镇上洪水过后留下的淤泥和垃圾已基本清理干净。指导抗灾救灾，身体力行劳作，教育灾民艰苦奋斗，重建家园。所到之处，群众无不交口称赞。

近两年来，舒帆感觉自己与信丰同“成长”，“通过挂职锻炼，自己和基层干部群众说一样的话，干一样的事，一样解决实际困难。一年多的时间，最大的收获是将基层一线优秀务实的工作作风与方法和部委高角度全方位的视野与思维有机地结合起来，形成 1+1 大于 2 的结果。”

六、接上地气，一心为民长底气

“知屋漏者在宇下，知政失者在草野”，只有“接地气”，才能了解基层群众遇到的困难和问题，发现工作中的不足，有针对性地改进工作方式方法，提高为人民服务的能力，做事才能“有底气”。“三农”工作不同于其他工作，不仅是坐办公室看看文件、读读数据、开几次会议就能完成任务，农业农村工作更广阔的舞台在基层一线、田间地头。挂职不是“做客”，更不是“镀金”，到信丰县挂职以来，舒帆投入情、俯下身、沉下心，全方位深入一线调研，迅速实现了从办公室到田间地头的转变。为了增进与农民的感情，舒帆详细了解联系户的家庭情况和当地农业生产实际。2015 年 3 月 25 日，与信丰县万隆乡高坎村王萍、李丁贵等5户精准扶贫户结对帮扶，现场为这些贫困户把脉问诊、加油鼓劲和对症下药。

高坎村新井背小组的李丁贵家中有4口人，生有一儿一女，均未婚，儿子刚职校毕业，李丁贵与老伴身体一直不好。当听到李丁贵有养鱼的发展意愿后，舒帆立即跟镇、村干部商量解决李丁贵鱼苗、租塘的事情。同时，还叮嘱镇村干部帮助其儿子实现就业。目前，李丁贵的养鱼事业初见成效，儿子也找到了合适的工作。

挂职，并不是把职责“挂”起来，而要千方百计把工作落实下去。挂职期间，舒帆走遍了信丰县的所有村落，与农民靠在同一面墙根下，坐在同一张桌子上，当地群众齐夸他们是“好后生”。有一年春节，他来到金盆山林场瞭望台，看望妻子身患重病却从未耽误一天森林防火瞭望工作的施祖华。当时寒冬即将来临，山上异常湿冷，当得知施祖华唯一的取暖设备——电热毯坏了，就暗暗记在心里。回到信丰县城立即自己出钱购买了取暖器，请人第二天一定要送到施祖华手上。“自己只是随口一说，没有想到领导还真放心上了，现在干部离我们越来越近了！”施祖华说道。

用脚步丈量民意，用心灵倾听民声，俯下身子与群众推心置腹拉家常，甩开膀子为群众全心全意办实事，增进服务群众的感情和本领，这是舒帆到信丰挂职的真实写照。一年多的挂职工作，既是锻炼和磨炼，更是挑战和考验。“挂职虽然将要结束，但为信丰的父老乡亲服务永远不会结束，信丰将永远都是我们的第二故乡！”舒帆表示，“要将挂职经历作为一生的宝贵财富，以新的精神面貌脚踏实地开展工作。”

第四节　环境保护部对口支援崇义县

走入崇义：这边，清澈见底的扬眉江上，夕阳之下渔民伴着歌声收网归来，那边，一排排新农房矗立马路两旁，村容干净整洁；清风徐来，陡水湖上荡漾起一湖清水——良好的生态秩序、和谐的自然环境，诉说着环境保护部对口支援崇义的深情厚谊。

《若干意见》出台以来，根据国务院部署，2013 年下半年起环境保护部对口支援崇义县。两年来，环境保护部围绕创建生态文明先行示范区、建设"全国生态第一县"目标，倾情、倾智、倾力帮扶崇义，支持各类环保专项资金超过 3 亿元，在"援县促市"上，指导和支持赣州市通过竞争性评审，获得国家重金属污染防治（2015~2017 年）专项资金 4 亿元，下达赣州市水污染防治专项湖泊生态环境保护资金 2000 万元。资金、政策、项目和人才做到尽其所能、倾其所有，为赣州和崇义的发展做出不懈努力。

一、远地结好亲，倾情来关怀

2013 年 11 月 20 日，环境保护部调研组一行带着对崇义人民的深情关切，进乡村、入厂矿、看库区，深入了解崇义县经济社会发展与环境保护事业状况。

"崇义人民就是我们的亲戚。对口支援好崇义人民是我们光荣的责任。"环境保护部规划财务司司长赵华林话语铿锵有力。

为畅通沟通渠道，确保对口支援任务顺利实施。2014 年 1 月 4 日，环境保护部派出干部钟斌同志到崇义县挂职担任县委副书记、县政府副县长，同时，崇义县先后选送三名干部到环境保护部办公厅、规财司和污防司挂职锻炼，为两地架起了一座沟通的桥梁。

两年里，环境保护部翟青副部长、万本太总工程师，规划财务司、污染防治司、中国环科院、固体废物与化学品管理中心、对外合作办公室、环境保护部环境工程评估中心、环境教育杂志社等部门的领导专家亲赴崇义县开展对口支援调研指导，为后期的政策支援奠定坚实基础。

带着浓情关怀与责任，2014 年 6 月，《环境保护部 2014 年度对口支援崇义县工作方案》（以下简称《方案》）出台。《方案》明确并细化了关于开展创建生态文明建设示范区、推进重金属污染综合整治、整治重点行业污染、开展农村环境连片综合整治等 10 条对口支援具体工作任务。

“《方案》的出台实施，充分体现了国家对崇义人民的特殊关怀，也激励着我们用更加踏实的作风，做好对口支援任务，支持苏区振兴发展工作。”挂职干部钟斌说。

二、援力先援智，精准来帮扶

“今天的环保课非常有趣，原来我们把所有垃圾丢进一个垃圾箱也是在破坏环境，希望大家能把垃圾分类后再投放到垃圾箱。”过埠小学四年级学生黄成怡小朋友受益匪浅。

践行环保，观念先行。为培养环保事业接班人，做好下一代教育工作，让环保宣传深入人心，达到“环保宣传小手拉大手”的链式反应。在环境保护部的帮助下，崇义县环保局、教育局组织开展了中学生环境意识调查和“保护母亲河，从身边开始的”暑期社会实践活动；组织崇义县中小学编写环境教案，开展环境主题班会。为了提升环保宣传效果，钟斌同志亲自为14所乡镇中心小学近700位学生及1个自然村约60位村民讲解生态文明和环境保护知识，并与崇义中学环境兴趣小组开展座谈交流。

“‘援力先援智，输血变造血’这是对口支援的初衷也是根本归宿”。为给当地留下大批实用人才，实现扶贫又扶智，在环境保护部的邀请下，国内外环保专家、清华大学环境学院教授、环境教育杂志社记者和北京青年志愿者纷纷来到崇义县，深入机关、乡镇和中小学开展专题培训和讲座，推行环境教育。从传授环保知识到开展技术指导，从垃圾分类知识到重金属污染治理，专家的到来解决了崇义县环境保护和治理中的“智力”短板问题。截至目前，全县已开展相关环保培训10次，直接受益人群870多人，为该县环境保护和治理工作的可持续发展奠定了人才基础。

强有力的环保工作队伍是搞好生态建设的关键。崇义县编委会将崇义县环境监察大队转为全额拨款事业单位，增加了15个编制，核定编制总数为18名，并安排人员接受专业培训。在环境保护部人事司、污防司和生态司的组织下，崇义县选送6名干部参加了环境保护部相关培训，并安排5名环境保护部的青年干部在崇义县环保局跟班学习，和村民同吃同住同劳动，不断充实和壮大环保队伍力量。

把生态优势转化为经济优势，才能让绿色崛起之路更加顺畅。环境保护部大力宣传以江西齐云山食品有限公司、江西君子谷野生水果世界有限公司为龙头和代表的崇义生态绿色食品企业。提出了发展生态绿色食品产业和生态旅游相互促进的工作思路。通过生态旅游带动生态绿色食品的销售；通过生态绿色食品的销售带动生态旅游。两者相辅相成，相互促进，走出一条绿色产业之路。

三、维护好生态，就是维护好民生

崇义县是赣江源头县，无大江大河，水环境容量小，一点排放就可能造成污染。据此，环境保护部专家经过调研，提出崇义县水生态环境脆弱概念，并提出了首先守住“五条底线”，为进一步做好工作争取时间的思路。即在敏感、热点环保问题上，不给媒体炒作的机会和可能，如饮用水源地的保护，防止垃圾下河，防止漂浮废弃农药包装物等；不因工作不到位被省环保厅甚至环境保护部批评、处罚，如完成总量减排任务，确保出境断面水质达标等；不因污染纠纷引发较大社会矛盾；不发生大的污染事故；环保系统廉洁自律，不发生违法渎职案件。这也成为崇义的环境保护工作的具体指导思想。

“环境就是民生，青山就是美丽，蓝天也是幸福”。为解决影响科学发展和损害群众健康的突出生态环境问题，环境保护部充分发挥部门优势，帮助崇义县开展农村环境连片整治、重金属污染治理以及流域、湖泊生态环境保护工作。

“与几年前相比，现在乡村环境发生了深刻变化。垃圾下河大大减少了，消失已久的水草重新在河里生长。实行垃圾分类的做法也逐渐被大家所接受。”谈起对现在的居住环境，铅厂镇义安村村民王祥有感到十分满意。

2013 年，在环境保护部关心下，江西省环保厅下拨农村环境连片整治专项资金 1000 万元用于开展农村垃圾处理试点工作，崇义县在赣州市率先开展农村环境整治工作，并在实际探索中建立了一套“城乡一体、购买服务、管干分开”的农村垃圾处理模式。2015 年，崇义县又在赣州市率先将该模式在所有16个乡（镇）全面推广，每年投入1000万元的资金保障运行，并建立了一套长效保障机制。

2014年，为帮助推动落实污染减排环保任务目标，环境保护部专家指导崇义县城管局等部门实施污水管网防水堵漏工程和老城区污水管网及路面改造工程，大大提高了崇义县城市污水处理厂化学需氧量（COD）进水浓度。

矿业曾经是崇义最重要的支柱产业，曾经的粗放式发展欠下了环境“旧账”。前不久，传来一条好消息：《崇义县重金属防控重点区域2015~2017年重金属污染综合防治实施方案》已通过财政部、环境保护部评审，被确定为2015年重金属污染防治专项资金支持对象。“绿水青山就是金山银山”。在环境保护部的帮助下，崇义县先后启动聂都、丰州原砒霜生产场地修复治理工程、关田镇下关村柯树岭段河道底泥清淤及处理处置一期和二期工程、关田镇下关村炼砷场砷渣处理工程等重金属污染治理项目实施方案编制工作，并组织通过专家评审，各项目正在加紧组织实施之中。

保护好生态环境，就是保护好发展优势。位于崇义、上犹县交接地的陡水湖生态良好，景色宜人，是吸纳外来游客的重要景区，也是赣州市重要水源地之一。长期以来，保护陡水湖水质具有重要的经济和战略意义。2014年在环境保护部的协助下，江西省环保厅、赣州市环保局编制《陡水湖湖泊生态环境保护总体方案》，并成功纳入国家《水质较好湖泊生态环境保护总体规划（2013~2020年）》。2015年，全县投入约4000万元资金（其中，环保部支持污染防治专项湖泊生态环境保护资金1000万元）开展陡水湖水面整治。目前，320多家养殖户和水上餐馆搬迁上岸92.5%已经完成，陡水湖水质保护取得突破性进展。

随着社会、经济的飞速发展，跨境环境违法案件也逐渐呈现出上升态势。2014年、2015年崇义各发生1起广东省固体废物向县内非法转移处置案件。接到举报后，在环境保护部的精心指导下，崇义县第一时间组织公安、安监、工商、环保、林业、供电等相关部门取缔了非法处置窝点，并在江西省环保厅、赣州市环保局的支持下，广东省环保厅的配合下，对所有非法转移的上百吨固体废物退运回广东；同时，环境保护部中国环科院帮助崇义县开展了危险废物鉴别。对电子类危险废物的第2起案件，于2015年9月底依法移交公安机关，这是崇义县首例因环境违法行为被移送公安机关的案件。由于反应迅速，措施得力，环境违法行为在第一时间得到处置，给了非法企业当头一棒，起到了极大的震慑作用。

四、立足群众身边事，做好群众贴心人

环境保护部对口支援以来，坚持立足群众，服务群众，积极帮助群众解决身边实际问题，得到当地居民的高度赞誉。

“感谢环境保护部的领导干部！为我们解决了十几年的污染扰民问题。”崇义中学周边住户朱某说。

崇义中学后勤服务中心（民营企业）原锅炉为燃煤锅炉，因噪声、废气等污染，群众信访近10年。在崇义县挂职的钟斌同志得知后亲自到现场查看，并告知企业，根据《环境保护法》第六十三条，不正常运行防治污染设施等逃避监管的方式违法排放污染物的，可处十日以上十五日以下拘留。同时积极协调有关部门帮助企业进行改造，在动之以情、晓之以理的工作下，该后勤服务中心同意，以采用取消燃煤改用空气能的方式进行生产，成功破解污染和维稳难题。

钟斌同志作为环境保护部派出的挂职干部，克服环境、人缘、心理变化的困难，扎根“第二故乡”，深入当地环境保护情况。他扒开齐腰高的杂草、踩着泥泞，来到田间、河坝查看水质和土壤；走进厂矿、乡村，与当地老表交友交心；陪同县委、县政府主要领导和相关部门，赴环境保护部汇报崇义县工作情况累计30余次，给予当地环保事业极大助力。

“上任第一天，就接到省环保厅关于崇义县出境断面水质超标的函；第一周，又接到省环保厅对崇义污染总量减排工作的预警通知，主要是污水处理厂进水浓度过低；接着2月底‘两会’期间，代表和委员对扬眉江污染反映强烈。”谈及工作面临的困难，钟斌深有感触。尽管崇义县森林覆盖率高达88.3%，长期以来以“中华绿谷，天然氧吧”为骄傲，但崇义有青山无绿水的现实着实令人尴尬。

崇义县扬眉镇扬眉江因为水污染，被当地人称为“米汤河”，一天下午在村民家中调研时，听说因为院子里的水井被污染，泡出来的茶水不能喝，只好废弃。钟斌遂将井水打上来泡茶，发现茶水没有变黑，于是尝试喝了一口，导致头疼、头晕，直到晚上八点不适症状才减轻。对污染感同身受，加强了治理污染的决心。2014 年起，钟斌带头组织开展辖区内流域水质污染整治，严厉查处各类环境违法行为。通过出台《从严打击污染环境违法犯罪行为的通告》、停止向拟停产整治的污染企业贷款和开展联合执法等手段，依法取缔了 31 家无证非法小矿产品加工作坊；全面停产整顿 21 家小矿产品加工厂。全县流域水环境质量逐渐好转，十年来浑浊不堪的“米汤河”扬眉江已清澈见底，重现老表下河捕鱼的身影。该河也被当地老表称为“一口茶喝出来的清水”。

自挂职以来，钟斌广结善缘，多办实事，帮助思顺乡老农卖生态猪，组织环境保护部 5 名青年干部为贫困户捐款，给贫困户小孩送去书籍，凡是农村安全饮水工程、儿童生命健康教育等工作他都亲力亲为。

为帮助改善当地民生、教育事业。钟斌又引导环保企业和人士到崇义开展捐资助学活动，先后为崇义县乡村学校捐赠营养粉、多媒体梦想教室、便携式投影仪、高倍望远镜、图书、防潮垫等物资，累计 240 多万元。

“东风徐徐送暖来，春来新叶遍城隅。”两年的倾力帮扶，环境保护部奋力作为，不辱使命，崇义县积极对接，凝心聚力。崇义县各部门、乡镇、企业和社会生态环保意识不断提高；初步形成各部门齐抓共管的局面；县环保局转变工作作风，战斗力日益提高；污染治理取得积极成效；扬眉江水质明显改善；全县农村环境面貌明显改观。

“青山有色花含笑；绿水无弦鸟作歌。”环境保护部倾力帮扶的日日夜夜，在崇义史上留下厚重的一笔；挂职干部的深情厚谊，崇义人民铭记在心。崇义县定当牢记使命，在环保路上阔步前行，让这方山水绽放出迷人光彩，让崇义成为赣州西部一颗璀璨的明珠。

第五节　交通运输部对口支援安远县

宁定高速公路建设如火如荼、车头至县城一级公路改建和长沙里田线县道升级加速推进、S223 省道施工紧锣密鼓、龙布至塘村 G238 公路如期开工……

深秋时节，走马安远县城乡的交通项目建设工地，处处可以看到热火朝天的施工场景。自 2014 年交通运输部对口支援安远县工作启动以来，交通运输部全方位、立体式地对口支援帮扶当地交通项目建设，帮助该县突破制约发展的交通瓶颈，使安远交通迎来了发展新篇章。

两年来，交通运输部坚持统筹兼顾、远近结合、突出重点、合力推进的工作方法，努力构建交通运输与民生、产业相结合的对口支援工作格局，通过交通干线网建设、农村公路升级改造、旅游交通基础设施建设、客运物流站场建设、干部业务培训等强有力的帮扶措施，帮助安远县实现“构建大交通”战略，形成对外联通、对内畅通的“外通内联”的立体式交通网络，将安远县打造成赣州南部重要的综合交通枢纽，为改革振兴提供了强劲“引擎”，奏响了一曲曲道路交通建设的新乐章，铺就了一条条致富路。

一、真情对口，推进援建工作

“来了，来了，车来了。”安远县富恒农业公司的蔬菜配送车从寻全高速安远出口驶入凤山乡凤山村，翘首等待的 10 余名农户熟练地肩挑手扛，合力将早上刚采摘的蔬菜送上配送车。蔬菜早晨采摘，中午便可上餐桌。寻全高速的开通，给富恒农业公司带来了利好，该公司每天光销往广东的蔬菜就达 2000 公斤。

随着寻全高速的建成通车和宁定高速的开工建设，被大山阻隔的安远县从此开门迎客，跳出大山闯世界。

安远县地处赣粤边界的中央苏区内陆山，在交通运输部对口支援工作开展之前，安远县没有高速、铁路和国道，是典型的“三不靠”苏区贫困县，落后的交通成为制约安远社会经济发展的重大瓶颈。数据显示，2013 年，安远全县 GDP 44.5 亿元，财政总收入仅 5.36 亿元，全县规模以上工业总产值仅 20 亿元，各项经济发展指标排在江西省末列。

行路之难，刻骨铭心；修路之切，铭肌镂骨。

千古百业兴，先行在交通。为了破解安远苏区发展瓶颈，党中央、国务院安排国家交通运输部和供销总社对口支援安远苏区。对口支援工作开展以来，交通运输部高度重视对口支援安远苏区工作，杨传堂部长、翁孟勇副部长、部党组成员刘小明、部党组成员兼总规划师戴东昌等部领导不远万里亲赴安远县实地调研，部党组和运输服务司还将安远县交通局列为党的群众路线教育实践活动联系点，高位推动对口支援工作，并于 2013 年底印发了《交通运输部对口支援安远县振兴发展工作方案》。江西省交通运输厅也于 2014 年初出台了相应的对口支援工作方案，省厅朱希厅长、梁必康副厅长等省厅领导数次到安远实地指导对口支援工作，部省对口援助力度之大，前所未有。

2014~2015 年，交通运输部对安远积极实施政策支援，落实安远县倾斜享受西部政策，支持交通基础设施建设。大力实施资金支援和项目支援，落实到位对口支援资金 4 亿元，支持寻全高速补助 18 亿元，并全方位、大手笔支持安远县对农村公路升级改造，两年来共投资 8.5 亿元，实施国省道及农村公路改造建设 559.9 公里。大力实施人才支援，落实市、县交通干部 6 人次参加全国性业务培训，落实市、县交通干部 2 人次到交通运输部挂职锻炼。与此同时，在部委的带领下，省交通运输厅、省公路局倾斜支持安远县国省道大修，市交通运输局、市公路局对安远县项目予以优先安排，特事特办，快审快批。

在交通运输部的关心支持下，安远县的交通发展环境得到了全面优化，全县迎来了前所未有的发展机遇。

交通运输部积极谋划，带领省、市、县通力合作，对口支援工作取得历史性突破，成效显著：寻全高速、宁定高速一通一建，形成“十”字形高速网络。S219 沙龙线的贯通，将安远与赣县、赣州连成一片。农村公路、旅游路、产业路的规划实施，为安远实施大旅游、大产业战略提供基础保障。

二、科学规划，畅通交通经脉

“自从村里有了通往县城的公交车，不仅方便了我们进城办事，还能经常提着家里的土特产去县城卖个好价钱。”10 月 29 日，安远县车头镇车头村村民赖春秀坐上停在村口的公交车上高兴地说。在对口支援工作中，交通运输部把交通建设与民生工程紧密结合，通过整合和优化城乡公共交通资源，把安远县城区周边 10 公里范围以内的乡村纳入城乡公交运行体系，实现了村民在家门口坐上公交车的愿望。

针对安远县落后的交通基础设施，交通运输部经过实地勘查、科学谋划，帮助安远县编制了《安远县交通运输发展规划》（以下简称《规划》）（2014~2030 年），并在此基础上制定了《对口支援八年规划》，大力扶持安远县“构建大交通”发展战略，全面优化升级县域路网。《规划》明确提出要建成面向珠三角和海西经济区、辐射赣南的区域性交通枢纽，重点打造“十”字形高速网和“一环四横一纵”的国省道干线公路网。从此，安远交通建设步入了高速发展的快车道。

交通运输部根据《规划》，首先对安远县的交通“主动脉”进行了“大手术”，打通对外联通的交通干线“经络”。2014 年，续建和新开工交通项目总计 313.9 公里，在建桥梁 6 座，总投资 4.94 亿元，建设规模及总投资均比 2013 年增长 5 倍以上。2014 年 12 月 26 日，寻全高速安远至信丰段通车运营，2015 年 10 月 30 日，寻全高速赣闽两地同时举行全线通车仪式，不仅实现了安远人民期盼已久的通高速夙愿，也将安远至厦门等海西经济区车程缩短到 350 公里。宁定高速建设进展神速，将在 2016 年实现通车，届时将彻底打通安远北上南昌，南下广东沿海地区，东出福建，西进湖南、广西的高速通道。同时，安远境内的三条省道 S223、S325、S327 已升级为国道 G238、G357、G358，新增国道 194.8 公里，结束安远没有国道的历史。同时，县道 X363、X485 升级为省道 S317，县道 X450 升级为省道 S453，省道 S219 调整

为S226，新增省道86公里，新增6条县道，县域交通干道得到升级改造。

在打通交通“主动脉”的同时，乡村交通的“毛细血管”也同步疏通。交通运输部大力扶持安远县乡村交通网络优化，将乡村公路升级改造与城乡客运一体化工作同步推进，并重点升级改造县内主要旅游公路和乡村公路。在乡村公路升级改造上，采取连片推进，客运网络化，优先安排受益人口多、途经村组多、能够连片成网的乡村公路实施升级改造，路修完后紧跟上城乡公交，以县城为中心，争取距城区10公里范围的乡村开通城乡公交，包括工业园区、人口密集的旅游景点等，方便群众交通出行，全面提升交通运输服务品质。目前，城区新增20辆公交车，新增公交线路7条，新增32辆出租车。同时，规划建设了风山农村客运站、鹤仔农村客运站和孔田农村公路综合服务站和52个候车亭、公交站点。并依托现有资源，加快推进物流园等项目建设，着力完善全县交通应急保障及客货运输物流信息平台网络化建设。目前，全县物流企业现有车辆157辆，全年货运量375274吨。

寻全高速全线通车的日子那天，三百山风景区游人如织，当天晚上三百山热泉河宾馆宾客爆满。“我是第二次来安远了，这次和前年来的时候相比节省了一个小时车程，安远的交通发展实在是太快了!”从福建来的游客张先生说起安远的交通变化，竖起了大拇指。交通基础设施的改善，极大地带动了安远县旅游业的发展，安远县接待游客4.62万人次，同比增长18.46%；旅游收入1508万元，同比增长31.61%。

两年来，在交通运输部的全力扶持下，在挂职干部的倾力推动下，安远县交通状况有了极大的改善，构建起了东延西进、北上南下的高速公路网，形成了对外联通、对内畅通的交通体系。经测算，对口支援直接辐射全县18个乡镇151个行政村，受益人口达37.5万人，受益面达94%以上。

三、倾情挂职，坚实振兴步伐

作为挂职安远的交通运输部干部，俞卫江同志2014年初到安远时，为了尽快熟悉工作情况，他用了十多天走访了全县18个乡镇和部分乡村，跑遍了所有县道以上公路。走访完，他感慨道，“交通是制约安远乃至整个赣南苏区发展最主要的瓶颈，我一定要努力做好对口支援工作，全力推动安远交通事业的发展”。

通过大量的实地调研和走访，他摸清了安远交通发展的根底，按照轻重缓急，制订工作规划，重点抓好对口支援计划。两年来，他不负上级组织重托，倾尽全力推动对口支援工作；通过大量的实地调研和走访，他摸清了安远交通发展的根底，并通过积极协调沟通，为安远县构建了良好的对口支援渠道，取得累累硕果。

项目和资金是对口支援工作最强有力的保障。在项目资金上，交通运输部 2014~2015 年每年预留 2 亿元用于扶持安远交通建设，超过最初每年争取 1 亿元专项资金的期望，省交通运输厅、省公路局也在国省道大修方面给予大力支持，2014 年支持安远县 3266 万元，2015 年支持农村客运网络项目 846 万元。

通过扎实的工作实践和不断地深入了解，交通运输部开拓创新，多举措推进对口支援工作。除重点扶持交通干线及乡村公路升级改造建设外，倾斜扶持产业道路、交通物流园区道路和旅游路建设，帮助安远做强农业和旅游产业，增强自身造血功能。为助推安远县旅游产业发展，交通运输部将安远县车头—龙头村公路列为首条对口支援乡村示范路，总投资 880 万元的 6.4 公里环村主干道路，成为安远县首条高标准的乡村公路，建设标准超过部分县道，达到三级公路标准。在建设过程中，始终按照“高标准、高质量、保生态”的目标打造精品乡村公路，注重沿线生态环境和水土保护，完善道路标线、交通标识、绿化、美化、自行车驿站、休憩亭等配套设施，同时，每天开行 4 趟城乡公交沿环村道路运行直抵县城，实现了客车到户，群众交通出行极其方便快捷，得到群众的热烈好评。

同时，交通运输部大力协助安远县实施农村公路养护工作，实施农村公路养护全覆盖。将全部县养省道、县道、乡道及全部村道、主要自然村公路 921.7 公里纳入养护范围，实现有路必管、有路必养、安全畅通目标。同时，为加强乡村公路养护管理工作，各乡镇恢复设立交通养护管理站，设立专职交通养护管理员 2 人，具体负责乡镇农村公路巡查、管养、安全隐患排查及

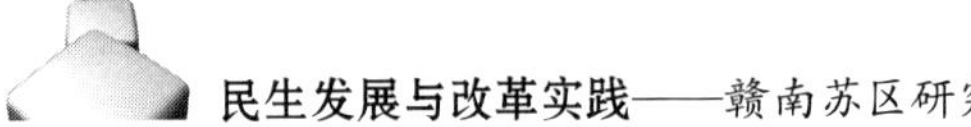

项目计划申报等交通管养日常工作，确保了农村公路养护工作责任落实到位。

“两年来，在各方的共同努力下，对口支援成效日益凸显，安远的交通面貌正发生着翻天覆地的变化。”俞卫江欣喜地说。他介绍，经测算，剔除高速路外，仅安远县 2014~2015 年交通投资总额达 8.5 亿元，分别是过去 10 年、20 年、30 年的 1.83 倍、1.22 倍、1.19 倍，安远交通事业的发展一步一台阶，一年一飞跃。

交通运输部对口支援成效显著，为安远县改革振兴提供了强劲“引擎”，交通条件的改善带来了安远经济的可喜变化，人民的幸福指数有效提升，安远 40 万苏区群众永远感恩和铭记交通运输部的温暖关怀和倾情帮扶！

第六节　国家烟草专卖局对口支援兴国县

2012 年 6 月 28 日，一个清凉的夏日，一个足以让赣南儿女永生铭记的日子，这一天，《国务院关于支持赣南等原中央苏区振兴发展的若干意见》正式出台。

两年，5.56 亿元！一组简单的数字，一组足以写进历史，让兴国儿女为之震撼的数字，对于作为国家新一轮扶贫开发工作重点县的兴国来说，又是怎样概念上的真金白银！

2013 年 8 月 19 日，《国家烟草专卖局关于落实国务院有关文件精神及对口支援兴国县的意见》（以下简称《意见》）出台的那一刻起，一项项惠民政策接连出台、一笔笔民生支出落地开花、一件件暖心实事实在体现……国家烟草专卖局开启了对兴国的对口支援之路。

“《国家烟草专卖局关于落实国务院有关文件精神及对口支援兴国县的意见》，是国家烟草专卖局对中央立下的军令状，对江西人民作出的承诺书，对江西烟草发布的动员令。国家烟草专卖局将认真贯彻落实国务院《若干意见》，以解决突出民生问题为重点，支持赣州推进发展现代烟草农业、公共基础设施配套和公益性项目建设、烟田基础设施和烟水项目建设等工作，让老区人民得到更多实惠，以实际行动推进赣南苏区振兴发展。”2013 年 11 月 18 日，国家烟草专卖局党组书记、局长凌成兴在兴国调研时的讲话至今还萦绕耳边。

两年过去了，兴国县变了。变得更美了，变得更加焕发生机和活力。那一片片一望无际的烟田、那一个个美丽如画的新农村、那一所所拔地而起的新学校、那一张张笑靥如花的脸庞，就是国家烟草专卖局对口支援速度之快、力度之大、措施之实、群众受益之广的最好见证。

“哎呀嘞，新村建设见成效，感谢烟草来支援，家家门前水泥路，烟水灌溉万亩田……”立冬刚过，一场细雨润湿了整个大地。迎着微风，行走在兴国的城市、乡村，一曲曲兴国山歌，响彻兴国大地；一个个动人故事，温暖着老区人民……

一、万里援兴，惠民政策驱动前行

兴国县是著名的苏区模范县、红军县、中国烈士第一县和誉满中华的将军县。这个当年创造过一等工作的地方，却因战争的创伤，贫困至今。

对口支援，如何对口？怎样支援？一连串的疑问，摆在了国家烟草专卖局领导的面前。

2013 年 7 月 24 日，冒着酷暑，原国家烟草专卖局计划司司长秦前浩一行深入兴国，开展实地调研，走田埂、爬山头、访农户、进学校，秦前浩详细了解兴国的经济发展现状。“我们可是下过军令状的，我们带着真感情，必定下足功夫。”调研中，秦前浩深情地说。

紧接着，2013 年 11 月，原国家烟草专卖局李克明副局长来了，2014 年 9 月，杨培森副局长来了，2015 年 5 月，赵洪顺副局长来了。计划司王志江司长来了，烟叶公司陈江华总经理来了，科技司张虹司长来了。郭齐贵副司长来了，吴践志副主任来了，关博谦副总经理来了，刘融副巡视员来了，卞卡副巡视员来了，陈详、郑素平、杨宁、李晓华、杨丹妍等处长也来了……

国家烟草专卖局党员干部带着对兴国人民的深情厚谊，不远千里来到兴国，谋发展、想办法、商对策。不顾舟车劳顿，不论严寒酷暑。一项项的惠民政策也在他们的一次次往返中，生根发芽，落地开花。

支持赣南中央苏区加快新农村建设步伐。到 2020 年，每年投入 2 亿元资金，其中江西省烟草专卖局和江西中烟工业有限责任公司各 1 亿元，用于支持赣南中央苏区新农村建设。《意见》还特别明确，到 2020 年，国家烟草专卖局每年安排专项资金 1 亿元，对口支援兴国县新农村建设。

国家烟草专卖局在扶持赣南烟叶产业发展的同时，对中央苏区在卷烟生产增量计划上予以倾斜，2013~2015 年，每年安排 6 万大箱卷烟生产增量计划，由此，产生 16 亿元左右税利。其中，给予兴国县 2.5 万大箱。

2.5 万大箱卷烟生产计划产生的税利，对于 2014 年财政收入刚刚突破 10 亿元大关的兴国来说，无异于突飞猛进！

兴国的烟农笑了，他们奔走相告，他们畅谈未来，他们憧憬着更加美好的生活。

为进一步做实对口支援工作，2014 年 1 月，国家烟草专卖局选派计划司综合处干部李伟来到兴国县挂职。“我一定牢记使命，尽己所能，充分发挥桥梁纽带作用，真正急兴国人民之所急。”李伟说。一踏上兴国这块红土地，李伟顾不上好好休息，她马不停蹄地走访各个乡镇，掌握第一手资料。

二、产业援兴，群众致富全面提速

“种烟好几年了，以前种烟效益不明显，现在有了好政策，光我们村就有 7 户烟农收入近 10 万呢。”谈起烟叶的收成，高兴镇小春村烟农何红军高兴地说。

近 50 岁的何红军已有 6 年的种烟历史，靠着几亩烟田养家糊口，然而几年下来，却并没有如愿地让他的钱袋子鼓起来。国烟计〔2013〕326 号文件明确规定：支持兴国烟叶基地单元建设，力争到 2015 年实现建成一个基地单元，到 2020 年实现建成两个基地单元，这无疑让像何红军一样的烟农看到了希望，“真是不敢相信啊，种了 6 年烟了，终于等来了这么好的政策，感谢国家烟草专卖局，我们烟农致富指日可待咯”。何红军激动地说。

兴国，是农业大县，也曾有过种烟的传统，但长期以来，烟农却并没有靠着种烟过上富裕的日子，刚到兴国挂职的李伟敏锐发现，对于兴国来说，这既是短板，更是良机。克服不通客家方言的困难，李伟下烟田、察烟叶，进农家，寻良策，悉心听取烟农的意见建议。在深入调研的基础上，撰写了《发展烟叶生产，提高烟农收益》一文，并在《苏区振兴论坛》等刊物发表，为兴国烟叶产业发展提供了借鉴，制定了切实可行的发展规划。

两年来，在国家烟草专卖局领导的关心下，长冈—高兴 6000 亩烟叶核心示范区及长冈塘石、高兴山塘现代烟草农业示范点顺利建成，高兴小春、长冈园塘等 18 个千担村，长冈、高兴 2 个万担乡镇成功打造，广大烟农发展烟叶产业的积极性得到极大调动。2014 年，全县种植烟叶 1.25 万亩，收购烟叶 3.74 万担。据不完全统计，2014 年全县 410 户烟农中，收入在 10 万元以上的就达 160 余户。

2015 年，全国烟叶面临的形势依然严峻，在全国烟叶普减的情况下，国家烟草专卖局继续政策倾斜兴国，全县种植烟叶 1.72 万亩，同时，为提高兴国的烟叶品质，让烟叶真正成为老表致富的新路子，国家烟草专卖局帮助引进湖南中烟公司与兴国县共建烟叶基地单元。在李伟的沟通协调下，湖南中烟公司先后十余次派出专家到兴国指导烟叶产业发展。2015 年 7 月，李伟还亲自率种烟乡镇领导、烟技人员、种烟大户赴湖南省郴州市桂阳县学习先进的烟叶种植、收购经验。他山之石，可以攻玉。撰写的调研报告，为该县烟叶产业发展提供了很好的参考。

当一切渐渐走上正轨时，当一茬高过一茬的烟叶丰收在望时，2015 年 5 月 18 日的一场暴雨，让数千亩的烟田瞬间变成了汪洋。李伟在第一时间赶到灾情现场，看到烟农那无助的眼神，泪水模糊了她的视线。顾不上大雨，她亲自指导并参与生产自救。同时，与保险公司进行沟通协调，帮助烟农做好理赔。还积极协调江西省烟草专卖局、湖南中烟工业公司、国家烟草专卖局，省市烟草专卖局出台烟叶受灾救助办法，湖南中烟公司给予兴国 100 万元救灾资金，将烟农损失降到最低。

不仅如此，国家烟草专卖局还安排专项资金 1000 万元，用于该县精准扶贫项目，有效解决 500 余户贫困户就业，人均务工增收达到 4500 元。“如果不

是国家烟草专卖局的政策好啊，我至今都还在那几亩薄田里捡食呢。”正在均村乡烤烟房忙着的贫困户谢汉生说。

2015 年 6 月 4 日，省委副书记、省长鹿心社就精准扶贫工作来到兴国进行调研，当在长冈塘石现代农业示范点看到一片繁忙的烟叶采摘景象时，他高兴地说：“烟叶产业是一项扶真贫、真扶贫的惠农产业。”

三、民生援兴，资金投入力度空前

走进埠头乡枫林田庄上，那一栋栋青瓦白墙的徽派别墅，那一汪汪荷花飘香的池塘，那一条条干净平坦的水泥路，小桥流水人家般诗里的农村，在这里，体现得淋漓尽致。“我 68 岁了，住了快 60 年的土坯房，房子倒了修，修了倒，一到下雨天，我连站的地方都没了。现在，你们看，我住上了像城里人一样的小洋楼，再也不用担心下雨咯，这真的要感谢国家烟草专卖局的大力帮扶哟。”2015 年 10 月 13 日上午，铭恩新村的胡世瑞老人向来到兴国采访烟草对口援建工作的中央人民广播电台、中新社、江西日报等媒体记者深情地说。

两年来，国家烟草专卖局着眼于农村面貌、人居环境的改善，共援建了 153 个金叶新村建设点，受益群众达 4.5 万余人。“我们现在的生活，就如生活在画里一样舒服呢。”同村的老人杨学生接过话题说。

“真金白银的对口支援，使得兴国县长冈乡塘石村成了首批受益村之一”、“在烟草行业参与援建的农村建设中，兴国县可谓是一大亮点”。央广网、《江西日报》头版头条《打造“金叶”援建的“江西样板”》对国家烟草专卖局对口支援兴国给予了高度评价。

“关乎民生的事，都是天大的事，我们只是做了我们该做的事。”李伟这样说道。也正是因为这样的理念，硬是把李伟这样一个娇小的女子打造成为了女汉子。2014 年 12 月 18 日晚，一个急骤的火情电话，把她从温暖的被窝叫起。上山、打火！没有多余的思考，李伟便和其他领导、同志们一起，加入打火队伍，那娇小的身影在火光的映照下却是那么的高大。“我现在是兴国儿女，兴国的事就是我的事啊。”大火扑灭后，李伟动情地说。

而在李伟看来，兴国教育方面凸显的问题就更是她魂牵梦萦的事。近年来，随着城市人口的不断增加，兴国县城小学大班额问题突出，乡镇的学前教育也十分滞后。怎么解决？如何化解？“建学校，迫在眉睫。”

援资 7000 万元新建红军子弟小学。

援资 1000 万元新建兴国第一幼儿园。

援资 600 万元新建埠头乡金叶幼儿园。

援资 500 万元新建平川中学图书馆。

两年，资金源源不断地涌入，一幢幢崭新的现代化学校拔地而起，国家烟草专卖局空前的扶持力度，让每一位兴国儿女永生铭记。

“看着孩子们在那么漂亮的学校、幼儿园读书，我不知道多开心呢。”李伟说。不单单这样，李伟还关心着贫困大学生的上学问题。刚考上南昌大学的龙口镇睦埠村的温夏芸，父亲因在施工中意外受伤，从此干不了重活，母亲长年生病，一个哥哥正念研二，家庭的窘迫让她一度放弃上学的念头。得知情况后，李伟为她筹集了第一个学期的学费，并鼓励她一定要好好上学，将来做个对社会有用的人。

“有了这个相守计划，留守儿童再也不觉得孤单了。”杰村乡中心小学教师肖含菲说。“作为偏远乡镇的卫生院有了这样一台母亲健康快车，真可谓是爱心车、救命车呢。”枫边乡卫生院院长王世鑫说。“金叶育才图书室种类多、很好看，我去年作文还获得了全国特等奖，还是中国作家协会、国家烟草专卖局、中华文学基金会的叔叔阿姨亲自给我颁的奖呢。”兴国县列宁学校学生冯光兴奋地说。“前几年，我们学校 390 多名孩子和 16 名教师喝的都是那口老井里的水，孩子们带水壶上学也成了独特的风景，现在，有了母亲水窖校园安全饮水项目，学校的饮水问题再也不用发愁了。”长冈乡塘石小学校长刘洪生动情地说。

“母亲水窖”校园安全饮水、母亲健康快车……一个个暖心的项目，一句句发自肺腑的感谢，一篇篇感人至深的故事，犹如现在绵绵的细雨，飘散在兴国的各个角落，撞击着每一个兴国人的心灵。

四、基础设施援兴，焕发老区新活力

长期以来，由于种种原因，特别是自然地理环境等多方面因素的影响和制约，兴国县经济社会发展依然滞后，基础设施落后问题仍然突出。解决基础设施建设长期落后的问题，成为国家烟草专卖局对口支援兴国的首要工作。

2015 年 6 月的一天，长冈灌区改造项目建设工地上，一派热火朝天的景象。挖掘机隆隆的机械声回荡在灌区上空。

长冈灌区始建于 1969 年，是一项以大（二）型水库——长冈水库为水源的中型蓄引灌溉工程，由于年久失修，渠道早已渗漏，坍塌严重。高兴、埠头河岸耕地和人民群众的生命财产安全常年受到洪水威胁。灌区改造、防洪加固，刻不容缓。

湖南的水利专家来了、福建的水利专家来了、河南的水利专家来了、遵义的水利专家也来了。兴国的人们欢呼雀跃。一到兴国，专家们勘地形、谋规划、绘图纸。而此时的李伟，奔走在南昌、北京、兴国，三点一线间，她与专家、设计单位、省烟草专卖局、国家烟草专卖局水源办多次协调沟通，只为工程能顺利通过专家评审。2014 年 12 月 26 日晚，当援建的三个水源工程项目顺利通过专家评审时，已是凌晨 1 点，评审结果也成为了她 45 岁的生日礼物。“那一天，是我过得最有意义的生日，那一天，让我终生难忘。”李伟说。

在国家烟草专卖局的帮助下，2015 年 4 月，国家烟草专卖局批复资金 1.46 亿元，用于长冈灌区改造，埠头、高兴防洪工程建设。项目建成后，可解决 5.1 万亩农田灌溉和 10 万人饮水问题，高兴和埠头防洪工程可保护 2.7 万人和 1.7 万农田的安全。“在这里住了一辈子，担惊受怕了一辈子，就怕哪天洪水突然来了，晚上都不敢睡。现在好了，防洪工程马上建好了，我再也不用担心咯。”高兴镇老圩村 70 多岁的村民刘益平拭着眼角的泪滴说。

两年来，国家烟草专卖局投资 6550 万元，新建密集型烤房 758 座、育苗工场 3 座，购置育苗中棚 210 套、烟草农机 255 台，新建烟水工程 19 处，有效保障了烟叶生产的顺利开展。“对口支援工作的这两年，国家烟草专卖局在烟叶基础设施方面的投入超过了前十几年投资的总和。”时任兴国县烟草专卖局局长的钟为俊深有感触地说。

雨依旧在淅淅沥沥地下着，似在讲述着国家烟草专卖局两年来所做的点点滴滴，又似在告诉着兴国的人们，要永铭党恩。故事还未结束，真情还在继续，我们坚信，在国家烟草专卖局的对口支援下，兴国的明天会越来越好……

第八章　精准扶贫：若干发展经验和模式的探索

第一节　光伏扶贫：兴国县实践经验

一、兴国县经济社会基础

兴国县是我国重点贫困县，位于《罗霄山片区区域发展与扶贫攻坚规划》中“罗霄山片区行政区域”的南端。按照国家统计局赣州调查队测算结果，2014年底，农民人均纯收入2800元以下人口为98587人，占全县农业人口的13.8%。为全面贯彻中央、省、市扶贫开发工作部署要求，中共兴国县委印发了《〈兴国县推进精准扶贫工作实施方案〉的通知》（兴办字〔2015〕12号）、《关于下达2015年农村贫困人口减贫计划的通知》（兴办字〔2015〕101号）、《兴国县精准脱贫计划（2016~2018年）的通知》（兴办字〔2016〕13号）文件，制定了明确的阶段性扶贫工作和减贫摘帽相关工作计划，“通过实施精准扶贫，加大扶贫力度，实现2016年贫困人口下降15800的目标。到2018年，力争全县消除绝对贫困现象，摘掉贫困县帽子。到2018年底，实现有劳动能力的贫困户人均可支配收入达到全县的80%以上，对丧失劳动能力的贫困户进行兜底保障，实现人均可支配收入超过贫困线标准。”经统计，兴国县共有建档立卡贫困村 130 个，建档立卡贫困户 2014 年底为 28364 户，98587 人。

国家、江西省陆续出台相关政策支持光伏产业发展，同时分布式光伏发电技术也日趋成熟。兴国县具备较好的光照资源，年有效日照时间 1000~1100 小时，具备推广光伏产业的天然条件，国网供电公司将无条件收购。

兴国县紧紧围绕三年脱贫这个主题，结合六大精准扶贫攻坚战，2016 年 2 月出台了《兴国县光伏产业发展实施方案》（兴办字〔2016〕21 号），大力推广光伏产业扶贫项目建设，计划在 2016~2018 年安装 1.77 万户建档立卡贫困户，装机容量为 3~5 千瓦，其中 2016 年计划安装 6000 户。推动兴国县 130 个贫困村及和谐秀美乡村新农村建设的发展光伏产业。在杰村乡含田村、潋江镇杨澄村、高兴镇高兴村先行先试。目前，兴国县已安装 200 余户，并网 150 余户，单户装机容量 5 千瓦。兴国县光伏扶贫融资方式主要是与县农商行合作，采取农户贷款形式融资。以安装 5 千瓦为例，投资 3.3 万元，可由合作银行贷款 3.3 万元。

二、光伏扶贫项目评估

（一）屋顶光伏扶贫项目

1. 项目基本信息

通过屋顶光伏发电专项建设实现精确扶贫。对象为对光伏产业扶贫积极性高且具备安装条件的贫困户，可安装 3~5 千瓦分布式光伏发电系统，实现全额并网发电。对区域内已建档立卡贫困户安装分布式光伏发电系统，增加贫困人口基本生活收入。

经汇总，兴国县共拟建设户用系统 4547 套，总规模 22.74 兆瓦，涉及 290 个村，帮扶贫困户 4547 户，17158 人。

2. 项目建设条件

屋顶光伏发电系统由光伏组件、组件支架、逆变器、防雷汇流箱、交流保护开关、直流开关和电能计量等装置组成，当逆变器的输出电压和并网电压不相等时，还需另外配置升压变压器转变为同步的交流电后并入电网。施工安装内容主要包括太阳能电池支架的制作，太阳能电池支架安装，太阳能方阵安装，电气设备安装及调试，系统并网运行调试。

建设方式是在斜面房顶直接铺设光伏系统，通过增加檩条，以卡扣的方式与屋面连接，逆变器外挂，220伏电压输出，安装一个电度计量表，改造一个双向计量表，接入配电设备，实现并网发电。

分布式屋顶光伏发电设施对场地要求不高，光伏组件与建筑物可以完美结合，既可发电，又能作为建筑材料和装饰材料。建筑具备如下条件即可安装：

（1）房屋结构相对较好，有充足的光照条件，光伏发电系统四周无树木、山岭及建筑物遮挡。

（2）房屋四周光照充足，符合安装条件的场地。

（3）有220伏交流电，便于并网。

（4）朝向南面的水泥屋面平顶最宜于施工采光，朝向东南、西南次之。

3. 投资主体及资本金来源

项目投资主体为兴国县人民政府。

项目建设所需资金由企业赞助1元/瓦，银行贷款、财政贴息5年共同承担，设立专户投入确保光伏扶贫项目顺利推进。

根据县级复核的安装户情况，确定贷款规模，并落实合作银行，落实各项资金到位时间等事项。由县政府授权县发改委、县扶贫和移民办、县财政局与合作银行签订《兴国县光伏产业扶贫合作框架协议》，需银行贷款且符合条件的安装户，应与相关合作银行签订贷款合同，同时出具委托函，委托银行将贷款划转到安装企业抵作工程款，经与农商银行、农业银行等协调，贷款利率按中国人民银行公布的基准利率执行。

4. 运行维护主体

（1）运营阶段日常管理由农户进行。

（2）上网供电的接入由县供电公司完成，上网供电协议（合同）由县相关部门与农户统一签订。

（3）光伏扶贫工程项目通过公开招标方式选择符合资质条件、具有社会责任心的太阳能光伏企业组织实施。

（4）安装企业应建立今后服务网点，提供后续维修并对安装户进行日常管护培训，发放维护手册，质保期为6年，保修期为20年。质保期内，非人为损坏的，由安装企业免费维修，质保期外保修期内的，由安装企业义务维修，安装户支付材料成本费。

（5）通过招标方式，择优引进商业保险企业提供光伏发电项目财产保险服务。

（二）村级光伏扶贫项目

1. 项目基本信息

兴国县村级光伏电站主要分布在全县130个贫困村，2016~2018年分三年建设130个村级光伏电站，预计单个装机规模60千瓦总装机规模7.8兆瓦，解决贫困户1560户，5220人。

2. 项目建设条件

对自有房屋不具备安装条件的贫困户，由村委会牵头组建贫困户光伏合作社，选择适宜场所，采取“农户合作”模式，建设50~100千瓦的地面分布式电站，发电所得由参与农户自行分配。

根据兴国县适宜采用光伏县扶贫进行脱贫的贫困户分布情况，拟采用村级光伏扶贫电站脱贫。

项目拟建场地土地性质均为该村集体或村民用地，可在驻村工作队协助下由村委会解决。

县电力局将配合落实电站接入条件。

3. 投资主体及资本金来源

项目投资主体为贫困户、兴国县人民政府。

项目建设所需资金由企业赞助1元/瓦，银行贷款、县财政贴息5年（第6年起还本付息）共同承担，设立专户投入确保光伏扶贫项目顺利推进。

根据县级复核的贫困村情况，确定贷款规模，并落实合作银行，落实各项资金到位时间等事项。由县政府授权县发改委、县扶贫和移民办、县财政局与合作银行签订《兴国县光伏产业扶贫合作框架协议》，需银行贷款且经贷前符合条件的村级光伏扶贫项目，应与相关合作银行签订贷款合同，同时出具委托函，委托银行将贷款划转到安装企业抵作工程款。

4. 运行维护主体

（1）运营阶段日常管理由安装户代表（农户合作式）进行管理。

（2）上网供电的接入由县供电公司完成，上网供电协议（合同）由县相关部门与村委会或村民小组统一签订。

（3）光伏扶贫工程项目通过公开招标方式选择符合资质条件、具有社会责任心的太阳能光伏企业组织实施。

（4）安装企业需建立服务网点，提供后续维修并对安装户进行日常管护培训，发放维护手册，质保期为 6 年，保修期为 20 年。质保期内，非人为损坏的，由安装企业免费维修，质保期外保修期内的，由安装企业义务维修，安装户支付材料成本费。

（5）通过招标方式，择优引进商业保险企业提供光伏发电项目财产保险服务。

三、商业模式及扶贫效益

（1）项目资金构成。由县财政对贫困户贷款进行担保，按 1∶8 的保证金向合作银行提供担保，由贫困户向银行贷款，贷款期限 15 年，等额本息偿还，贷款年利率按国家基准利率执行。

（2）投资水平。根据国家、行业现行的有关文件规定、费用定额、费率标准等，由县扶贫办提出的兴国县村级光伏扶贫系统造价为 7.6 元/瓦，企业捐赠 1 元/瓦，实际结算按 6.6 元/瓦计算。

（3）扶贫效益分配方式。兴国县供电公司根据国家、省、市光伏发电补贴政策，按结算周期（1 个月）向实施项目的合作社支付自发自用和余电上网电量政策补贴资金。合作社收益全部打入该合作社集体账户，由合作社按管理单程进行使用；需要还贷的，按照协议，还款金额由金融部门直接从收益中扣除，剩余的打入合作社账户中。

（4）贫困户扶贫效果。通过光伏发电专项建设实现精确扶贫。对区域内已建档立卡贫困户安装分布式光伏发电系统，增加贫困人口基本生活收入，项目实施后，根据县政府和扶贫部门按照资金构成和效益分配方式测算（按 5 千瓦/户，年满发 1000 小时，电价 1.0193 元/千瓦时，贷款年利率 4.9%，贷款额度 3.3 万元，15 年还清本息），贫困户年度发电收入约 5096 元，前 5 年由县财政贴息，约 1400 元；每月需还银行按揭 260 元，年还款 3120 元，前 5 年贫困户预计年可支配收入 3376 元，扶贫效果显著。

四、光伏精准扶贫管理模式

（一）光伏精准扶贫对象的确定

根据兴国县扶贫和移民办提出的光伏扶贫对象的确定原则，按照 2014 年农民人均纯收入 2800 元以下人口为贫困户。对具备安装光伏发电设备条件的贫困户按照“一户一站”模式，对自有房屋不具备安装条件的贫困户，组建贫困户光伏合作社，建设村级光伏电站，采取“农户合作”模式，实行开发式扶贫，做到“对象瞄准到户、情况掌握到户、项目扶持到户、措施落实到户、效益体现到户”。

经统计，兴国县 2016 年拟通过光伏扶贫解决的建档立卡贫困户共涉及行政村 290 个，建档立卡贫困户 6107 户、23045 人（其中建档立卡贫困户 5583 户，20819 人；建档立卡贫困村外贫困户 397 户，226 人）。

（二）工作流程

（1）宣传摸底。各乡镇组织帮扶干部采取多种形式宣传光伏扶贫的各项惠民政策；各乡镇以行政村为单位组织帮扶干部入户摸底调查，填写《兴国县光伏扶贫用户申请表》，各乡镇驻村领导、村党支部书记审核无误后签字盖章进行确认，需要银行贷款的安装户应同时填写银行贷款申请表。

（2）申请审查。各乡镇村组织人员初审申请表对象资格（是否为建档贫困户；是否具备项目实施条件；是否具备基本的设备管护能力等情况，并如实详细记录，确保拟建户具备实施基本条件），并填写《兴国县乡镇光伏产业扶贫汇总表》，由各乡（镇）乡（镇）长签字加盖公章后，连同《兴国县光伏扶贫用户申请表》报县光伏立业扶贫领导小组办公室。

（3）县级复核。县光伏产业扶贫领导小组办公室收到各乡镇上报的《兴国县乡镇光伏产业扶贫汇总表》后，由县发改委、县扶贫和移民办、县财政局、县供电公司及各合作银行组成联合工作组，一次性签署审批意见。

（4）筹措资金。根据县级复核的安装户情况，确定贷款规模，并落实合作银行，落实各项资金到位时间等事项。由县政府授权县发改委、县扶贫和移民办、县财政局与合作银行签订《兴国县光伏产业扶贫合作框架协议》，需银行贷款且符合条件的安装户，应与相关合作银行签订贷款合同，同时出具委托函，委托银行将贷款划转到安装企业抵作工程款。

（5）工程招标。以固定总价承包的方式完成招标范围：①编制电网接入系统设计方案并取得相关批复。②负责太阳能光伏电站从勘察直至并网正常运行所需的全部勘察、工程设计、设备材料，供应（含供配电工程验收规范要求必须配置的消防器材及相关工具、材料）、运输及储存、建筑安装、工程施工、工程质量及工期控制、工程管理、设备监造、培训、调试、试验及检查测试、试运直至验收最终交付生产，以及在质保期内负责对建筑物屋顶、设备及材料的消缺等全过程的工作等，在满足合同其他责任和义务的同时使本项目符合相关达标验收的要求；工程实施过程中及竣工验收后要求提供设备的试验、运行、维护手册。

（6）施工组织。由中标单位按合同进行设备安装及其他事项。设备安装完成后，由县供电公司与安装户签订《并网发电合同》，并安装计量表，按国家有关规定并网收购。

（7）应用培训。由安装单位对安装户进行管护培训。

（8）竣工验收。由县光伏产业扶贫领导小组组织验收小组，统一对全县贫困户的光伏发电系统安装运营情况进行逐户验收，并填写《兴国县光伏扶贫产业竣工验收单》。

（9）建立档案。以户为单位，对确定的安装户拍摄居住房屋前、后、左、右、上（安装光伏板屋顶）5 个方位电子照片，电子版报乡镇存档，并报县光伏产业扶贫领导小组备案一份，连同贫困户提供的申请及相关资料，分户整理归档，确保每户档案齐备完整。

经统计，2016 年兴国县适宜通过光伏扶贫脱贫总人口 23045 人，6107

户，分布在290个村，建设户用系统6107个，村级电站36个。

本批通过光伏扶贫实现脱贫人口23045人，6107户，涉及130个建档立卡贫困村，分布在290个村。2016~2018年拟建光伏发电系统1.77万户，单户装机容量5千瓦，总装机容量88.5兆瓦。其中2016年计划安装6107户，单户装机容量5千瓦，总装机容量30.535兆瓦，户用系统安装22.74兆瓦，村级电站7.8兆瓦。

根据县光伏扶贫领导小组组织各部门和单位明确第一批光伏扶贫项目及实施方式，2016年通过光伏扶贫实现脱贫人口15800人，4646户。

五、组织实施和保障措施

（一）成立光伏扶贫领导小组

加强组织领导。成立由县分管扶贫工作的领导任组长，县发改委、县扶贫办和移民办、县财政、林业、金融工作局、县供电公司、县合作银行及各乡（镇）乡（镇）长为成员的兴国县光伏扶贫工作领导小组。在县发改委下设办公室，负责日常工作，各乡（镇）成立相应的光伏扶贫工作领导小组，统筹协调，落实项目的实施及推进工作。由县光伏扶贫工作领导小组负责与建设各方签订权责明确的法律文书（合同、协议等）。

（二）有关政策要求

根据国家扶贫工作部署和支持光伏产业的政策，整合国家和地方扶贫政策和分布式光伏政策，结合兴国县具体情况，制定相应的扶持政策。贫困户享受如下政策：

（1）安装费补助：贫困户由县财政给予1~5年的财政补贴。

（2）银行信贷政策：①贷款额度为农户需承担的资金；②还款还息为前5年只需支付贷款利息，第6年起分期还本还息，至第15年还清本息；③贷款利率按基准利率执行，并由县财政给予5年全额贴息。

（3）计量表政策：计量表由县供电公司免费提供。

（4）收益结算政策：县供电公司、县财政局根据国家、省、市光伏发电收购政策，及时办理上网电费、国家度电补贴等收益的结算手续。目前政策价格执行 1.0193 元/度标准（入网电价 0.3993 元+国家度电补贴 0.42 元+省财政补贴 0.2 元，如政策有变更，以新政策标准执行）。

（三）建立长效监督管理机制

在兴国县光伏扶贫领导小组的组织下，按照《关于实施光伏扶贫工作的意见》（发改能源〔2016〕621 号）文件有关要求，建立投资管理体系，配合全国光伏扶贫信息管理平台健全兴国县光伏扶贫工程信息登记制度，并设置专人负责组织本县信息登记、校核等工作。

将光伏发电扶贫工作作为扶贫开发工作产业扶贫到户的重要内容，建立长效监管机制，并纳入乡（镇）和县直帮扶单位的扶贫开发工作考评内容。乡（镇）、村要科学安排、把握政策、精心组织、推进落实，把这件精准扶贫、惠民增收的实事做实，好事办好。县直帮扶单位要组织有关人员，按照扶贫工作要求，进村入户，支持乡（镇）、村做好项目推进工作。建立分布式光伏发电专项规划实施评估考核机制，经常性地开展规划实施情况检查考核。检查评估结果作为规划中期调整和绩效考核的依据，奖优罚劣。

落实与电网企业配合做好电网改造等技术支持工作，并按分布式光伏发电政策优先保障并网条件，实现与用户按月结算电费。

通过市场竞争机制选择实施主体，保证工程质量，控制工程投资，加强技术培训，建立长期运行维护体系，确保光伏扶贫项目的质量效益。

（四）形成协同工作机制

各有关部门根据县光伏扶贫领导小组的任务分工，按照本编制大纲要求，落实对应数据的收集整理和有关文件的出具工作。

（1）县发改委：①负责领导小组办公室的日常工作；②负责为具备安装资格的企业推荐工作，并监督各安装企业安装质量；③牵头组织扶贫和移民办、县财政局、县供电公司对安装户的资格审查、项目联合终审和审批；④牵头组织县相关部门及乡（镇）对项目竣工验收；⑤负责建立全县安装户档案及台账建立工作。

（2）县扶贫移民办：①负责指导各乡（镇）扶贫工作队落实光伏产业扶贫项目实施工作；②参与发电项目的联合终审和审批工作；③参与发电项目的

竣工验收工作。

（3）县财政局：①负责补贴资金和贴息资金的落实和审核、拨付；②参与发电项目的联合终审和审批工作；③参与发电项目的竣工验收；④负责落实领导小组办公室正常办公经费。

（4）县供电公司：①负责各安装户发电计量表的免费供应；②参与发电项目的联合终审和审批工作；③参与发电项目的竣工验收；④负责安装户发电量的收购工作，并将购电费支付给安装户；⑤负责指导各安装户安全用电工作。

（5）县金融工作局：负责协调驻县银行业金融机构和保险业金融机构提供信贷支持和财产保险服务。

（6）乡（镇）人民政府：对本乡（镇）光伏发电扶贫工作牵头负责，组织乡（镇）、村干部，困难村扶贫工作队做好贫困户的选择、公示，群众自筹资金动员、项目申报、施工协调及竣工验收等工作。

第二节　金融扶贫：龙南“财园信贷通”融资模式

融资难、融资贵、融资慢，是中小微企业反映最普遍、最突出、最迫切的问题，并已成为制约实体经济发展的瓶颈之一。而在龙南经济技术开发区，由财政、银行、园区、企业多方参与的“财园信贷通”融资模式，破解园区企业“融资”的瓶颈，正开启着精准帮扶中小企业发展的全新探索……

一、解放思想，流入金融活水

龙南经开区乘振兴赣南苏区之东风成功晋入“国家级”经济技术开发区，现有金塘、大罗、龙腾、会龙、富康等工业园区 7 个，投产企业 250 多家，入驻兴建企业众多。

江西龙南经济技术开发区管委会主任、龙南县安商服务企业办公室主任、龙南区县“财园信贷通”领导小组办公室主任肖为中对笔者说：“2013 年 9 月‘财园信贷通’刚刚开始时，许多干部思想不太解放，积极性不高，就是怕承担金融风险——‘还贷难’。”

如何破解这一难题？龙南经开区通过深入开展解放思想大讨论，组织开展了区县“百名干部进百企”安商服务活动。通过安商干部下企帮扶，对 200 多家园区企业在经营中遇到的融资难题和症结进行调研，把园区企业进行分门别类，划分出了重点、规模、成长型和一般规模等四大类企业，实施“一企一策”、“一把钥匙开一把锁”精准安商扶企工程。在调研时发现，一批发展前景好、附加值高、科技含量高及“发展专业化、产品特色化、生态新型化”成长型中小企业，由于受制于自身规模和经营特点，融资难、融资贵、融资慢难题未得到根本缓解。肖为中介绍说，银行虽然有向中小企业放贷的任务和意愿，但顾虑到企业缺乏足额抵押物和担保，贷款风险高、征信难度大，不敢也不愿给予贷款，即使部分发放贷款，也存在审批时间长、利率高等问题；财政部门虽然出台了支持企业发展的资金和政策，但以“点对点”无偿资助为主，资金少、项目小、效益低、受益面窄；经开区虽然有迫切帮扶意愿，但缺乏有效手段和充足的资金，中小企业融资难的现象长期存在。

二、思想一变天地宽

龙南经开区采取三项措施，加强了“财园信贷通”工作力度。一是精心组织，加强协调。成立了龙南区县“财园信贷通”领导小组，根据“财园信贷通”放贷条件，精心筛选园区内融资企业。同时，有计划地选择了工行、农行、建行、中行、邮政储蓄、浦发、赣州银行等 8 家商业银行为放贷银行，签订了“三方”（经开区、财政、银行）融资战略合作框架协定。二是强化责任，分解任务。对已审批的企业要求银行限期放款到位，银行要对列入放款支持名单上的企业制订审核完成时间表。申报资料不全的企业由领导小组办公室专人对接，资料报送不配合的企业不再列入“财园信贷通”支持企业范围，及时新增企业替补，对调查后不能放款的企业，银行在一周内提供书面解释。三是规范管理，注重实效。落实信息交流互通机制，领导小组成员单位定期召开会议，互通情报，对已放款企业建立电子信息档案，在贷款企业产权变更及其他重大事项上实施追踪监督，掌握动态。领导小组办公室对放贷企业每月至少上户调查一次，落实日常监督管理。通过小组各单位齐抓共管，切实执行贷后管理制度，协助银行做好还款督促工作，确保“财园信贷通”工作能够长期稳健运行，使得财政保证金运行风险处于可控状态。

在江西新正耀科技有限公司生产车间内，只见一个个照明灯具经过一道道工序后被生产出来。该公司新研发的照明灯具寿命大大延长，获得了国外市场的认可，大量订单随之而来。该公司负责人告诉笔者，公司要扩大生产，但在购买设备上面临资金缺口。正值一筹莫展之际，龙南经开区安商服务人员送来了“及时雨”，通过“财园信贷通”平台，该公司成功申请到 500 万元贷款，解决了企业发展的后顾之忧。截至 2015 年 10 月，该公司主营业务收入 1.31 亿元，同比增长 15.5%。上缴税金 1287 万元，同比增长 409.4%。

对于像新正耀科技有限公司等遇到资金难题的企业，龙南经开区积极协调金融机构，优先提供贷款支持，并建立银企联席机制，大力推行“财园信贷通”和“小微信贷通”。一笔笔“金融血液”的注入，让更多中小企业焕发活力。截至目前，该区 63 家企业共获得“财园信贷通”贷款 2.872 亿余元。主动作为，破解三大难题。“财园信贷通”一经推出，颇受园区企业的“追捧”。

“财园信贷通”的推出，对中小企业融资难、融资贵、融资慢，部分企业管理混乱、诚信体系不完善，财政资金使用效率较低、经开区缺乏有效手段和足够资金这三个难题得以破解。肖为中认为，这正是“财园信贷通”最具魅力的地方。有些企业由于抵押物不足，没有担保，只能到民间融资，月利率有时高达 2%~3%。即使从银行贷款，有时贷款利率要上浮 50%，而且还需要中介机构对其担保物进行评估，缴纳评估费，既推高了融资成本，手续又繁杂。而“财园信贷通”无须抵押、无须担保，大大方便了中小企业融资。由于不少企业采用家族式管理，财务人员专业知识有限，财务管理水平较低，导致企业难以做大做强。又由于财务管理制度不健全，信息不公开，企业诚信形象很难获得社会认可，这是“家族企业”的通病。而“财园信贷通”项目要求企业按时报送财务报表，建立健全财务管理制度，引导企业自觉建立现代企业管理机制和诚信意识，改善了中小企业诚信体系难建立的局面。龙南县财政局副局长谢才荣告诉笔者，过去财政资金都是无偿拨付给企业，点少面窄，资金使用率不高。现在“财园信贷通”将财政资金存入银行，银行给予企业贷款支持，让更多企业享受到财政资金带来的实惠，扩大了财政资金的受益面，而且可滚动持续利用，资金使用效率相应提高，安全性也有一定保证。在工业园区内正常生产经营 1 年以上、上年度纳税 5 万元、信用记录良好的企业均有资格申请贷款，低门槛的准入机制是否带来高风险？“有一定的担忧，”工行龙南支行行长蔡启明说：“不过财政、园区、企业的相应保证金，加起来有 13.5%，能够在一定程度上对冲不良贷款。同时，对未按时归还贷款的企业，不仅要依法追索其股东的个人资产，其股东还会被纳入财政、税务、人保、工商、水电等部门的黑名单，这也让银行吃了颗‘定心丸’。”

龙南经开区通过强化部门指导服务、激励金融机构主动作为，为企业解决发展中融资的抵押难、担保难问题，助推了园区工业经济稳步增长。截至 2015 年 11 月，完成规模以上工业增加值 53.20 亿元，出口创汇 4.7 亿元，同比分别增长 8.4%、23.29%。

精准滴灌，赢得多方口碑。全球三大静音脂生产商之一的龙南县雪弗特新材科技有限公司负责人王宇远感慨万千：近年来，由于公司不断加大创新力度，新上了三条生产线，造成流动资金短缺。这时，“财园信贷通”500 万元流动资金贷款顺利到账，解了企业燃眉之急，使企业走出了即将停产的困境。加上这次贷款的利率不到 6%，融资成本低，非常合算。

三、好风凭借力，送我上青云

在龙南经开区，从“财园信贷通”受益的企业正逐步发展壮大。汇森板材家具成为江西省的板材家具出口基地，到 2015 年 11 月，该公司出口创汇 1.95 亿美元，同比增长 30.26%。华科稀土、赣钇精细化工、格林庭园用品被认定为省级“专精特新”中小企业。龙钇重稀土在“新三板”成功挂牌上市，实现了龙南本土企业上市零的突破。堉然科技在不到一年的时间里，成功由小微企业跃升为规模以上企业。通过“财园信贷通”，企业的利益得到充分体现的同时，政府、银行、园区的利益也都得到很好的体现。肖为中认为，“这也是‘财园信贷通’得以顺利推动的原因。”对于银行来说，财政存入了真金白银作为保证金，工业园区管委会追偿贷款，大大降低了贷款风险；另外，批量开发园区内企业，解决了银行征信难题，赢得了客户，降低了成本。对于园区来说，促进了发展，获得了企业，稳定了就业和民生。对于财政来说，资金绩效最大化，激活了经济，扩大了财源。据统计，2015 年 1~11 月，龙南经开区园区企业通过“财园信贷通”贷款共纳税 6932 万元，比 2014 年同期增长了 36.8%。

第三节　乡村旅游扶贫：大余县的探索

一、大余乡村旅游简介

近年来，大余县主动策应省委、省政府“绿色崛起”等“十六字”方针及其“旅游强省”的战略部署，全面贯彻赣州市旅游振兴发展思路，围绕打造国家资源枯竭型城市转型升级示范县、国家生态文明先行示范县、中国最美乡村旅游目的地的战略定位，坚持把旅游作为扶贫攻坚的战略性支柱产业，牢固树立“抓乡村旅游就是抓未来发展先机”的理念，立足县情特点，大力发展乡村旅游，扎实推进旅游扶贫，逐步探索出了一条从“扶贫”到“富民”再到“强县”三位一体，从“农家乐”到“乡村旅游”再到“乡村度假”并向“美丽乡村生活”华丽转身的大余乡村旅游发展之路，逐步走出了一条从“一矿独大”、单一产业结构的“世界钨都”到资源枯竭的阵痛再到多业并举、多元支撑的经济转型升级之路。大余县被评为“中国最美绿色生态旅游名县”、“中国最美乡村旅游目的地”。2015 年 10 月，江西省乡村旅游和旅游扶贫推进工作会在大余县圆满召开，大大提升了大余县在江西省乃至全国的影响力和知名度。2016 年上半年，大余县实现国内外游客接待人数 129.66 万人次，其中境外游客5.4万人次，旅游总收入达到6.08亿元，旅游创汇845.72万美元，分别比2015年同期增长32.56%、25.89%、34.06%、28.1%。

二、乡村旅游扶贫特点

（一）旅游扶贫在脱贫攻坚战中具有独特的优势

大余县旅游资源丰富、地势依山傍水、环境清丽秀美、文化原汁原味，具备发展旅游业的良好条件。近年来，大余县把乡村旅游作为“带一接二连三”的综合性产业，抢抓政策机遇，制定帮扶政策，推动乡村旅游和精准扶贫有机融合发展，让广大群众特别是贫困群众成为乡村旅游发展的参与者、受益者。据统计，大余县共打造109个旅游扶贫产业基地，发展农家旅馆350家，农家饭馆586家，其中星级农家旅馆159家，餐位数17556个，床位数4649张，带动大余县直接或间接劳动就业数3.5万人（其中带动贫困户就业数7990人，占总贫困人口的35%以上），贫困群众的旅游收入占家庭总收入的70%以上。旅游扶贫已成为大余县最直接、最稳定、最全面、最持续、最生态的脱贫致富新路径。

（二）旅游扶贫投入小、门槛低、带动性强、覆盖面广

旅游业产业链长、产业面广，涉及吃、住、行、游、购、娱等。发展旅游业，个人投入小、就业容量大、门槛低、方式灵活，群众可以开农家乐、办家庭宾馆、卖当地特色产品等，大众参与面广、受益面大，能充分调动人民群众的巨大潜能。如现在黄龙镇重点打造大龙山乡村旅游扶贫示范点、黄龙花木产业旅游示范园等扶贫产业基地。目前，两个景区共流转农民林地926亩，农田129亩，吸引周边100多户农户参与景区建设。两大景区周边新开农家旅馆15家，新开农家餐馆42家。与此同时，目前有10多户贫困户在景区周边销售本地农特产品和旅游纪念品，为贫困户的脱贫增收提供了渠道。

（三）旅游扶贫效果好、持续性强、返贫率低

旅游扶贫更多的是一种机会扶贫、能力扶贫，通过开发旅游资源，发展旅游业，为贫困人口提供就业、创业机会，增强他们的自我发展能力，通过自己的辛勤劳动脱贫，最终走上致富道路。大余县池江镇以兰溪彭坑陈毅旧

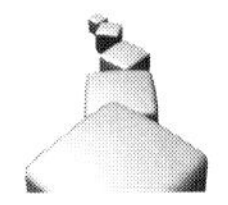

居为中心，打造杨村至兰溪精准扶贫红色生态旅游线。该旅游线主要辐射池江、庄下、杨村、兰溪等5个村。通过建设景区提供务工岗位、流转土地和林地，引导农户种植蔬菜，开办农家餐馆、农家旅馆，带动11户贫困户、20人脱贫。旅游扶贫不仅经济效果好，而且容易形成良性循环，持续性强。

（四）旅游扶贫有利于生态环境保护，建设美丽乡村

良好的生态环境才能吸引游客，旅游业是“绿水青山就是金山银山”的最佳诠释。发展旅游扶贫，有利于促进生态文明建设、保护当地民风民俗，把许多民族沉淀的文化呈现出来。在大余县青龙镇元龙村依然保留着原汁原味的畲族文化，通过把乡村旅游和精准扶贫相结合，打造了元龙畲族乡村旅游点和河南村老其年农家乐2个旅游扶贫产业基地，惠及当地农户200余户。下一步，在保护生态资源的前提下，将进一步充分挖掘王阳明历史文化遗迹，筹建阳明文化产业园，兴建阳明文化广场，吸纳本地和周边村的贫困户就业。

（五）旅游扶贫是就地扶贫，有利于促进农村的整体发展

旅游扶贫与外出打工脱贫、易地搬迁脱贫等不同，是一种既不离乡又不离土的就地扶贫。大余县丫山景区从2015年至今创造了近2000人的就业机会，现公司员工队伍中90%为当地农民，其中20%为全家人都在景区工作，另外70%为夫妻或兄弟、姐妹、父子或母女等血缘关系的员工，在企业的不同岗位就职。并且公司每年都会给员工不同程度的岗位技能与职位素养方面的培训机会，以挖掘员工更多的潜能为企业与家庭创造财富。通过旅游扶贫，贫困群众就地脱贫、致富。同时，直接或间接地推动当地农村基础设施改善，改善农民的生活环境，提升贫困人口的素质，改变贫困村的整体面貌。

三、大余发展乡村旅游扶贫经验

（一）统一思想，打造乡村旅游扶贫新载体

在设计理念上，大余县提出了“乡村旅游，让人们生活更加自然、更加美好”的宗旨，紧扣赣州市“国家生态旅游示范区”建设目标，注重乡村风貌、本地特色，注重生态保护、绿色优先，注重旅游扶贫、惠民为本，注重因地制宜、因村施策，注重优化空间布局和环境协调融合，坚持连点成线、以点带面推进，构建全域旅游发展新格局。在实施规划上认真贯彻落实《赣州市国家旅游扶贫试验区规划》，聘请国内一批优秀旅游规划设计公司，如深圳榜样规划公司、上海徐汇建筑规划设计研究院、浙江智典江山规划公司分别对大余县旅游总体规划、乡村旅游规划进行了修编，高标准、高起点、大手笔整合和布局全县旅游资源，有力地指导了旅游产业发展新格局的形成。与江西省旅游集团德安杰营销策划公司签订战略合作协议，高端旅游营销策划成为大余旅游产业发展的重要环节。在开发建设上：①突出山水记忆，坚持不填塘、不推山、不砍树、不拆房“四不”原则，景点上铺设的木塑道，都是沿山而铺，沿塘而走，沿河而架，遇树让路，遇田搭路。②突出儿时记忆，景区景点内农家餐馆的菜以古法制作、土法种养为主，体现客家特色，具有浓郁的儿时风味；坚持就地取材、因势利导，注重修复老房子、古建筑，做到修旧如旧、保持原貌，改造成农家餐（旅）馆。③突出文化记忆，挖掘“周程”理学、牡丹亭故事、百年钨都、千年驿道等各种丰厚文化底蕴，提炼文化精髓，修复传承载体，还原旧址风貌，让人放飞心灵，唤起美好回忆。许多来大余乡村旅游的人都说，在这里找到了最美乡愁、最美生态！

（二）多措并举，开辟乡村旅游扶贫新路径

旅游扶贫是具有很强造血功能的产业扶贫。乡村旅游是一项综合性产业，带动性强、辐射面广，对推进产业扶贫的作用十分明显。因此，我们在规划景区时考虑农民，建设管理时吸纳农民，制定政策时支持农民。

一是依托旅游公司，引导农民参与乡村旅游，就地转移，就近就业。采取“旅游公司+农户（贫困户）”的方式，政府扶持旅游公司基础设施建设、提升景区功能，旅游公司与政府签订合同，在景区建设管理过程中，对贫困户实施“四个优先”：优先安排贫困户参与景区公路、水渠、度假酒店、游客服务中心等基础设施和服务设施建设；优先担任景区的管理人员、乡村导游、清洁员、保安员、服务员等；优先支持发展经营农家餐（旅）馆、农家超市；优先安排到景区内及周边的农家餐（旅）馆、农家乐当服务员、保洁员、帮厨员。

二是依托旅游开发，帮助农民改造民居，流转田地，发展种养，获得稳定收入。景区及周边的旧宅、空房，由政府按标准资助进行装饰，景区提供设施，扶持贫困户经营农家旅馆；结合土地确权、林地确权，引导缺乏劳动力的农户（贫困户）流转田地、林地，景区景点门票收入的10%补助给土地流转户，属建档立卡贫困户流转田地山场的还能得到每亩100元的政府补助；扶持贫困户发展种养业，为度假酒店和农家餐馆供应生猪、鸡鸭鹅和蔬菜等农副产品30多种。

三是依托电子商务，帮助农民推广旅游项目，推销土特产品。制定出台了《大余县电子商务产业发展实施意见》、《大余县电子商务扶持办法》和《大余县电子商务扶贫专项实施方案》等多个文件，着力创建“互联网+乡村旅游电商示范县”，打造“互联网+乡村旅游电商示范基地”，建设了电子商务产业园、电商孵化园、电商创业孵化一条街、电商交易馆，在“1号店”成功申请“大余馆”并上线运营。通过电商销售，既为符合条件的贫困户提供大量就业岗位，又大大增加了土特产品附加值和需求量，拓展了偏远乡村土特产品的销售半径，大余县的南安板鸭、多味花生、芋荷、酸枣糕等农副产品，售价普遍提高30%以上，销量增长3倍以上，大量土特产品远销到东南亚等国家。

四是依托乡村旅游，促进农民更新观念，移风易俗，提振脱贫的信心和决心。抓住乡村旅游开发建设机会，充分挖掘乡村民俗文化，积极引导农户开展创评“文明礼仪村”、“文明礼仪户”活动，提升他们在卫生习惯、待人接物、餐饮水平、文化教养、自我管理、自我发展等方面的综合素质。如吉村的旁牌舞、右源山歌、香火龙，青龙龙狮涧传统武术，新城周屋的理学文化，左拔的采茶舞，黄龙的舞狮等，都得到传承发扬，经常受邀到景区景点表演，既弘扬了社会新风正气，又提振了贫困户脱贫的信心、决心。

（三）精心组织，健全乡村旅游扶贫新机制

大余县坚持发挥好“有形”与“无形”两只手的作用，促进乡村旅游蓬勃发展、充满生机。在政府引导方面，我们坚持像抓工业化、城镇化一样抓乡村旅游，实行高位推动，专门成立了由党政主要领导任正、副组长的在全县推进的乡村旅游建设领导小组，在每个旅游点上还成立了项目建设指挥部，由县领导常年蹲点抓调度、抓协调、抓督促、抓进度。理顺了管理体制，成立了县旅发委，在每个乡镇都成立了乡村旅游发展办公室，由 1 名副科级干部担任主任，实现了职能、机构、编制、职数、经费“五个到位”。将乡村旅游建设工作纳入全县年度目标管理考核，建立了督查考评机制和奖惩通报制度，由县四套班子领导和专家对各乡镇乡村旅游示范点开发建设进行考评打分，对乡村旅游工作先进单位进行重奖，对全县排名倒数第一的乡镇实行评优评先“一票否决”。开展乡村旅游品牌的创建活动，对评为“全国休闲农业与乡村旅游示范点”，省 5A、4A、3A 级乡村旅游点和星级农家旅馆的，由县财政给予奖励。同时，注重加强乡村旅游住宿、餐饮、营销、传统技艺等各类实用人才的培养，开展了讲解员评选比赛和培训活动，全方位提升乡村旅游从业人员整体素质，促进乡村旅游可持续发展。在市场主导方面，大余县在景区景点融资、经营、管理、服务等方面，都实行市场化运作。例如，组建了旅游产业招商小分队，有针对性地开展旅游产业招商，引进江西省大余丫山艾哆乡村事业发展有限公司打造丫山乡村生态旅游示范园项目、大余县仁龙旅游开发有限公司开发丫山飞龙峡谷漂流、广东德福鑫控股有限公司建设大余县万马生态休闲度假项目；组建了县旅游投资公司进行融资，探索推行不动产抵押、权益抵押、林权抵押、土地使用权抵押、门票抵押和经营管理权抵押六种融资担保形式，着力解决乡村旅游资金难题；探索采用 PPP、BF 等模式，引入社会资金、民营资金参与景区建设。目前，大余县有乡村旅游大中型经营户 218 户。在经营管理方面，通过组建旅游公司、旅游协会、理事会、个体承包等方式，对景区进行后续运营管理。在宣传营销方面，为加快实施联盟宣传活动，进一步提高联盟品牌影响力，初步完成《赣州西部旅游三年营销推广战略策划方案》，为今后三县联盟形象推广和提升工作指明了方向。2016 年初，协助丫山举办“路虎情　兄弟缘”广东路虎车友 2015 年度峰会，吸引了以广州、深圳为代表的三支华南路虎俱乐部近 60 辆路虎车的车队齐聚丫山。2016 年 3 月，邀请江西二套都市栏目组赴大余县丫山景区拍摄录制《丫山：美丽江西农村样板》特别节目，对大余县特色旅游资源、精准扶贫成效进行大篇幅报道。2016 年 5 月，先后参加赣州市第一届旅游博览会和厦门市第十二届海峡博览会，进一步提升大余县旅游品牌在全国的影响力。

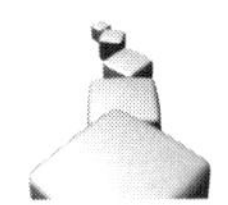

第四节　产业扶贫——吉安井冈蜜柚扶贫模式

习总书记在参加十二届全国人大三次会议江西代表团审议时强调，“决不能让老区群众在全面建成小康社会进程中掉队，立下愚公志，打好攻坚战，让老区人民同全国人民共享全面建成小康社会成果”。作为革命老区、苏区的吉安深刻领会习总书记重要讲话及“四个全面”精神实质，紧扣新时期扶贫开发的要求，结合当地实际，以井冈蜜柚千村万户老乡工程为抓手，着力产业扶贫，为扶贫攻坚找到了一把金钥匙。

一、井冈蜜柚千村万户老乡工程——老区脱贫

致富的金钥匙吉安经济基础较薄弱，是江西6个比较集中的贫困地区之一，有36万贫困人口，5个国家扶贫开发工作重点县、4个罗霄山特困片区县，661个省级扶持贫困村，其中229个国家扶持贫困村。自2010年起，吉安在扶贫工作中转变观念，变“输血”为“造血”，全面实施井冈蜜柚千村万户老乡工程。目前，全市井冈蜜柚种植面积22.82万亩，建立百亩示范基地200个，千亩示范基地31个，万亩示范基地10个。通过近些年井冈蜜柚产业的发展，带动了广大贫困户发家致富，全市贫困人口由2013年的45.1万减少到36万，减少了9.1万，贫困发生率由11.54%降至9.2%，井冈蜜柚成为贫困户脱贫致富的摇钱树。

习近平总书记在参加十二届全国人大三次会议江西代表团审议时特别问道：“你们的井冈蜜柚甜不甜、大不大？”体现了总书记对老区人民的关心和对井冈蜜柚老乡工程的肯定，井冈蜜柚富民产业工程已成为加快吉安农村经济发展，促进农民持续增收，全面建成小康社会的有效途径。

（一）转变观念，从“要我脱贫”到“我要脱贫”——解决等靠要问题

吉安坚持从转变思想观念入手，积极探索新的扶贫理念和方法。一方面，

坚持“三个转变”，努力改变干部扶贫工作思维模式。在受益主体上，从“大水漫灌式”向“精准滴灌式”转变。准确掌握贫困人口实际情况，让资金跟着贫困户走，贫困户跟着产业走。在扶贫方式上，从“输血式”向“造血式”转变。注重思想扶贫、智力扶贫、产业扶贫等，努力提高贫困群众的自我发展能力。在参与积极性上，从“政府引导式”向“内生动力式”转变。改变以往扶贫项目由行政命令安排、贫困户被动接受的方式，注重激发贫困群众参与扶贫攻坚的积极性、主动性，努力实现从“要我脱贫”到“我要脱贫”。另一方面，坚持“三个克服”，努力转变贫困群众的“等靠要”思想。克服“等”的观望思想，增强脱贫致富的主动性，更新观念求发展；克服“靠”的依赖思想，增强脱贫致富本领，提高素质求发展；克服“要”的功利思想，依靠自身力量脱贫致富，以主动作为求发展。

（二）选准产业，从救济式扶贫到开发式扶贫——解决产业难题

吉安在认真分析自身产业基础上，经过多年摸索，找到了六大特色富民产业，其中之一就是井冈蜜柚产业，积极引导贫困群众依托井冈蜜柚产业脱贫致富。

政府积极引导发展。坚持以特色产业为基础、以科学规划为龙头、以做大做强产业为目标、以贫困群众增收脱贫为核心，在引导服务上做实做细。一是科学规划布局。以遂川、万安、泰和为中心建设南部蜜柚区，以青原、吉水、吉安、永新、安福为中心建设中西部蜜柚区，着力建设一批优质、安全、高效精品蜜柚园。同时，大力引进和培育新品种，不断优化品种结构，实现早、中、晚熟期搭配，鲜销、加工比例合理，均衡上市。二是建设示范基地。积极推进蜜柚产业“百千万”工程建设，形成一批连片面积百亩以上蜜柚示范种植大户，千亩以上乡镇蜜柚示范片，万亩以上县（区）蜜柚示范带。三是加强服务支持。全面实施“千村万户老乡”工程，政府每年扶持5万户农户，每户无偿提供20株苗木，即每年种植100万株；到2020年共扶持40万户，种植井冈蜜柚800万株，每户农户每亩每年可获得纯利润1万元以上。龙头企业辐射带动。大力推进井冈蜜柚标准化生产和产业化经营，着力引进和培育一批龙头企业和生产基地，形成带动效益和规模效益。江西省

丰达农业发展有限公司，采取“公司+合作社+基地+农户”的经营模式，吸引周边农户以土地或资金的形式入股成立专业合作社。公司与合作社签订协议统一收购蜜柚，一部分直接销售，另一部分通过企业深加工形成系列产品。全市第一家蜜柚加工企业——吉水县金柚果品公司提供就业岗位200多个，年加工井冈蜜柚达10万吨。合作组织抱团发展。不断壮大和健全农民经济合作组织，成立井冈蜜柚专业合作社，吸收贫困群众参与，形成抱团效益，降低市场风险，带动就业，助推脱贫致富。2014年，全市扶持农民合作社169家，惠及贫困群众11.5万人。安福县横龙镇赣鑫果业专业合作社成立两年来，参加的社员农户由最初的8户，现已发展到107户，经营蜜柚面积达到4000多亩，产量80万斤，产值320万元。广大农户从蜜柚产业中看到了增收致富的希望。贫困群众广泛参与。“家有一亩柚，就是万元户，家有十亩柚，小康不用愁”。井冈蜜柚千村万户老乡工程，广大农民积极参与，房前屋后、荒山荒坡地种上几十株井冈蜜柚，实际上是给老百姓种上了“摇钱树”。目前，全市井冈蜜柚种植面积达22.8万亩，其中千村万户老乡工程面积9.26万亩，落实种植贫困户16740户。比如，吉安县永阳镇江南村特困户肖政辉，获得10万元“致富宝”担保贷款，种植井冈蜜柚20多亩，到盛产期年收益可达20万元。

（三）金融补血，从大水漫灌到精准滴灌——解决资金瓶颈问题

吉安切实做好金融服务，实施精准扶贫，从大水漫灌到滴水精灌，有效地解决了资金瓶颈问题，激活了井冈蜜柚产业的发展。整合涉农资金。泰和县整合资金加大投入推进蜜柚产业，县财政安排蜜柚产业发展专项资金700万元，对井冈蜜柚基地和乡镇场予以扶持与奖励，对20亩以上的蜜柚种植户实行一定的资金扶持。同时整合国土、财政、发改、农业、林业、水利、老建扶贫等相关项目资金2000万元扶持蜜柚产业开发。金融精准扶持。坚持“四轮驱动”，实行担保贷款、贷款贴息、产业保险、现金直补的金融精准扶贫模式，有效地解决了贫困群众贷款难和产业发展资金不足问题。以吉安县为例，产前，政府出小头，撬动银行大头，群众贷款，政府担保，政府贴息，解决产业启动难；产中，现金直补到户，解决产业发展难。创新推出产业保

险，化解产业保障难。全县已发放贫困户担保贷款361户，贷款金额2685万元，累计为350户贫困户办理贷款贴息，贴息资金55.34万元；累计为374户贫困户奖补现金338.64万元；为1450户贫困户补助产业保险资金35.6万元。鼓励民资参股。支持本地工商资本、民间资本和吸引周边农户以土地或资金的形式入股参与井冈蜜柚产业开发。吉水县采取“公司+基地+农户”、联户经营的模式，引导各类资本投资井冈蜜柚产业。双村镇黄土岭基地，农户以土地、双村林场以管理、月花园林绿化有限公司以资金方式，分别占23%、7%、70%股份。白水镇通过“转让、互换、抵资入股”等方式，联户经营发展井冈蜜柚，推行标准、苗木、服务、包装、销售“五个统一”，扩大了种植规模、保证了产品质量、实现了农户收益最大化。

（四）智力支持，从穷脑袋到富脑袋——解决致富技能缺乏问题

“治穷先治愚，扶贫先扶智”。吉安整合培训资源，以农民技能培训为重点，在扶贫开发重点村着力实施智力扶贫，大大提高了他们的就业、创业能力。开展技能培训。以阳光工程、致富能人培训工程、金蓝领计划、雨露计划等为依托，围绕井冈蜜柚生产加工销售，开展相关专业技能培训。近年来，吉安共举办各类扶贫班5100期，培训农民60万人次，其中参加井冈蜜柚培训20万人次。通过各类培训，不但实现了“培训一人，输出一人，脱贫一户”的目标，而且实现了从“他扶”到“自立”的转变。实施远程教育。吉安县通过科技特派员队伍实施井冈蜜柚远程教育指导试点，建立种养大户QQ群，根据农时季节，通过农业信息网、手机报、微信等途径，发布防病防虫、水肥管理等技术要领和演示视频，为种养户提供实时科技服务。建立科技体系。从2013年起，依托吉安农校每年定向招录培养200名“三定向”的农业技术人员；在市农业科学研究所内调整设立井冈蜜柚研究所和市级以上井冈蜜柚工程技术研究中心，建立井冈蜜柚产业研发平台，提升了井冈蜜柚产业科研能力和应用新技术能力；建立科技服务体系，加强科技示范基地、示范村和示范户建设，形成县有科技示范基地、乡有科技示范村、村有科技示范户的科技扶贫示范体系。

（五）政府撬动，从授人以鱼到授人以渔——解决带动力不足问题

授人以鱼不如授人以渔。吉安坚持以党员干部拉动、能人大户带动、千家万户联动，为贫困人群打通了脱贫致富渠道。党员干部带动。坚持产业到村到户、项目到村到户、柚苗到村到户、资金到村到户、干部帮扶到村到户、跟踪管理到村到户等“六个到村到户”，带动广大农户发展井冈蜜柚产业。万安县从群众需求入手，在广大党员干部中开展“干部学用技术”活动，培养一技之长的党员干部成为“农技特派员”，深入村组主动为村民送技术、用技术，带动群众脱贫致富。吉安县在“农技特派员”带动下每名干部与 2 户以上贫困户开展对接服务，108 个贫困村实现了产业脱贫、科技富民，探索了党员干部以真本领服务群众、以真行动富裕群众的新路径。能人大户拉动。发挥知名大户的示范作用，采取大户示范、联户经营、小户铺开模式来带动产业发展。2005 年安福县严田镇贺国振先后种植了 10 亩 300 余株井冈蜜柚，2009 年开始投产，2013 年产果 2 万多斤，收入 7 万多元，2014 年又扩种了 47 亩，在他的带动下，该村种植井冈蜜柚面积达 200 多亩。千家万户联动。全面实施井冈蜜柚千村万户老乡工程，帮助广大农户，尤其是贫困户在房前屋后、荒山荒坡种植井冈蜜柚。2013 年，安福县通过政策推动、基地带动、千家万户联动，着力推进井冈蜜柚产业化发展，出台了井冈蜜柚种植补贴政策，将“千村万户老乡工程”种植的 12 万株井冈蜜柚苗木免费提供给农户，全县落实“老乡工程”实施农户 7459 户，落实基地面积 12095.6 亩。

二、破四穷——探索老区扶贫新路的启示

吉安通过发展井冈蜜柚千村万户工程带动了千家万户致富，给老区、苏区扶贫攻坚提供了有益的借鉴和启示。

（一）探穷源：解放思想，摆脱头脑贫困

扶贫开发，思想是先导。吉安从改变干部扶贫工作思维入手，帮助贫困群众破除“等靠要”思想，激发脱贫致富、加快发展的积极性与主动性。因此，打好扶贫攻坚战，最重要的就是解放思想，让贫困群众摆脱头脑贫困。一要解放思想、转变观念，打破“等靠要”的惯性思维，从“要我脱贫”转

变为“我要脱贫”。二要发挥贫困户的主观能动性，以思想引领脱贫，用科技指导脱贫，靠文化摆脱贫困，从“等靠要”向自主创业转变，跳出传统发展模式的路径依赖，真正走出一条适合本地脱贫致富的新路子。

（二）挖穷根：治贫先治愚，扶贫先扶智

扶贫开发，智力是重点。吉安坚持治贫先治愚，扶贫先扶智，努力提高广大贫困群众的综合素质，培养造就有文化、懂技术、能创业、会经营的新型农民。因此，打好扶贫攻坚战，必须高度重视智力扶贫，解决贫困群众“缺技少能”的状况。一要建立智力扶贫机制。建立健全形式多样、内容丰富、涵盖面广的长效扶贫机制；从实际、实用、实效出发，开展多层次、多形式、多门类的智力扶贫；以培养“有文化、懂技术、能创业、会经营的新型农民”为目标，唤起老区、苏区人民的自我激励、自我发展意识。二要开展技能培训。实施智力扶贫最快捷有效的途径是加强职业教育和职业培训，要通过职业技术学院、职业高中、农家课堂·雨露计划等职业培训工作，增强脱贫致富的实际才能，消除代际贫困，激发老区、苏区人民脱贫致富的潜能。三要实施科技扶贫工程。开展农村实用技术培训，实施科技扶贫工程，普及农业科普知识，推广农业新成果、新方法，努力增强贫困群众就地创业、自主脱贫能力。四要抓好劳动力转移培训工程。抓好贫困劳动力的转移技能培训，增强贫困群众的基本务工技能，拓展就业门路。

（三）解穷窘：突破资金瓶颈，精准扶贫到户

扶贫开发，资金是关键。吉安实施金融补血，巧借“四两”拨“千斤”，有效地解决了贫困户“无米”之难和后顾之忧。因此，打好扶贫攻坚战，要整合资源，集中人财物力，实现扶贫效应最大化。一要坚持“政府主导、社会参与、自力更生、开发扶贫”的方针，以政府投入为引导，动员企业、农民、社会其他力量千方百计增加扶贫开发投入。二要做好加法，健全完善扶贫开发投入正常增长机制。加大扶贫资金投入，每年新增扶贫资金增幅应高于财政支出增幅，并通过财政贴息、项目补助、以奖代补等手段，引导全社会增加扶贫投入。三要用好乘法，发挥金融的杠杆作用。加大信贷扶贫力度，增加扶贫贷款贴息资金，用于贫困地区产业化龙头企业发展；加大小额贷款

发放力度，积极稳妥推进贫困村互助资金试点，切实帮助贫困农户解决发展生产筹资难的问题；鼓励在贫困地区开展村镇银行、小额贷款公司以及新型农业保险试点。四要整合资金扶贫攻坚。最大限度整合各个行业部门及社会扶贫力量，构建大扶贫格局，形成扶贫攻坚合力，有效破解资金难题。

（四）摘穷帽：找准路子，选育富民产业

扶贫开发，产业是基础。吉安通过大力扶持井冈蜜柚产业发展，带动了千家万户脱贫致富。因此，打好扶贫攻坚战，要把培育产业作为扶贫攻坚工作的着力点，以产业发展为杠杆推进扶贫开发。一要精心编制产业扶贫规划。坚持因地制宜、科学规划，确立具有老区优势和特色的产业发展类别、扶持项目。立足当地实际条件和产业基础优势，选准发展项目，做大特色产业、做强优势产业，实现产业扶贫效应的最大化。二要明晰产业扶贫思路。继续完善“公司+基地+农户”、“公司+农户”、“合作经济组织+公司+农户”等模式，促进产业化经营与扶贫开发有效对接，引导贫困农户进入产业链条；采用多种方式实行农业产业化，如出租土地，进行土地流转，让农户的土地入股等方式，使贫困地区的贫困农户真正成为产业化扶贫的受益者；建立专业合作组织，保障农民的利益，在产业扶贫过程中让企业和农户都成为受益者。三要做大规模，延长产业链。产业要做大做强不能简单地沿袭传统生产方式，不能停留在产品的初加工和初级产品的开发上，而应该扩大产业的链接能力，提高产业价值水平和产品附加值，衍生产业的综合开发效应。四要尊重农民意愿。产业扶贫的思路是以产业发展带动农民增收。所以，我们做什么样的产业，应该尊重农民意愿，尊重自然规律，尊重市场规律。

第九章 发展成效：赣南苏区民生改善显著

赣州市大力提升民生保障力度，科学推进全方位、多层次的普惠型民生工程，让人民群众生活得更舒适、更体面、更幸福。大力实施农村危旧土坯房改造，不断加大保障性安居工程建设力度，破解困难群众“住房难”；在全省率先实行地方政府为乡镇卫生院订单式培养临床医学本科生，解决乡镇卫生院人才不足的问题；通过实施“雨露计划”、“金蓝领工程”等暖心工程，增强困难群众的就业创业能力。同时，加大民生资金投入力度，快速有效地解决了百姓饮水难、行路难、用电难等问题。

第一节 近年来赣南苏区民生指标比较分析

一、经济基础变化比较

（一）GDP 的变化比较

2015 年赣州地区 GDP1973.87 亿元，比 2014 年增长 9.6%。其中，第一产业增加值 295.56 亿元，增长 4.1%；第二产业增加值 870.46 亿元，增长 9.8%；第三产业增加值 807.85 亿元，增长 11.4%。三次产业结构由 2014 年的 15.3：45.8：38.9 调整至 2015 年的 15.0：44.1：40.9。非公有制经济实现增加值

1166.64 亿元，增长 9.8%，占 GDP 比重为 59.1%（见图 9-1）。

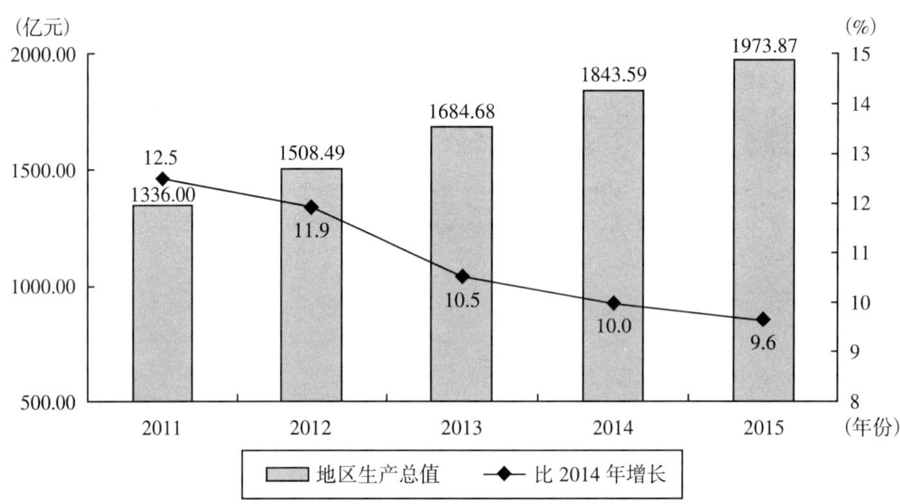

图 9-1　2011~2015 年地区生产总值及其增长情况

（二）财政收入变化

2015 年财政总收入 353.32 亿元，比 2014 年增长 7.5%。其中，公共财政预算收入 245.51 亿元，增长 9.0%。财政总收入占 GDP 的比重达 17.9%，提高 0.1 个百分点。全年各项税收收入 294.33 亿元，增长 2.4%。公共财政预算支出 614.97 亿元，增长 14.7%。其中，民生类支出 350 亿元，增长 15.5%，占财政总支出的比重达 56.8%，比 2014 年提高 0.2 个百分点（见图 9-2）。

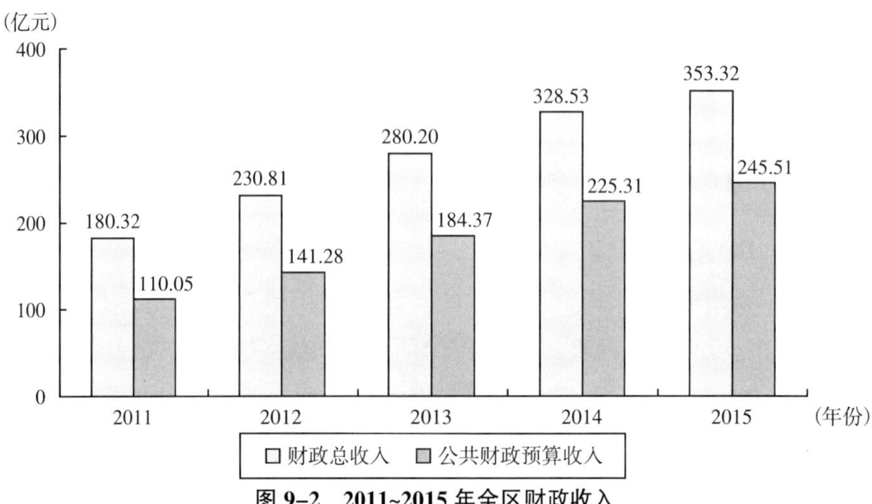

图 9-2　2011~2015 年全区财政收入

（三）居民储蓄存款变化

2015 年末金融机构人民币各项存款余额 3355.91 亿元，比年初增加 464.52 亿元。其中，单位存款 704.56 亿元，增加 94.25 亿元；储蓄存款 2014.14 亿元，增加 262.85 亿元。各项贷款余额 2297.55 亿元，增加 373.57 亿元。其中，短期贷款 993.11 亿元，增加 97.95 亿元；中长期贷款 1201.35 亿元，增加 217.27 亿元。存贷比 68.5%，提高 1.8 个百分点（见图 9–3）。

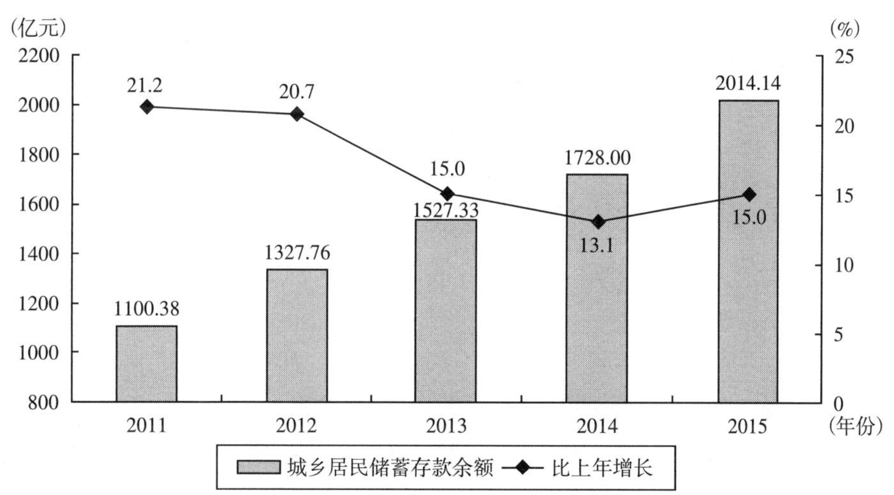

图 9–3　2011~2015 年城乡居民储蓄存款余额及其增长速度

（四）工业增加值变化情况

2015 年规模以上工业增加值 753.26 亿元，增长 9.2%。在规模以上工业企业中，轻工业增加值 233.94 亿元，增长 5.1%；重工业增加值 519.32 亿元，增长 11.0%。分企业类型看，国有企业增加值 2.06 亿元，增长 3.9%；集体企业增加值 1.80 亿元，增长 23.2%；股份制企业增加值 245.35 亿元，增长 10.7%；私营企业增加值 321.15 亿元，增长 13.1%；外商投资及港澳台企业增加值 182.87 亿元，增长 4.2%（见图 9–4）。

2015 年规模以上工业经济效益综合指数为 312.9%，比 2014 年提高 6.3 个百分点。规模以上工业企业实现主营业务收入 3124 亿元，增长 3.8%；利润总额 196.46 亿元，增长 2.2%。

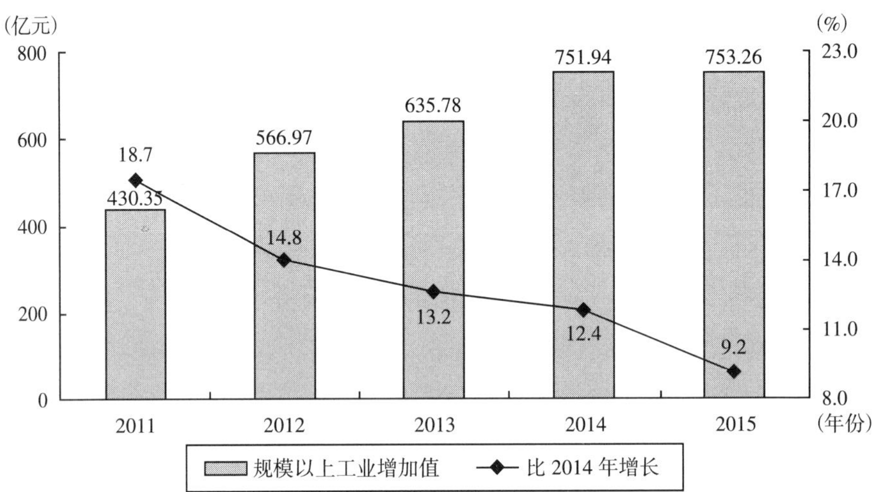

图 9-4 2011~2015 年规模以上工业增加值及其增长速度

二、民生投资比较

2015 年固定资产投资 1892.21 亿元，增长 17.6%，其中工业投资 584.05 亿元，下降 6.0%。分产业投资看，第一产业投资 47.30 亿元，比上年增长 54.1%；第二产业投资 582.47 亿元，下降 6.2%；第三产业投资 1262.44 亿元，增长 31.9%。分企业类型看，国有企业投资 704.84 亿元，增长 38.0%；有限责任公司投资 500.41 亿元，增长 34.5%；股份有限公司投资 28.69 亿元，下降 2.7%；私营企业投资 515.91 亿元，下降 1.7%；港澳台企业投资 18.20 亿元，下降 18.7%；外商投资 59.45 亿元，增长 32.8%；个体经营投资 8.82 亿元，下降 61.6%（见表 9-1）。

表 9-1 2015 年分行业固定资产投资及其增长速度

行业	投资额（亿元）	比 2014 年增长（%）
总计	1892.21	17.6
农林牧渔业	52.45	43
#农、林、牧、渔服务业	5.15	-14.2
采矿业	10.80	-36.5
#有色金属矿采选业	6.23	-40.7
制造业	514.12	-8.7

续表

行业	投资额（亿元）	比 2014 年增长（%）
# 农副食品加工业	25.81	31.7
纺织服装和服饰业	18.95	-30.1
家具制造业	23.00	183.5
化学原料及化学制品制造业	19.77	-28.4
非金属矿制品业	51.28	-6.1
有色金属冶炼及压延加工业	65.15	-24.5
电气机械及器材制造业	50.78	-24
计算机、通信及其他电子设备制造业	61.00	-26.7
电力、燃气及水的生产和供应业	59.14	41.9
# 电力、热力的生产和供应业	37.92	112.5
水的生产和供应业	15.60	-20.1
批发和零售业	59.36	105.4
交通运输、仓储和邮政业	178.22	55.7
住宿和餐饮业	5.82	-29.6
信息传输、软件和信息技术服务业	3.84	116.6
金融业	9.64	1388.1
房地产业	493.46	2.7
租赁和商务服务业	21.02	8
科学研究和技术服务业	3.91	125
水利、环境和公共设施管理业	316.24	66.3
居民服务、修理和其他服务业	8.04	571
教育	57.48	42.7
卫生和社会工作	40.80	57.5
文化、体育和娱乐业	36.85	27
公共管理、社会保障和社会组织	21.02	177.5

从表 9-1 中可以看出，赣州地区民生投资额增长速度明显高于其他投资：

（1）房地产投资增幅较大。2015 年房地产开发投资 274.35 亿元，比 2014 年增长 19.1%。房地产房屋施工面积 2797.83 万平方米，增长 24.7%；房地产房屋竣工面积 334.49 万平方米，增长 97.7%；商品房销售面积 669.73 万平方米，增长 15.0%；商品房待售面积 178.88 万平方米，增长 79.9%。商品房销售额 361.19 亿元，增长 4.8%。全年保障性住房完成投资 25.08 亿元，其中市辖区完成投资 5.94 亿元；保障性住房施工面积 66.36 万平方米，其中市辖区 13.24 万平方米；保障性住房竣工面积 11.51 万平方米。

（2）金融业投资迅猛。资金稀缺是赣南苏区的关键制约因素。赣南地区获得 960 亿元产业基金后，金融业得到巨大的发展，其投资增长比率为 1388.1%，这为赣州后续民生投入和产业发展奠定了重要基础。

（3）公共服务投资增长非常明显。其中水利、环境和公共设施管理业投资增长 66.3%，居民服务、修理和其他服务业增长 571%，教育投资增长 42.7%，卫生和社会工作投资增长 57.5%，文化、体育和娱乐业投资增长 27%，公共管理、社会保障和社会组织投资增长 177.5%，交通运输、仓储和邮政业投资增长 55.7%。

相对这些民生投资增长，产业投资增长并不明显。从产业投资增长看，除了电力、热力的生产和供应业增长 112.5%及家具制造业增长 183.5%外，其他产业投资增幅非常小，许多产业投资处于负增长，尤其是冶金行业投资缩水非常严重。

三、民生消费变化情况

（一）消费品变化

2015 年赣州社会消费品零售总额 705.21 亿元，比 2014 年增长 8.6%。按经营地统计，城市消费品零售额 585.35 亿元，增长 8.0%；乡村消费品零售额 119.86 亿元，增长 11.4%。在限额以上批发零售业零售额中，粮油、食品、饮料、烟酒类增长 16.6%，服装、鞋帽、针纺织品类增长 13.3%，化妆品类下降 11.1%，金银珠宝类增长 8.4%，日用品类增长 9.1%，五金、电料类增长 4480.0%，体育、娱乐用品类下降 8.8%，书报杂志类增长 22.6%，电子出版物及音像制品类增长 17.6%，家用电器和音像器材类增长 17.1%，中西药品类增长 13.6%，文化办公用品类下降 100%，家具类增长 31.8%，通信器材类增长 39.1%，石油及制品类下降 17.2%，建筑及装潢材料类增长 36.2%，机电产品及设备类增长 31.1%，汽车类增长 22.1%，其他类商品增长 16.9%（见图 9–5）。

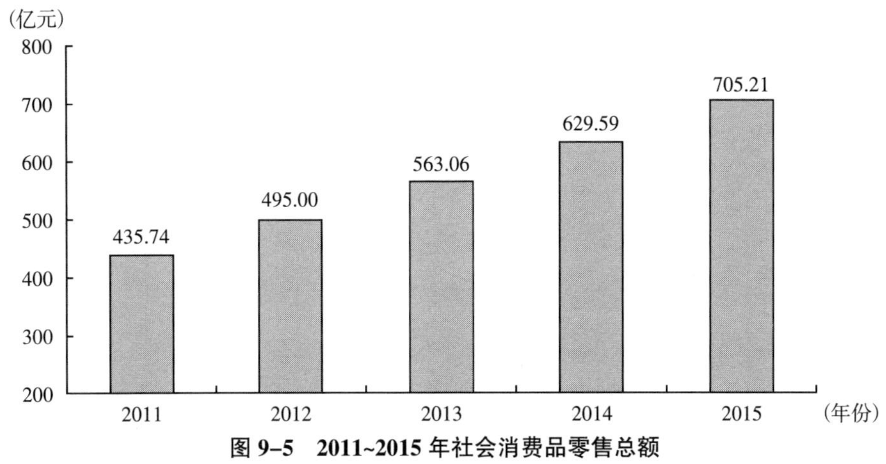

图 9–5　2011~2015 年社会消费品零售总额

（二）交通、邮电和旅游消费变化

2015 年赣州市交通运输、仓储及邮政业增加值 96.5 亿元，比 2014 年增长 3.4%。

（1）交通运输消费。赣州市公路通车里程 29636.73 公里。其中，高速公路（赣州境内）通车里程 1116 公里。全年公路货物运输量 18338 万吨，比 2014 年增长 7.3%；旅客运输量 8454 万人，增长 2.2%。铁路货物运输量 170 万吨，下降 0.9%；旅客运输量 895.8 万人，增长 13.1%。机场旅客吞吐量 92.51 万人，增长 17.5%。2015 年末全市民用汽车保有量 56.08 万辆，比上年末增长 19.2%。年末私人汽车保有量 51.46 万辆，增长 21.2%（见表 9–2）。

表 9–2　2015 年公路运输量及周转量

指标	指标值	比 2014 年增长（%）
货物运输量（万吨）	18338	7.3
旅客运输量（万人）	8454	2.2
货物运输周转量（亿吨）	185.38	4.1
旅客运输周转量（公里）	54.17	1.7

（2）邮电消费。2015 年邮政业务总量 5.33 亿元，增长 19.6%；电信业务收入 43.59 亿元。年末全市固定及移动电话用户总数达 786.16 万户，比 2014 年末增加 122.78 万户，其中固定电话用户 113.14 万户，增加 17.02 万户；移

动电话用户 673.02 万户，增加 105.76 万户。电话普及率 81.8 部/百人。互联网上网用户 149.66 万户，增加 47.10 万户（见图 9-6）。

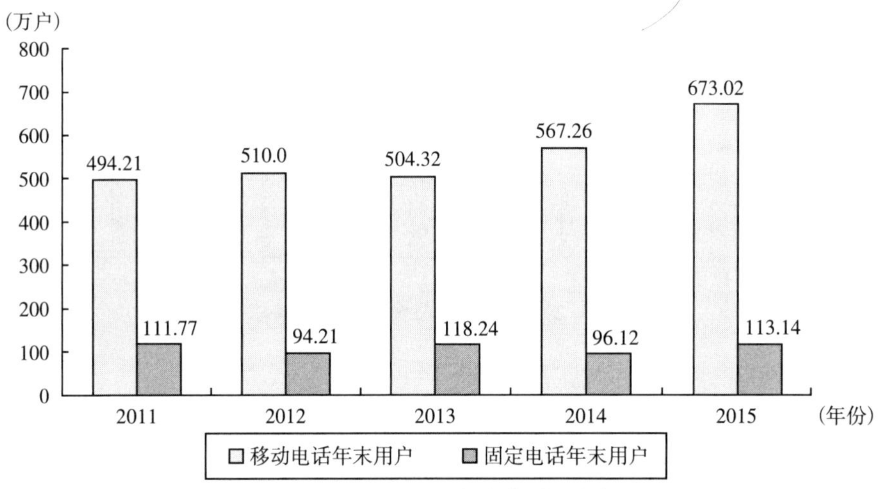

图 9-6 2011~2015 年末电话用户数

（3）旅游消费。2015 年入境旅游人数 25.61 万人次，比 2014 年增长 20.1%；旅游外汇收入 7949.35 万美元，增长 21.1%。国内旅游人数 4775.63 万人，增长 37.2%。旅游总收入 390.19 亿元，增长 41.4%。

（三）教育水平变化

全年研究生教育招生 1040 人，在校研究生 2927 人，毕业生 748 人。普通高等教育招生 2.70 万人，在校学生 8.86 万人，毕业生 2.24 万人。各类中等职业教育（包括中等专业和中等职业学校）招生 3.25 万人，在校学生 8.51 万人，毕业生 2.74 万人。普通高中招生 6.58 万人，在校学生 18.79 万人，毕业生 5.74 万人。普通初中招生 13.59 万人，在校学生 40.66 万人，毕业生 12.69 万人。普通小学招生 14.89 万人，在校学生 91.59 万人，毕业生 13.54 万人。

（四）文化、卫生和体育公共服务变化

2015 年，赣州市电视人口覆盖率 99.4%，广播人口覆盖率 98.5%。

（1）文化服务。赣州市有群艺馆、文化馆 19 个，组织文艺活动 1030 次；乡镇文化站 283 个，组织文艺活动 1152 次；艺术表演团体 19 个，演出场次

3236 次；图书馆 19 个，有藏书 355.65 万册，图书流通 177.94 万人次；博物馆 16 个，文物藏品 5.82 万件（套），参观人数 431.36 万人次。

（2）卫生服务。2015 年末，赣州市共有卫生机构 8839 个。其中，医院 61 个，社区卫生服务中心（站）40 个，卫生院 320 个，村卫生室 7351 个，诊所、卫生所、医务室 945 个，疾病预防控制中心 20 个，专科疾病防治院（所、站）27 个，妇幼保健院（所、站）19 个。卫生技术人员 3.48 万人，其中，执业医师和执业（助理）医师 1.17 万人，注册护士 1.48 万人。卫生机构床位 3.62 万张（见图 9-7）。

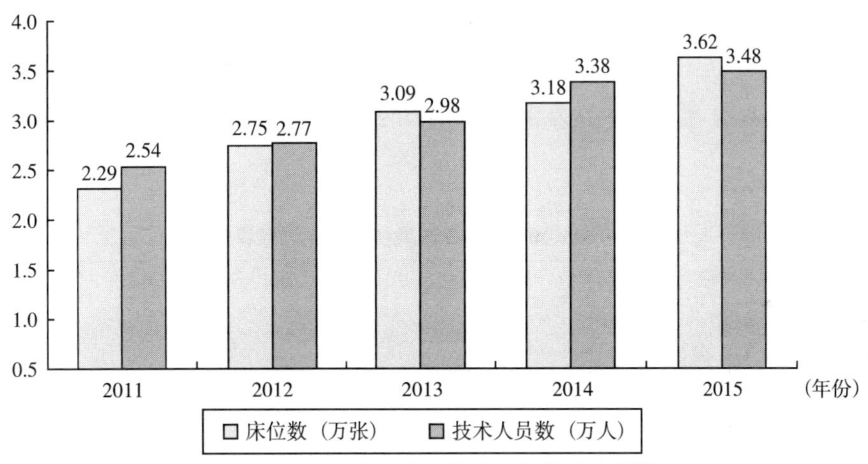

图 9-7　2011~2015 年卫生机构床位与技术人员情况

（3）体育服务。2015 年，举办群众体育活动 3250 次，人数 220 万人；青少年俱乐部 17 个，市级体育协会 31 个；等级裁判员发展人数 230 人，等级运动员发展人数 110 人；公共体育场地 69 个，其中田径场 19 个，体育馆 13 个，全民健身广场 12 个，游泳池 12 个，综合训练房 13 个。少儿体育学校 19 个，在校学生 222 人，专职教练员 26 人。在省级比赛中获得奖牌 328 枚。

（五）人民生活与社会保障变化

2015 年末，赣州市户籍总人口为 960.63 万人，比 2014 年末增加 6.43 万人（见表 9-3）。

表 9-3　2015 年人口主要构成情况

指标	年末数（万人）	比重（%）
全市总人口	960.63	100.0
男	499.31	52.0
女	461.32	48.0
18 岁以下	257.89	26.8
18~34 岁	234.02	24.4
35~59 岁	337.27	35.1
60 岁及以上	131.45	13.7

（1）居民收入与恩格尔系数变化。2015 年农村居民人均可支配收入 7786 元，比 2014 年增长 12.1%；城镇居民人均可支配收入 25001 元，增长 9.0%。农村居民家庭恩格尔系数为 38.1%，城市居民家庭恩格尔系数为 34.5%（见表 9-4）。

表 9-4　2011~2015 年城乡居民生活改善情况

指标	2011 年	2012 年	2013 年	2014 年	2015 年
农村居民人均可支配收入（元）	4684	5301	6224	6946	7786
城市居民人均可支配收入（元）	16058	18704	20797	22935	25001
农村居民家庭恩格尔系数（%）	46.9	45.4	38.1	38.6	38.1
城市居民家庭恩格尔系数（%）	40.9	40.0	36.2	35.1	34.5

（2）社会保障服务水平变化。2015 年末，赣州市参加城镇基本养老保险人数 88.89 万人，比 2014 年末增加 4.97 万人。其中参保职工 65.80 万人，参保离退休人员 23.09 万人。参加职工基本医疗保险人数为 68.24 万人，增加 2.02 万人。参加城镇居民基本医疗保险人数为 139.67 万人，增加 0.81 万人。参加失业保险人数为 36.21 万人。参加工伤保险人数为 48.60 万人。参加生育保险人数为 31.20 万人，增加 4.10 万人。8.44 万城镇居民和 33.10 万农村居民得到政府最低生活保障。全市有公办综合福利院、敬老院和光荣院共 310 个，民办养老服务机构 26 个。

四、赣南苏区民生改善明显

（一）民生投入节节攀高

近两年来，赣州市落实国家各项惠民政策，把保障和改善民生摆在首要位置，让民生工程的政策阳光惠及全市最广大人民群众。让居者有其所，是“民生为本”的重要内容之一。《若干意见》出台实施后，赣州市把农村危旧土坯房改造作为赣南苏区振兴发展的开局大事来抓。2012 年，全市实施了 10 万多户贫困农民住房改造，全面完成“两红”人员及革命烈士遗属遗孀危旧土坯房改造；2013 年，全市 11 个扶贫开发片区县安排 11.35 万户改造对象，并优先安排 34659 户分散供养五保户、低保户等危旧土坯房改造，让 13.9 万特困群众住上了“小洋房”。截至目前，全市共改造完成 40.68 万户农村危旧土坯房，183 万农村困难群众告别了“透风漏雨”的土坯房。

同时，赣州市大力建设公共租赁房、廉租房等保障性住房，为城市困难居民解决住房难问题。目前，全市开工建设各类保障性住房 130395 套，全市配租（配售）保障性住房 5.08 万套，棚户区改造建成返迁安置房 4.85 万套，解决了 16.92 万居民的住房困难问题。

在民生工程建设中，赣州市按照多层次、广覆盖要求，初步构建以公共租赁住房为主，廉租住房、租赁补贴、棚户区（危旧房）改造等形式为补充的住房保障体系，实现了全市 15 平方米以下住房困难家庭“应保尽保”目标。

安全饮水，生活所需。为了让赣南农村群众喝上干净卫生的放心水，两年来，全市投资 8.97 亿元，实施了 215 处农村饮水安全工程，解决了 237.9 万农村人口的安全饮水问题。连续两年，赣州市共筹集资金 500 亿元，在就业创业、社会保险、社会救助、医疗保障、教育文化体育、住房保障、扶贫开发、群众生产生活等多个方面，实施民生工程百件实事。2014 年，赣州市在完成省定 50 件民生实事的基础上，整合 280 亿元以上资金，集中办好 40 件民生实事。截至 6 月底，全市民生类支出达 143.1 亿元，占公共财政预算支出的 57.9%，同比增长 29.1%。一组组节节攀高的民生投入数据，让老百姓真切感受到党和政府的为民情怀和温暖大爱。

（二）教育基础更加牢固

百年大计，教育为本。欠发达、后发展仍然是赣州的基本市情。面对教育基础设施建设滞后，农村中小学危旧教学楼数量多、面积大的实际，两年来，赣州市着力推进城乡教育均衡发展，增加投入支持乡镇公办示范性幼儿园建设，以及农村校舍危旧房改造，确定校舍改造项目 115 个，添置农村村小、教学点教学仪器、图书资料等，改建农村村小、教学点附属设施，推进教育管理信息化建设和义务教育标准化建设。

关心教师工作生活，给条件艰苦山区教师特殊津贴，这是赣州市践行“教育优先”的创新举措。两年来，赣州市为条件艰苦山区的 16807 名教师发放了特殊津贴，解决了农村学校师生的安全饮水问题，免除全市义务教育阶段学杂费，免费为 130 万名学生提供了教科书，并补助家庭经济困难学生的寄宿生活费，资助普通高中（含民办）家庭经济困难学生和考入大学及中等职业学校的家庭经济困难学生，全市 2799 所中小学实施了农村义务教育学生营养改善计划。

2012 年至今，国家和江西省支持赣州市教育项目资金达 32 亿元，江西省高校定向招生院校由 2012 年的 2 所增加到 11 所，招生计划由 125 名增加到 317 名；特岗计划、国培计划、两区人才支教、学前教育巡回支教点等教师队伍建设中的教师工资津贴及培训经费等，均由中央、江西省财政拨付。

同时，赣州市努力提高城乡公共文化服务水平，改善群众生活，丰富群众文化体育生活。截至目前，“两馆一站”（市县公共图书馆和文化馆、乡镇综合文化站）全部实行免费开放，全市 88%的乡镇设有文化站，全市 80%的村建有文化活动场所，村级（社区）文化活动室平均面积达 108 平方米。全市已建设 3515 个农家书屋，覆盖全市 3460 个村。全市每万人拥有公共文化活动设施面积由 2010 年的 156.4 平方米提高到 700 平方米，开展各项群众文化活动 14.2 万场次，农民平均每月能看到 1 场电影、平均每年能看到 3 场文艺演出和参加 5 次文体活动。

（三）社会保障覆盖城乡

群众幸福指数的高低，在很大程度上取决于社会保障能力。三年来，赣州市坚持“广覆盖、保基本”，大幅提高社会救助标准，扩大补助范围，健全社会保障体系。其中，大幅提高“两红”人员等特殊困难群体的基本生活保障水平，全市3.59万名年满60周岁的烈士子女享受了国家定期生活补助，1.5万名年满60周岁的农村籍退役士兵享受了国家定期生活补助。高龄老人补贴提高了标准，扩大了补贴面，80周岁以上老人补贴实现了全覆盖、常态化，百岁老人补贴增至每人每月1000元。同时，赣州市率先在全省建立了城乡低保补助标准自然增长机制，城乡低保户、城镇“三无”特困群众供养、农村五保户集中供养，以及城镇大集体困难企业未参保退休职工、手工联社大集体企业未参保退休职工、未参保返城未安置就业知青养老生活补助标准得到提高，孤儿基本生活保障由执行中部地区每人每年3600元的标准，调整为执行西部地区每人每年4800元的标准。

在解决“看病难、看病贵”问题方面，赣州市致力于加强城乡医疗服务能力建设。两年来，国家地中海贫血防控、国家贫困地区儿童营养改善、结核病耐药监测等6个国家先行先试项目落户赣州市。国家基本药物制度覆盖332所政府办基层医疗卫生机构和5624个村卫生室，基本药物配备率达到96%，门诊次均费用和住院次均费用分别下降25.65%、30.25%。同时，赣州市开展农村居民大病保险试点，试点县的参合患者按现行新农合政策补偿后，再进行大病保险补偿，年最高支付限额由8万元增至33万元。目前，全市有5万余人享受到这一政策红利。

在发展社会事业方面，赣州市着力提高基本公共服务水平，推进城乡就业和社会保障一体化，让改革发展成果更多地惠及广大城乡居民。两年来，争取中央下达赣州市转移支付就业专项资金6.5亿元，新增城镇就业18.91万人，全市城镇就业人口总数达104万人，农村劳动力转移就业人口达160万人。目前，赣州市养老、医疗、失业、工伤、生育等社会保险参保总计达748万人（次），全市新型农村合作医疗参合率达99.03%。

（四）教育服务快速发展

赣州市2016年继续大力实施教育民生工程，落实教育惠民政策，积极促进教育公平，努力让人民群众得到更多实惠。三项省定民生指标为：一是扩

充农村学前教育。省财政增加安排 7 亿元，总量达到 10 亿元，对各地示范性乡镇中心幼儿园建设进行奖补。二是加大义务教育师资培训力度。省财政增加安排 1000 万元，总量达到 2200 万元，组织实施“乡村音体美教师培训计划”，为村小配备合格的音体美教师。三是提高特殊教育学校生均拨款水平。省财政增加安排 800 万元，将特殊教育学校生均拨款水平提高到生均 6000 元。

四件市定民生实事：一是实施教育扶贫工程。统筹安排资金 10.72 亿元，为义务教育阶段学生免除学杂费、教科书费；对家庭经济困难寄宿生补助生活费；对家庭经济困难的幼儿园、普通高中、中等职业及高考考入大学学生进行资助。二是加快城区公办幼儿园建设。统筹安排资金 1.5 亿元，完成城区新（改、扩）建 26 所公办幼儿园，支持 408 所普惠性幼儿园发展。三是着力改善城乡办学条件。统筹安排资金 15.99 亿元（2016 年完成 15.24 亿元），实施赣州一中扩建工程；进一步改善城区学校办学条件，缓解城区“大班额”问题；完成 500 所薄弱学校的改造，新改（扩）建校舍面积 78 万平方米；改善 18 所普通高中教育办学条件，购置教学仪器设备 4000 套（台）。四是推进赣南职业技术学院及赣州职业教育园区建设。统筹安排资金 30 亿元（2016 年完成 7.97 亿元），完成赣南职业技术学院基础设施及部分主体工程建设；完成职教园区首期范围内基础设施和部分路网项目建设。

目前，赣州市教育“民生工程”各项目标超额完成了省政府下达的任务，得到了人民群众和社会各界广泛赞誉。按照市政府的统一部署，在超额完成省政府下达“民生工程”教育任务的基础上，继续大力推进教育“民生工程”，让人民群众得到更多实惠，各项工作顺利推进。

第二节　大余县域民生改善绩效

2016 年，在全面落实省 50 件、市 40 件民生实事的基础上，充实了 20 件“自选动作”，制定了《2016 年大余县 60 件民生实事安排意见》。1~6 月，全县各类民生支出 7.5 亿元，民生工程支出占财政支出的比重达 58.3%，同比 2015 年提高 1.3 个百分点。全县各项民生实事正扎实有力推进，100%完成年度任务的有 16 件，完成 50%以上的有 45 件，其他的均在有序推进。

一、就业和创业方面

一是进一步扩大就业。全县城镇新增就业 1450 人，占任务的 56%，就业困难人员就业 157 人，占任务的 60%，有就业能力零就业家庭就业率达到 100%。二是加快农村富余劳动力转移就业。新增转移农村劳动力 3058 人，占任务的 90%，省内转移 2697 人，占任务的 93%，新增家庭服务业从业人员 326 人，占任务的 82%。三是加大职业技能培训力度。免费培训工业园区员工 1360 人、家政服务培训 221 人、创业培训 648 人，分别占任务的 68%、110.5%、72%，其中电商培训 385 人，占任务的 116.7%。四是实施高校毕业生“三支一扶”计划。上报了 2016 年度“三支一扶”计划 17 名，目前还未公布入围名单。五是加大残疾人就业。为残疾人购买公益性岗位 22 个，现已选聘 80 名残疾人为“农家书屋”图书管理员，占任务的 100%。六是扩大小额担保贷款规模。发放小额担保贷款 7495 万元，占任务的 83.2%，其中个人创业贷款 6595 万元，占任务的 73.2%，劳动密集型等小企业贷款 900 万元，占任务的 10%，到期贷款回收率 99.99%。

二、社会保险方面

一是提高城乡养老保险补助标准。从 2016 年起实行银行代扣代缴，协议签订工作从 2015 年 11 月开始，已经完成并于 2016 年 4 月进行了第一次银行代扣工作，暂时无法更改缴费档次。城乡居民基本养老保险方面：全县共有 143228 人参保，完成市下达民生工程任务的 107.19%。其中，缴费人员 112733 人，参保缴费率达 85.86%，机关事业单位人员参保人数达到 0.25 万人，完成 37.88%，城镇职工基本养老保险参保人数达到 3.53 万人，完成 98.33% 。二是进一步扩大失业保险覆盖范围。失业保险参保人数 18500 人，占任务的 98%。三是扩大工伤保险覆盖范围。截至 6 月底完成 1.9112 万人，占任务的100%。四是扩大生育保险覆盖范围。截至2016年6月底完成9375人，占任务的124.6%。五是为70周岁以上老年人免费乘坐公交车办理人身意外保险。于2015年3月底完成了2016年70周岁以上老年人乘车保险费用的拨付，签订了保险合同，并按省老龄办要求签订了有关乘车保险的补充协议，占任务的100%。

三、抚恤和社会救助方面

一是提高城乡低保保障标准和财政补差水平。县安排配套资金555.61万元，全县城市低保保障标准已提高到480元，城市低保月人均补差水平达到了320元；县安排配套资金530.34万元，全县农村低保保障标准提高到了270元，农村低保月人均补差达到了195元，占任务的100%。二是提高农村五保户供养标准。已按新标准发放集中五保供养金和分散五保供养金。执行时间从2016年1月1日起，占任务的100%。三是提高各类困难群体财政补助标准。城市精减职退人员补助标准已提高到每人每月355元，农村精减职退人员补助标准已提高到每人每月329元，占任务的100%。四是提高重点优抚对象和参战参试退役人员生活补助标准。核定落实参战参试退役人员等各类重点优抚对象的定补标准自然增长机制，各类人员抚恤和生活补助总额达329.18万元，占任务的63.7%。五是向自主就业退役士兵发放一次性经济补助。县级已配套资金62.2万元，并发放到位。六是帮助了残疾人康复和改善生活条件。已为640名残疾人提供康复救助和改善生活条件，占任务的87%。七是向低保对象中重度残疾人发放护理费。根据《赣州市人民政府关于印发赣州市困难残疾人生活补贴和重度残疾人护理补贴制度实施细则的通知》（赣市府发〔2016〕18号）文件要求，对两项补贴发放政策作出了调整，人数和资金有较大变化，现正进行前期调查摸底工作。八是完善计划生育特殊家庭扶助政策。已完成申报对象的资格审核，扶助资金已全部发放至对象存折，完成100%。九是开展弱势群体法律援助。全县共受理调解各类矛盾纠纷案件633件，成功调解612件。2016年以来，开展审查调查评估20人次，接收社区服刑人员28人，解除社区矫正18人，现在册在矫人员70人。刑释人员生活补助标准由原来的120元/月提高到150元/月，发放刑释人员生活补助、困难补助2.1万元，接送经费2.35万元，受理法律援助案件55件，接受群众法律咨询26件，提高法律援助办案补贴标准：县外民事法律援助案件提高到1000元/件，未成年人刑事法律援助案件提高到800元/件。

四、医疗保障方面

一是提高城镇居民基本医疗保险补助标准。城镇居民基本医疗保险财政补助标准人均增加30元，达到410元/人；未成年人个人缴费年人均标准已提高至120元。二是提高新型农村合作医疗补助标准。县财政年均补助标准达到410元，参合率达95%以上，占任务的100%，实现困难企业职工参加医保100%。三是提高基本公共卫生服务财政补助标准。2016年度省市基本公共卫生服务项目实施方案需到8月下发，到时将按新标准执行。四是扎实推进乡镇卫生院基本诊疗路径管理。完成基本诊疗路径管理治疗患者419例，占任务的60.8%。五是加大县级公立医院取消药品加成补助。已下拨、预拨取消药品加成专项补助资金59.86万元、120.54万元，完成95%。六是深入开展"光明·微笑"工程、儿童"两病"免费救治、尿毒症免费血透救治和"两癌"免费治疗等工作。完成白内障手术病例76例，占任务的51%，完成先天性心脏病病例7例，占任务的53%，完成尿毒症病例135例，占任务的153.4%，完成重性精神病病例636例，占任务的155%，完成"两癌"免费治疗7例，占任务的350%。七是开展贫困家庭艾滋病机会性感染患者免费治疗工作。已完成3例具备手术适应症的贫困家庭艾滋病机会性感染患者实施免费治疗，占任务的150%。八是加强医疗卫生基础设施建设。县卫生应急指挥中心项目已完成基础施工；新城镇卫生院项目已完成第一层浇筑；池江镇卫生院项目正在进行门窗水电安装；左拔镇卫生院项目已完成基础；浮江乡卫生院项目正在基础施工；樟斗镇卫生院项目正在基础施工；黄龙镇卫生院周转房项目正在办理前期手续。

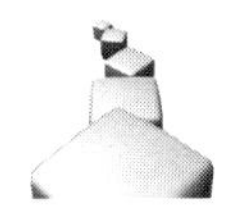

五、教育、文化、体育等社会事业方面

一是扩充农村学前教育，加大义务教育培训力度。县 11 所乡镇公办幼儿园 2 所附属工程已经完工，其余工程正在施工。已培训乡村音体美教师 65 人，占任务的 16.7%，特殊教育学校公用经费提标学生数可达 120 人，预计完成 150%。二是加强学校基础设施建设。学校基础设施建设项目中主体竣工、正进行装修、装饰工程的项目 8 个，主体在建项目 5 个。教学装备类项目 27 个，已完成采购、安装、调试、验收，职业教育基础能力建设项目教学楼主体已完工，章江小学（暂定名）建设工作完成了 30%。三是加强基层群众体育健身场所建设，丰富农民群众文化生活。已选址 6 个体育健身建设地点。放映电影 1124 场，观看人数达 56200 人次，完成 67.7%。“送戏下乡”56 场，完成 127%。自办文体活动 38 场，完成 172%。四是加大对文化信息共享工程村基层服务点、农家书屋进行扶持。实现了文化信息共享，对每个农家书屋补助 2000 元，占任务的 100%。五是完善广播电视“户户通”和高山无线发射台基础设施建设。争取直播卫星“户户通”和高山无线发射台基础建设项目资金 715.48 万元，已安装直播卫星“户户通”6626 套，占任务的 66.3%。六是建设老年大学及老年人活动中心。大楼已封顶，到目前为止已累计付款 620.54 万元，完成 77.56%。

六、住房保障方面

一是加大了保障性住房建设力度。城市棚户区方面，南安镇 394 户，黄龙镇 119 户，其中选择货币安置 367 户，实物安置 90 户，完成 89%。国有工矿棚户区已全部签订协议，其中漂塘钨矿 50 户，荡坪钨矿 20 户，均是实物安置，完成 100%。二是实施农村困难群众危旧土坯房改造。全县改造户 355 户，其中建档立卡户 103 户，现已开工 121 户，其中建档立卡户 39 户，开工率 34%。

七、扶贫开发方面

一是实施精准扶贫精准脱贫。实行整村推进计划，已下达22个省级贫困村项目计划27个，目前已经有9个项目开工，4个项目完工，占任务的48%。积极实行移民搬迁，已落实搬迁地点，正在进一步摸底统计搬迁对象，正在落实移民贷款。已统筹行业部门资金集中投入，加大政策扶持力度，确保实现贫困村、贫困户脱贫。二是深入推进赣南等原中央苏区和特困片区扶贫攻坚工作。县本级财政已下达1000万元产业扶贫资金项目计划37个，正在组织项目实施。三是加大农业综合开发力度。项目涉及新城镇、池江镇、黄龙镇的3个乡镇的9个村，全县各工程点已全面开工，截至6月底，已完成工程量的80%。

八、群众生产生活方面

一是加强新农村建设。3个中心村已完成了选点布局，自然村已完成47个选点工作。所有建设点均成立了理事会，正在紧锣密鼓地开展低矮破旧房拆除、垃圾处理、环境整治、绿化等前期工作。二是加大农村交通基础设施建设。新城至樟斗公路正在做工程审批和初步设计；大江至漂塘公路已完成施工图审批；浮江至烂泥迳公路正在进行清表和路基填土；池江至大兰公路已委托招标代理做招投标前期工作，预计8月开标；吉村至内良天华山公路、黄龙大合至左拔公路已完成施工图审批，正在筹备招投标。三是推动丫山大道建设。北段已全线拉通，路基、桥梁、路面、人行道板工程已经全部完成，北延段拓宽正在进行土石方开挖，完成55%；南段完成牛角湾集体山林至刘亨凡林地段路基开挖，完成国道口至红砖厂段路基开挖，现有工作面已经基本完成开挖，完成50%。四是加强旅游景区公路建设。丫山新建10公里环山旅游公路正在做一阶段施工图设计，县城至黄坑陈毅隐蔽处10公里旅游公路已分段完成3.1公里，剩余路段正在进行清表，完成40%。五是做好桥梁改造工作。梅关大桥老桥已拆除，围堰施工基本完成，下步进行桥台基础施工；新城塘背上大桥正在进行桥台基础施工。六是加强社会服务保障场所建设。

综合福利院项目已完成主体封顶，进入装修阶段；池江镇敬老院已完成主体封顶，进入装修阶段；黄龙镇敬老院正在与规划单位协调；浮江乡敬老院正在进行修缮施工；吉村镇敬老院正在进行修缮图纸设计。七是支持县级菜市场升级改造。北门农贸市场升级改造工作正在有序推进。八是加大农业保险支持力度。完成自然灾害公众责任险及见义勇为救助责任险，合计保费 31 万元，实现生猪保险 3.8 万头，保费 76 万元，水稻保险 0.12 万亩，保费 2.16 万元，商品林木保险 5.14 万亩，保费 16.45 万元。九是推进水利和环境治理工作。启动总投资 3.4 亿元的第二自来水厂及管网建设、城乡供水一体化工程。已完成可研报告编制工作。原 801 厂重金属污染治理项目已完成备案、环评、风评等工作，项目已通过国家发改委评审，根据修改意见已完善项目申报材料。十是推进城区污水管网改造升级。金莲山大道、步行街、胜利路山水导排工程于 2016 年 4 月 12 日开工建设，计划在 2016 年 8 月全面完成。中山南路、北门河东侧污水管网、牡丹路污水支管、伯坚南大道西侧、嘉佑寺路山水导排工程、梅国中学污水支管等项目（其中梅国中学为计划外项目）已完成施工图设计，正在设计的有 2 个，为农民街周边区域污水支管、梅国大道。其余项目南昌大学设计研究院正在进行潜望镜检测，分析出效果最佳的污水管网建设方案。荡坪北路已完成施工设计，现已进入征地拆迁、招标代理阶段。十一是做好农村环境连片整治示范项目。农村环境连片整治已完成 5 座压缩式垃圾中转站宗地测绘工作；乡镇垃圾转运设施已采购部分配套设备（垃圾桶 359 个，垃圾箱 37 个，可卸式垃圾车 6 辆，自卸式垃圾车 9 辆）；河洞乡与内良乡、樟斗镇、吉村镇解放村已建简易中转站。完成投资 298.1 万元。完成樟斗镇、内良乡、左拔镇、黄龙镇、南安镇压缩式垃圾中转站建设位置的测绘。生活垃圾填埋场项目于 2016 年 3 月 1 日完成招投标工作，正在对施工合同进行修改；与相关单位至现场协调苗木补偿问题；完成架设电线杆 22 根（总 26 根）。十二是做好农网改造升级工程。目前已完成新建改造 10 千伏线路 12.29 公里、新建改造变台 35 台、新建改造低压线路 82.314 公里，完成 19.3%。

第三节　赣州市南康区民生发展绩效

《国务院关于支持赣南等原中央苏区振兴发展的若干意见》（以下简称《若干意见》）颁布之后，原南康市委市政府及时制定了《贯彻落实〈若干意见〉的实施意见》、《南康振兴发展八年规划》及两年工作计划。通过三年多来的贯彻落实，全区各项事业发展取得了显著成效。

一、阶段性目标实现概况

（一）解决突出民生问题方面

一是截至 2015 年底，共改造 3.5 万户，拆除空心房 2.9 万户，全面实现"十二五"末基本完成农村危旧土坯房改造目标。二是 2014 年底，全面解决南康区规划内 10.36 万农村人口安全饮水问题。三是 2013 年底，完成低电压治理 77066 户，全面解决了南康区农村不通电或电压低问题。四是截至 2015 年 6 月，南康区建成污水管网 94.5 公里，实现"十二五"末完成所有县城生活污水管网体系建设目标。五是截至 2015 年 6 月，完成校舍危房改造 11.51 万平方米，消除了校舍 D 级危房。改造学校寄宿生宿舍 29 所、面积 5.75 万平方米。六是截至 2015 年底，南康区千人口医疗机构床位数将达到 3.45 张，接近江西省平均水平。七是截至 2015 年底，南康区广播电视户户通工程将争取国家下拨 3.47 万套直播卫星接收设备，实现户户通广播电视信号全覆盖。

（二）解决制约发展的薄弱环节方面

截至 2015 年底，制约南康发展的交通、能源、产业等薄弱环节得到较大幅度的改善和提升，一批重大基础设施建设取得重大进展，区域性交通枢纽加快构建，电力、油气等能源保障能力明显增强，水利设施条件大为改善。产业升级成效明显，特色优势产业集群进一步壮大，初步形成家具、矿产品与新能源汽车及配套等产业集群。城镇化水平明显提高，生态建设和环境保护取得显著成效。

（三）加快经济发展方面

主要经济指标持续保持两位数的较快增长，增速明显高于全国、全省平均水平。2011~2014 年，全区地区生产总值年均增长 11.92%，规模以上工业增加值年均增长 12.62%，固定资产投资年均增长 26.53%，财政总收入年均增长 27.55%，一般公共预算收入年均增长 29.04%，进出口总额年均增长 19.98%，城镇居民人均可支配收入年均增长 15.73%，农民人均可支配收入年均增长 13.23%。

（四）完善公共服务方面

截至 2014 年底，全区人均教育、医疗卫生、社保就业支出基本接近中西部平均水平，农村中小学师生比超过中西部平均水平，小学教师学历合格率接近中西部平均水平，每千人口拥有床位数差距缩小。

二、分类实施情况及效果评估

（一）民生方面

第一，农村危旧土坯房改造基本完成。截至 2015 年 6 月，共下拨改造资金 40070.5 万元，拆除“空心”土坯房 29680 户，占任务数的 104%；完成改造验收 34090 户，验收率 97.29%。圆了农村几代人向往的安居梦。

第二，规划内城乡居民饮水安全工程提前完成。新建了龙华、麻双、赤土三处集中供水工程，总投资 5690.3 万元，解决农村饮水不安全人口 16.36 万人；在 2014 年底解决了规划内不安全饮水人口问题，项目区农村自来水普及率达到 100%。

第三，农村电网改造和农村道路建设加快。全区共投资 3.33 亿元，新建了石龙、南水 110 千伏输变电工程，完成了蓉江、龙岭 110 千伏变电站主变扩建工程，有效保障了经济发展和城乡居民生产生活用电需要。全区完成农村道路桥梁工程投资 43240 万元，其中通组道路项目完工 528.7 公里，危桥改造项目已建 34 座，县道升级改造项目完工 14.5 公里，乡道升级改造项目完工 6 公里，客运网络连通工程项目完工 14.5 公里。

第四，精准扶贫攻坚取得初步成效。实施贫困村基础设施项目 538 个，总投资约 4.15 亿元，财政专项扶贫资金 3.59 亿元。整合部门资金 2035 万元，打造了坪市乡小安村等整村推进精品示范点。移民搬迁工程基本完成，共实施搬迁移民扶贫 3698 人。2011~2014 年，全区贫困户数和贫困人口由 4.96 万户、19.87 万人下降到 3 万户、9.35 万人，到 2015 年，预计贫困户数和贫困人口下降 1.84 万户、6.19 万人。

（二）农业方面

第一，粮食生产稳定发展。累计投入 1054.03 万元，完成 8171 亩标准农田改造并通过验收，满足了农业机械化生产的要求。通过水稻新品种展示、高产创建等项目，筛选了适合南康区气候的水稻高产新品种和栽培技术等。全区 20 个乡（镇、街道）配备了农技服务基本仪器设备、办公设备，将对农技员分期分批送往省厅指定的培训学校接受知识更新。大力推进农业示范园区建设，创造条件申报国家级现代农业示范区，2015 年重点抓了横市核心示范区建设。区财政统筹安排 1000 万元扶持示范区内 10 大农业基地，出台了一系列奖补政策。

第二，大力发展农业特色主导产业。建成了龙回—浮石万亩甜柚示范区、横寨—赤土低碳循环农业示范区、大坪—坪市 3 万亩优质稻示范区和横市现代农业核心示范区。园区建设已颇具规模，涵盖优质稻、蔬菜、甜柚、生猪等主导产业，有国家级农业龙头企业 1 家，省级农业龙头企业 3 家，农民合作社 150 家，家庭农场 32 家。

第三，促进城乡统筹发展。先后修编《南康区城市总体规划（2009~2030）》，完成城区农贸市场、排水工程等专项规划，以及圩镇总体规划和控规，推动基础设施向农村延伸，公共服务向农村拓展。截至 2015 年 6 月，城镇道路长度达 217.26 公里，建成了日供水能力 10 万吨的二水厂、日处理能力 213 吨的生活垃圾卫生填埋场等项目，以及东山、文化公园和一江两岸建设，人均公共绿地达 12.6 平方米。

（三）基础设施方面

第一，区域性交通枢纽初步建立。主动对接融入赣州都市区综合交通运

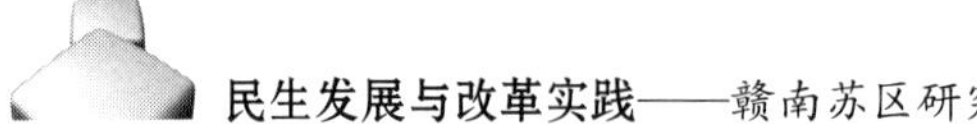

输体系规划，进一步拓展交通通道，构筑海陆空一体化的综合运输网络。积极配合赣郴铁路、昌吉赣铁路客运专线等项目建设；配合赣州黄金机场改造扩建，基本完成赣州河西片机场快速干道前期工作；大广高速南康南互通工程开工建设。

第二，交通基础设施建设加快。进一步提升完善赣南大道，建设了105国道高陂桥至南康城区段改造工程、天马山平叉口至信丰段路面重建等项目。截至6月底，国省道干线公路改造项目完工18.588公里，在建42.051公里，完成投资18495万元。建设了公共交通总站、出租汽车客运站等。

第三，能源保障能力进一步提升。投入1.55亿元进行农村电网改造，完成朱坊、龙岭等35千伏、1105千伏输变电新建、改扩建工程，新建、改造105千伏线路235公里，有效满足了城乡生产生活用电需求。鼓励分布式发电项目建设，建成南康中学1.43毫伏屋顶光伏并网发电站，实施万家屋顶项目55户；大力发展风能，引进华润新能源有限公司投资华润赣州南康清田风电场项目；新仕高天然气公司与赣州深燃公司通过股权互换实现并网。

第四，水利基础设施加快完善。一是城镇防洪工程。截至2015年6月底，五河治理城市防洪工程完成土堤填筑4050米，完成投资3281万元。二是中小河流治理和病险水库加固工程。6条中小河流治理提前一年全面完成，保护面积达17.31平方千米，保护人口10.05万人。全区52座中小型水库全面完成除险加固工作。三是灌区续建配套与节水改造工程。累计完成投资9730万元，新增和恢复灌溉面积4.2万亩，改善面积4.8万亩。四是小农水重点县工程。2012~2014年全区列入第二轮中央财政小型农田水利重点县项目，累计完成投资6000万元，新增粮食生产能力20.97万吨。五是“五小”水利工程。2012~2014年，累计投资555万元，改造加固塘坝38座，总容积175.18万立方米。新增和恢复灌溉面积0.485万亩，改善灌溉面积0.666万亩。六是山洪地质灾害检测预警预报体系初步建立。全区安装预警广播主站50处，建设自动水位站2处，发放铜锣、手摇警报器1758面、681台。印制《山洪灾害防御知识》宣传手册9900份，编制完善了19个乡镇（街道）和168个行政村预案。

（四）产业方面

第一，引进先进技术，提升矿产业发展水平。一是推动开源矿业技改项目建设。一次供地530亩，支持企业引进全球最先进的锡强化熔炼技术（澳斯麦特炉），建设年产3万吨精锡生产线。总投资20.6亿元，建成后可实现年销售收入65亿元、利润3亿元、税收3.5亿元，实现就业岗位1000人。二是加快企业退城进园。关闭51家污染小矿产品加工企业，引进江西创合崇生公司对这批企业进行整合，一家进入龙回工业园。同时，对环保不达标的南山锡业、金龙矿业实施"退城进园"工作。三是大力发展精深加工。充分利用南康在APT（仲钨酸铵）、锡冶炼加工等方面的产能优势，正在与中国资源综合利用协会、云锡、中铝等洽谈合作，着力引进技术或项目，大力发展精深加工，延伸产业链条。

第二，围绕推动家具产业转型升级，打造千亿产业集群。一是加强产业发展规划。2013年聘请深圳家具研究开发院编制了《南康家具产业转型升级规划》，引导家具产业加快走节约集约集群化发展道路。二是打造全产业链配套公共服务平台。围绕增强产业关联度和配套能力，着力推进了九大公共服务平台建设。高标准规划建设了5000亩家具产业园，规划建设了15个共4800亩的家具生产集聚区，着力打造龙回105线、康唐线和康赤线3条家具产业带。建成赣州进境木材监管区并实现直通运营，每年可为南康家具进口木材降低成本30亿元，为各类出口企业降低物流成本近10亿元。引进深圳前海股权交易中心在南康设立服务基地，建立了首期10亿元的产业发展基金，已有46家挂牌企业获得融资1.14亿元。建设年喷涂能力达到1000万平方米的家具喷涂中心，可解决至少300家中等规模家具企业的喷涂问题。建成了木材烘干中心，实现传统分散烘干向机械化自动化烘干转变，同时解决了传统烘干带来的烟尘污染问题。建成了国家级家具产品质量监督检验中心（江西），每年可为家具企业提供10万批次的检验服务，节约检测成本2000万元。与深圳家具研发院合作建设了南康家具研发中心，开发了家具产品电子芯片，实现了从木材原料到加工生产及市场销售全过程可溯源的质量保证体系。建成140个家具企业研发机构、13家家具设计开发专业机构。南康现有

家具行业获得专利授权688个，连续两年位居全省第一。成功争取南康家具博览会“升格”为国家林业局主办，成功举办两届中国（赣州）家具产业博览会。家具市场面积达1000亩，总建筑面积突破160万平方米，建成营业面积和年交易额位居全国前列。支持鼓励家具企业到省外国外拓展销售渠道，南康家具产品销售网点达6000余家，50多家企业进驻红星美凯龙等大型高端卖场，出口到东南亚10多个国家和地区。建设了中国（中部）国际物流商贸城，目前已开发30多万平方米。引进江西万佶物流，打造构建第三方物流平台，发展“互联网+物流网+电商”的新型商业模式，促使南康区域物流与全国和国际物流互联互通。三是打造区域品牌。以“全国实木家具产业知名品牌创建示范区”为契机，着力推动南康家具产业品牌创建工作。目前南康家具行业有中国驰名商标3个、江西省著名商标64个、江西省名牌产品20个。“南康家具”区域品牌逐渐唱响。

第三，加快发展服装、电子等特色产业。服装产业方面，一是推动园区化生产。启动了服装创意设计研发生产中心项目，建设一批标准厂房，将服装加工企业集聚到园区，为完善相关配套功能创造条件。二是完善产业链条。补齐研发设计、教育培训等环节，形成完整的产业链条。康意服装企业技术中心成为赣州市第一家被认定的省级企业技术中心。启动了国际服装贸易中心项目，以南康服装为主的品牌展示馆即将投入使用。服装电子商务得到快速发展，近200家企业开通了服装电子商务。三是提高产品竞争力。在服装行业开展质量年活动，增强全行业质量意识。引进和培养具有设计创新理念的服装专业人才，攻坚产品设计和品牌创建，提升服装企业的创新研发能力和产品竞争能力。电子信息产业加大科技创新力度，推动企业发展升级。德普特科技OCS触摸屏及触摸屏组合全贴合、格能电子20万套高效节能LED等一批重大项目正在加速推进。德普特科技有限公司通过与安徽长信科技联合重组成功在IPO上市，并将企业总部由深圳迁至南康。

第四，积极培育战略性新兴产业。2014年，全区战略性新兴产业实现总产值118.1亿元，增长21%。一是新能源汽车产业。2014年7月，引进玖发新能源汽车整车生产项目，投资8亿元，年内预计下线新能源汽车5000辆，产值突破10亿元。正在加快引进电池、电机零件、智能显示屏及新能源汽车零部件企业，形成链式集群化发展，打造成为南康第二个千亿产业集群。二是新材料产业。全面推进了一批新材料生产项目。其中，华源新材料年产5000万米玻璃纤维电子布、双星光电光纤连接器精密陶瓷插芯生产项目等建成投产。华源新材料公司成功并购珠海砂轮网片公司、中山顺业磨具材料有限公司；博晶科技汽车尾气催化净化剂生产项目填补省内空白。

第五，大力发展现代服务业尤其是生产性服务业。一是现代物流业。优化产业发展环境，成立区物流产业办，研究制定了《支持现代物流业发展若干意见》。出台货运物流产业发展绿色通道、规模以上货运物流企业税收奖励等政策，对原来依托家具、服装等产业形成的物流企业进行提升。全区物流经营路线达650条，货运物流企业196家、经营业户5151户，其中，拥有国家3A级物流企业2家、2A级物流企业1家。2014年，南康列入全省16个物流重点产业集聚区之一。二是现代金融业。规划建设占地1100亩的金融中心（企业总部）项目，已签订入驻的金融企业4家，意向入驻正在争取总行批复的金融企业有9家。全年新增金融机构10家，全区金融机构（网点）达96家，是赣州市除本级外最多的县（市、区）。华源新材料公司登陆“新三板”，实现了南康企业进入全国资本市场“零”的突破。积极实施“财园信贷通”、“小微信贷通”、“家具信贷通”和“惠农信贷通”等融资模式，累计为企业贷款7.5亿元。与省农业银行合作，率先推出工业厂房按揭贷款，筹集总额1亿元的中小企业还贷周转金，帮助中小企业解决临时“过桥”资金难题。三是电子商务业。抓住省商务厅将南康列为全省重点培育内外贸结合市场契机，积极推动电子商务发展。目前，已集聚900多家电商企业、200多家广告摄影公司、10多家电子商务培训机构、1万多名从业人员。与知名电商合作，建立电商培训学院，在阿里巴巴开设“南康家具品牌馆”，引进天津云通公司在南康注册专业家具电子商务交易平台——“康巢网”。规划建设南康国际电子商务中心项目，建成后将成为电子商务创业、运营、培训及配套为一体的电子商务基地。据统计，2014年全区电商交易额突破30亿元，年销售千万元以上的家具电商达16家。2014年8月，南康被省商务厅授予“省级电子商务示

范基地”，2015 年 6 月，成功入选“国家电子商务示范基地”。

第六，统筹推进产城融合发展。以家具产业集群发展为主抓手，着力打造园区、口岸等九大公共服务平台，推动单一的工业园区向综合性功能区的发展，促进了产业和生产要素向城市集聚，提升了城市服务功能和承载能力。积极推动赣州—南康同城化发展，2013 年国务院批复南康撤市设区，2014 年正式挂牌，成为赣州中心城区的一个重要组成部分。科学规划了城市功能定位和产业布局，重点推动了现代物流、汽车城、新能源汽车等重大项目建设，城市基础设施和公共服务设施逐步向赣州市中心城区靠齐。推进了数字化城市建设，平安城市、智慧城市指挥中心、智慧公交、云计算中心等重点工作基本完成，有效提升了城市管理水平和社会服务质量。

（五）生态环保方面

第一，加强生态建设和水土保持。大力巩固和扩大退耕还林成果，投资 210 万元，后续产业发展新造油茶林 3500 亩。封山育林面积 49 万亩，造林面积 308 亩。投资 1880 万元，对 44.16 万亩生态公益林进行管护和建设。规划建设了 2 个省级森林公园，1 个县级自然保护区，强化了生物多样性保护功能。实施了国家水土保持重点建设工程，完成总投资 2184.25 万元，综合治理面积 56.5 平方公里。

第二，加大环境治理和保护力度。编制了南康废弃矿山环境综合治理规划，实施了赤土河流域污染治理、滑坡治理和恐龙化石产地保护项目。建成了日处理能力 4 万吨的生活污水处理厂、日处理能力 5000 吨的工业污水处理厂。

第三，大力发展循环经济。大力推进了南康循环经济产业园建设，开工建设了开源矿业技术改造等资源综合利用示范项目，启动了南山锡业、金龙矿业退城进园项目，2014 年，被省工信委评为全省再生资源综合利用产业示范基地。大力实施了生态工业园区建设，积极推进了园区绿化、排污设施和标准厂房建设，推行清洁生产、安全生产，发展低碳经济。建设了以“猪—沼—果（菜）”为主的横寨—赤土低碳循环农业示范区。

（六）社会事业方面

第一，优先发展教育事业。一是实施了学前教育三年行动计划。新建了1所早教研究中心，2所县级示范公办幼儿园，18所乡镇公办幼儿园，公办学前教育规模进一步扩大。二是规划农村义务教育薄弱学校改造315所，现已建成233所；规划校舍危房改造282处，已建成238处；累计新建学生宿舍5.56万平方米，基本解决小学、初中寄宿生住宿问题。三是农村义务教育阶段家庭经济困难小学中学寄宿生年人均生活费补助标准，由2010年750元/年、1000元/年提高至2012年1000元/年、1250元/年。集中连片特殊困难地区全面实施农村义务教育学生营养改善计划，惠及326所学校73498名学生。四是组织实施了“农村义务教育薄弱学校改造计划”和“农村义务教育学校标准化建设工程”教育装备类项目，为全区108所教学点各装备一套通用教学设备、学科专用设备、图书和600套“班班通”设备等；“特岗计划”、“国培计划”扎实推进。三年来，聘用特岗教师1565人，参加国培教师达3567人，促进了全区中小学教师队伍整体素质和专业能力提升。

第二，提升城乡医疗卫生服务水平。建成了中医院住院大楼、凤岗中心卫生院门诊住院综合楼等项目，正在建设妇幼保健院新院等项目；另有9个卫生院建设项目、41个村卫生室建设项目列入中央预算内投资计划，正在做前期工作。这些项目建成后，将有效提升全区基层医疗服务能力。市儿童医院开工建设，区妇幼保健院新院、中医院住院大楼主体工程基本完工，区一医院、中医院实现整体搬迁。到2015年，全区千人口床位数达到全省平均水平。中医院顺利通过国家“三级中医医院”评审；新农合参合率达99.85%。

第三，加快文化体育事业发展。投资1000万元，建成乡镇综合文化站18个、村文化活动中心278个、社区文化活动中心3个、农家书屋278个。文化馆、图书馆、博物馆和乡镇综合文化站全部免费开放。全区278个乡村广播电视全部开通，提前实现了户户通广播电视。投资340万元，维修了潭口暴动旧址、陈赞贤生平事迹展馆等红色革命文化遗址。建成县级体育场馆1个，江西省乡镇体育健身工程9个，江西省村级农民体育健身工程105个，江西省全民健身路径工程4个，有力推动了全民健身运动的广泛开展。

第四，加强就业和社会保障。一是全区城镇新增就业人数 37568 人，城镇就业率 96.4%；新增转移农村劳动力 56355 人，安置就业困难人员 2027 人，零就业家庭安置达 100%。二是养老、医疗等五大基本养老保险参保人次分别为 2.80 万人次、3.64 万人次；发放基本养老金分别为 9411 万元、22855 万元；企业退休人员人均基本养老金分别为 954 元、1571 元。截至 2014 年底，城乡居民养老保险参保人数 40.1 万人，基础养老金由原来的 55 元/月提高到 80 元/月。截至 2014 底，全区已认定完全失地农民 8459 人全部参加了基本养老保险，累计兑现财政补贴 418 万元。截至 2015 年 6 月，职工医保的参保总人数为 31239 人，城镇居民医保参保总人数为 95096 人，工伤保险参保总人数为 46054 人，生育保险参保总人数为 17887 人，参保人数逐年增加。失业保险基金总收入 1088.29 万元，基金总支出 419.93 万元。

第五，强化基层社会管理服务。一是完善了基层党建工作机制。大力推广了“四议两公开”工作法，推行了“能人治村”工程，出台了大学生村官管理办法。推行了“1+5”社区党建工作机制，有效整合了社区各方面的资源和力量，提升了社区管理与服务水平。二是深入开展了“送政策、送温暖、送服务”活动。推进“连心”、“强基”和“模范”工程，共派出 137 个“连心小分队”，下派干部 3000 多名，联系全区 27 万户、80 多万群众。三年来，区财政整合资金 2485 万元，安排“三送”项目 457 个，有力地改善了群众的生产条件和生活环境。2014 年，各“三送”单位自筹资金 881.84 万元，争资争项资金 7924.13 万元，“三送”干部为群众办好事实事 11000 多件。三是实施了村级组织活动场所“提升改造”工程。2012 年至今，全区共对 52 个村级组织活动场所立项进行改建、扩建或维修改造，共计发放补助资金 305 万元，完善和拓展活动场所的服务功能，在所有行政村创建了便民服务窗口和群众说事室，使活动场所具备办公履职、便民服务、党员（村民）议事、活动培训等综合功能。在活动场所较好的社区建设了社区为民服务中心，采取“集中办公、公开办事、规范操作、限时办结”的运行方式，为居民群众解决实际问题 3480 多个，办理一般服务事项 8620 多个，提供代办服务 4610 多人次。四是提高了村（社区）运转经费保障。提高了村级转移支付标准，在省财政下达每村 6.7 万元/年标准基础上，区财政另行配套每村 1.68 万元/年；同时，2015 年起，全区财政每年增加 216 万元作为村级转移支付，有效确保了村级有钱办事。另外，还大幅度提高了村干部的工资标准，提高了村干部报酬补助资金，落实了村民小组长专项补助资金，落实了村干部绩效考核奖励资金。

（七）改革开放方面

第一，加快推进体制机制创新。一是改革深化了行政管理体制。制定了《赣州市南康区人民政府职能转变和机构改革实施方案》，政府机构改革稳步推进，政府职能加快转变。行政审批事项“接管放”工作有序推进。2014 年，全区共衔接市政府精简和调整的行政审批项目 335 项，行政效能显著提高。二是要素市场建设加快推进。加快了人才市场、物流园等要素市场建设，制定了支持非公有制经济和中小企业发展的相关举措，推动了区城发公司、工投公司的改组工作，加大了鼓励民间资本参与标准厂房等基础设施建设、公用事业和社会事业等领域建设的扶持力度，混合所有制经济和非公有制经济快速发展。三是稳步开展了农村土地承包经营权确权登记工作。农村集体土地所有权、农村集体建设用地使用权、宅基地使用权确权登记发证工作稳步推进，探索性开展了农村集体建设用地流转制度改革试点。深化了集体林权制度改革工作，开展了经济林确权流通。四是继续深化了工业园区管理体制。实行建管分开，提高了运作效率。充分发挥好工投公司融资平台作用，促进新能源汽车产业链的形成和发展。同时，扩大园区开发建设投入渠道，鼓励民间资本参与园区基础设施建设；推出了标准厂房按揭贷款，降低了企业入园成本。

第二，有序承接产业转移。争取南康纳入赣南承接产业转移示范区，有序承接东南沿海地区产业转移，着力打造了中国中部家具产业基地、有色金属资源综合利用基地、服装纺织产业基地和汽车零部件生产基地。努力发挥赣州市执行西部大开发政策的“洼地”效应，全面梳理调整招商引资政策，合理调高准入门槛，围绕现有主导产业，着力引进一批产业链长、带动能力强、财税贡献率大的战略投资者和产业项目，制定了激励措施，围绕现有主导产业打造总部经济。

第三，大力推进开放合作。以赣州进境木材监管区为窗口，加强与沿海地区铁海联运等合作，着力打造江西对外开放的“南大门”，形成沿海地区在信息、物流、“大通关”等方面的互利互惠良好局面。探索完善了招大引强开放运行新机制，强化了与珠三角、厦漳泉等沿海地区的经贸联系，努力成为赣南“一核两翼”开放合作格局的重要组成部分。加强与福建、广东等周边地区的交流合作，在基础设施共建共享、资源开发利用等方面进行资源共享、优势互补。密切与鄱阳湖生态经济区、海峡西岸经济区等周边重要经济区的协作互动。积极发挥口岸作用，深化与港澳台地区在农业、环保、电子信息及服务贸易等领域合作交流。改革完善招商体制，建立项目落地快速通道。在同一招商政策指引下，出台相关奖励政策，鼓励发动全社会参与招商引资。加强与驻外商会、杰出乡贤沟通联谊，密切跟踪大型央企及上市民企投资动态，建立快捷广泛的信息渠道。着力从培养和引进人才等方面改善投资环境，营造“亲商、重商、安商”的良好氛围。

（八）政策支持方面

第一，西部大开发政策。国税方面，共有 22 户享受 1446 万元税收减免。地税方面，2013 年，共有 12 户企业享受企业所得税税率 15%，减免企业所得税 1237.43 万元。

第二，财税政策。苏区转移支付专项资金，专项用于南康区保障性住房、交通、基础设施建设等公益性支出，从 2012 年起每年 3792 万元；从 2012 年起农村五保等转移支付补助新提标部分已按西部延伸县政策执行；化解公益性债务，共化解国债转贷公益性债务 618 万元；2012~2015 年，共下拨中央苏区体彩公益金 3568 万元，已经全部落实到项目；共落实土坯房资金 46375.89 万元。

第三，投资政策。在重大项目规划布局、审批核准、资金安排等方面，规划建设了赣州进境木材监管区、国家家具产品质量监督检验中心（江西）、南康经济开发区扩区调区、赣州市儿童医院等一批重大项目。

第四，金融政策。截至 2015 年 6 月底，已有 16 家银行，5 家证券公司营业部，9 家保险业支公司，3 家小额贷款公司，2 家担保公司。1 家企业成功在新三板挂牌上市，年内将通过定向增发的方式进行融资。2015 年有 1~2 家企业在新三板挂牌。以城发公司为平台计划发行 10 亿元规模的小微企业增信集合债，已完成审计报告。2015 年 5 月，经江西省金融办核准同意成立江西中财宝辉担保有限公司，成立区内第一家与国资合作参与的新型混业经营的担保公司。由财政出资担保公司提高了代偿容忍度，从而推进担保体系建设，更好地为小微企业提供融资担保服务。目前，该公司在南康区审批通过的业务 7 笔，担保金额共 5605 万元。

第三篇

策 论 篇

第十章　宏观经济战略与发展思路

第一节　申报“赣闽粤中央苏区生态补偿机制试验区”

2012年，国务院批复《关于支持赣南等原中央苏区振兴发展的若干意见》（国发〔2012〕21号）。2014年3月11日，国务院印发了《关于赣闽粤原中央苏区振兴发展规划的批复》（国函〔2014〕32号）。近4年来，赣闽粤中央苏区鼓足干劲，在中央及各部门支持和帮助下，获得一系列民生工程和基础设施项目支持，为革命老区扶贫攻坚、同步实现全面建成小康社会的奋斗目标打下坚实的基础。但中央苏区的许多贫困县经济发展非常落后，同时肩负着南方生态屏障重任，如何协调当地经济发展与生态保护关系，是当前的突出矛盾。为此，江西师范大学苏区振兴研究院课题组在2016年7~8月对赣闽粤中央苏区多地展开调研，通过集体讨论，提出赣闽粤三省向中央协同申报“赣闽粤中央苏区生态补偿机制试验区”的设想，具体理由如下。

一、申报“赣闽粤中央苏区生态补偿机制试验区”重要性和必要性

（一）苏区政府财力贫乏，必须依靠国家资金来解决生态保护问题

赣闽粤中央苏区多山区，经济比较落后，贫困人口非常多。为了快速发展经济，改变落后贫穷面貌，地方政府面临着巨大的压力。尤其是到2020年，全国各地要同步全面实现小康，使得地方政府对发展经济和产业冲动非常强烈。近年来，随着工业化和城镇化的快速发展，许多工业项目从沿海迁到山区，诸多旅游项目和农业项目正在开发，不少产业扶贫项目迅速落地，使昔日平静山区开始有了机器轰鸣，赣闽粤中央苏区生态环境保护的压力越来越大。江西省各界政府一直非常重视环境保护。2016年习近平总书记视察江西时，为江西经济和社会发展把脉，并提出了新的希望和三个着力点。习总书记希望江西省要打造美丽中国的“江西样板”，这对江西全省的全力进行生态建设提出明确目标。因此，加大对江西生态环境保护的资金投入迫在眉睫。事实上，江西开始在全省九大生态流域内实施“河长制”，并建立生态补偿资金对每一流域进行生态建设，苏区人民群众甚至牺牲发展机会，限制产业发展，这进一步影响了地方财政收入和贫困群众收入。显然，依靠地方政府资金远远不够，如果没有国家环境保护资金支持，生态建设将难以持续。又如，在对农村生态环境治理中，农村生活垃圾、农村污水、农村养殖污染等治理需要更大经费支持。而中央苏区面临的资金短缺更为严重，因此获取国家资金和经费支持，是协调我国经济与生态关系矛盾的关键。

（二）赣闽粤中央苏区共同申报，有利于引起中央和国家各部门的重视

赣闽粤中央苏区许多县区为贫困地区，人均财政支出水平低。虽然各地市县政府对生态保护很重视，但大多数苏区政府是“吃饭财政”，财政资金投入能力非常有限。国家及省级政府对中央苏区县区给予了一定财政支持，如对公益林生态补偿标准为每亩15元，远低于公益林商业化的收益。虽然，这些补贴有利于提升生态环境质量，但远远不能满足赣闽粤中央生态保护的需要。事实上，国家对生态环境保护投入的资金越来越多，争取国家资金非常

关键。国务院印发了《关于赣闽粤原中央苏区振兴发展规划的批复》（国函〔2014〕32号）之后，为各地在争取国家资金投入方面提供了一定便利。但从环保部门、林业部、水利部、农业部、发改委获得的生态保护资金不多，甚至获取的政府资金还少于发达地区获取的资金。为取得国家各部门的支持，中央苏区需要一个共同战略性文件或平台，以便林业部、农业部、环保部、水利部更好对中央苏区进行倾斜支持，从而获得更多环境保护资金的支持。目前，江西省和福建省均获批生态文明试点省，但生态文明试点省并不是专门针对中央苏区，相关支持生态保护资金来自农工部门，而申报“赣闽粤中央苏区生态补偿机制试验区”，有利于从环保部门、水利部、林业部等多部门获取生态保护性资金。此外，如果单凭某一个省（市）去申报难以被中央和国家重视，因此需要赣闽粤中央苏区举三省之力，共同谋划、共同申报。这是一个大局，是一个大平台，可以包含许多项目，既可以包括跨省域水环境生态补偿机制建设，也可以包括主体功能区部分调整、农村环境治理项目、农村面源污染防治等。

（三）从生态系统的角度上，需要赣闽粤中央苏区进行协同环境保护

赣闽粤中央苏区生态保护是一个系统工程，仅靠现有投入及思维，难以实现区域生态环境综合治理和保护的目标。赣闽粤中央苏区位于武夷山、罗霄山、玳瑁山山脉，南岭山脉构成我国南方重要生态屏障。从生态系统角度来看，要进行生态保护，必须打破赣闽粤地域界限，进行整体设计和生态保护。从生态系统来看，山、江、河共同组成一个系统。山脉之间孕育江河。从南岭山脉内含东江河流域，一头是江西，另一头是广东。武夷山一边是福建，另一边是江西。南岭、罗霄山脉、武夷山脉等孕育了东江、赣江、闽江、九龙江、新丰江。由于地理上处于同一生态系统，需要赣闽粤中央苏区进行协同环境保护，这需要赣闽粤中央苏区共同协作，共同申报。

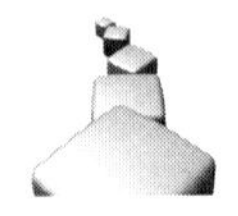

二、申报“赣闽粤中央苏区生态补偿机制试验区”可行性分析

（一）该项目申报是进一步落实《赣闽粤原中央苏区振兴发展规划》的一个重要抓手

生态保护是赣闽粤中央苏区振兴发展的一个重要问题。《关于赣闽粤原中央苏区振兴发展规划的批复》明确指出，首先要开展东江源、抚河源、赣江源、闽江源、九龙江源、新丰江源生态补偿试点，建立东江、汀江跨省流域生态补偿机制。支持各级自然保护区、森林公园、湿地公园建设，加大野生动植物保护力度。支持福建加快建设国家生态文明先行示范区，支持有条件的市（县）积极创建生态文明示范工程试点市（县）。探索建立南方草原生态保护补偿机制。加大水土流失综合治理力度，继续实施崩岗侵蚀防治等水土保持重点建设工程。虽然，《关于赣闽粤原中央苏区振兴发展规划的批复》提出赣闽粤中央苏区生态环境保护拟解决的问题和重要任务。但是，生态环境保护的内容和篇幅在《赣闽粤中央苏区振兴发展规划》中所占的比例不多，《赣闽粤原中央苏区振兴发展规划》也没有指出进行生态保护可操作的路径与方法，因而很难成为赣闽粤中央苏区振兴发展的重要抓手。事实上，近 4 年来，赣闽粤中央苏区民生、交通基础建设方面有较大改善，但在生态保护与生态补偿方面获得的项目并不多，也没有体现赣闽粤中央苏区的独特性、优越性。在国家对环境保护资金投入力度日益加大的情况下，争取国家对环境保护投入更多资金非常重要。如果申报“赣闽粤中央苏区生态补偿机制试验区”成功，那么该文件将成为《赣闽粤原中央苏区振兴发展规划》关于环境保护工作的一个重要抓手。

（二）东江源生态补偿机制的前期探索为“赣闽粤中央苏区生态补偿机制试验区”准备的基础

东江连接着 3 个中国最典型的区域：江西是欠发达内陆省份，广东是中国经济最发达省份，中国香港是世界经济最发达的城市之一。东江源头寻乌、安远、定南三县，均为国家或省扶贫工作重点县，多年来对东江源头生态保护不遗余力，但“力不从心”。为保护东江水质，减少农业面源污染，寻乌在东江源头退果还林，核心区的退果面积达 3.7 万亩。自 2003 年开始，赣粤两省的全国人大代表、政协委员就曾多次提交议案，建议国家和受益地区对东江源区实施生态补偿，支持当地保护环境，发展生态经济。然而，由于正式的跨省域生态补偿机制尚未建立，东江源头未从下游受益者手上得到足够的生态补偿经费。2008 年起，江西省出台了“五河”和东江源保护区生态保护“以奖代补”政策，财政奖励资金从最初每年 5000 万元，提高到这两年的 1.752 亿元。对经济欠发达的江西而言，这已是一笔不小的支出，对提高源头生态保护积极性也发挥了重要作用，但相比保护与补偿所需的资金，仍是杯水车薪。

“新安江模式”是跨省域生态补偿机制的典范，也是目前其他国家较为常见的补偿模式。“新安江模式”以流域的面积、水量、水质来设定补偿标准，确定各利益相关方、界定责任主体。“新安江模式”的生态补偿应是以中央财政资金扶持为主，省际横向补偿制度作为辅助补偿措施。试点 3 年，安徽获得了数亿元补偿资金，而浙江则收获了上游送来的一江清水。实际上，在项目治理外，生态补偿的内容还应该拓展到林农、生态移民等生态保护者直接补偿和地方发展机会成本补偿等方面。

2015 年，江西省开始了《江西东江源生态保护与补偿规划》编制工作，并正在向环保部申报。东江源生态补偿规划稿中参考了“新安江模式”，国家发改委、环保部、林业局等部委局相继表态，支持东江源生态补偿纳入国家试点；列入国家发改委《关于建立健全生态补偿机制的若干意见》并报国务院，已初步同意纳入试点范围。此外，赣粤两省刚刚签订《东江流域横向生态补偿协议》，已经进入了操作实施层面，江西和广东各拿出 1 亿元进行生态保护，并从水质和水量进行监督和考核。我们认为，东江源生态补偿机制前期探索与准备为申报“赣闽粤中央苏区生态补偿机制试验区”打下了重要基础，申报“赣闽粤中央苏区生态补偿机制试验区”从时机、技术上来看是具有可行性的。

三、协同申报“赣闽粤中央苏区生态补偿机制试验区”的相关建议

（一）加强赣闽粤政府官员之间交流，举办生态补偿问题高峰论坛，尤其要促进思维观念的协调统一

申报“赣闽粤中央苏区生态补偿机制试验区”，涉及赣闽粤三地多个基层地方政府。各个基层地方政府在整个生态系统中处于不同生态位，其希望谋求的利益和诉求点是不一样的，但申报“赣闽粤中央苏区生态补偿机制试验区”有利于从中央获取补偿资金，对相关地方政府环境保护均有利。此外，通过加强赣闽粤政府官员、学者之间交流，通过举办生态补偿问题高峰论坛，使各级政府领导认识到申报“赣闽粤中央苏区生态补偿机制试验区”的重要性。申报“赣闽粤中央苏区生态补偿机制试验区”可以促进赣闽粤中央苏区从整个生态系统视角进行顶层设计，这对于协调好赣闽粤中央苏区经济发展与生态保护矛盾关系，促进赣闽粤中央苏区持续健康发展将起到至关重要的作用。因此，观念的交流、思想的交汇将为申报“赣闽粤中央苏区生态补偿机制试验区”做好舆论准备和技术方案准备。

（二）做实申报内容，将许多申报内容尽量落实到具体项目层面

在对赣闽粤中央苏区的生态保护顶层设计中，要不断将申报内容尽量落实到具体项目层面，既体现系统性，又强调具体性和可操作性。“赣闽粤中央苏区生态补偿机制试验区”申报内容中，设计专门章节阐述“如何推进武夷山、罗霄山、玳瑁山山脉为核心的区域中部分县（市）补充纳入国家重点生态功能区范围”，设计专门章节阐述“东江源、抚河源、赣江源、闽江源、九龙江源、新丰江源尽快纳入国家生态补偿试点”相关方案和计划。

同时，将各地自然保护区、森林公园和湿地保护规划，绿色城市、森林城市、国家公园创建试点（如吉安开展国家公园试点）等具体工程项目列入“赣闽粤中央苏区生态补偿机制试验区”。此外，还可将水土保持重点建设工程，水土保持生态文明示范市（县）工程，赣江、闽江等重点流域水环境综合整治工程，跨流域、跨区域生态环境协同保护工程，矿山生态环境保护与

恢复治理工程，一并纳入“赣闽粤中央苏区生态补偿机制试验区”申报书中。

纳入“赣闽粤中央苏区生态补偿机制试验区”的项目还可包括赣州、龙岩、梅州等市历史遗留矿山环境综合治理项目；龙南等稀土矿区、崇义等钨矿加快污水处理设施和污泥处理处置工程；加强城乡饮用水水源保护以及陡水湖、万安、仙女湖、棉花滩、飞剑潭、延平湖等水库生态环境保护与治理工程；加快城市生活垃圾处理设施建设，提高城市生活垃圾无害化水平；推进清洁农村工程；测土配方施肥和土壤有机化提升工程；支持发展农村沼气；加大农村环境综合整治工程；农业面源污染防治工程等。

（三）江西省应承担好申报工作牵头人角色，促进分工合作，多方呼吁，使该申报项目落地

《赣闽粤原中央苏区振兴发展规划》是江西省牵头、联合福建和广东省共同完成的规划，这一过程中，江西省主动思考、主动作为，自觉承担牵头者责任，实现了赣闽粤分工合作。有了共同申报《赣闽粤原中央苏区振兴发展规划》的基础，完全可以再次共同申报“赣闽粤中央苏区生态保护规划与生态补偿机制试验区”。实际上，牵头者非常重要，有时起到统筹安排和布局的重要作用。我们要在赣闽粤中央苏区原有的合作机制基础上，不断创新合作方式，统合各方面利益诉求，形成合理的分工框架和项目申报推进方案。

在项目申报过程中，要发挥赣闽粤三省发改委（苏区办）、环保部门等职能部门主要作用，与中央和相关国家部委积极沟通，听取上级主管部门指导意见，不断完善“赣闽粤中央苏区生态补偿机制试验区”内容。同时，可以发挥各民主党派参政议政的作用，将相关思路写成全国两会提案，或者把该项申报工作作为中央民主协商工作内容。例如可通过民建江西省委，向民建中央提供两会材料，争取转化为全国政协会议提案。通过多方协作、多方呼吁将为该项目申报和落地打下坚实的基础。

第二节 “把沿海口岸搬到苏区”的构想

贯彻落实《国务院关于支持赣南等原中央苏区振兴发展的若干意见》和国家质检总局的相关要求，江西检验检疫局秉承质检总局“抓质量、保安全、促发展、强质检”十二字方针，主动融入江西经济社会发展大局，在探索促进中央苏区振兴发展体制机制方面，走出了一条独具特色的江西检验检疫服务发展新路。

一、创新发展，提出“把沿海口岸搬到苏区”

外向型经济发展程度是衡量区域经济发展水平的重要标志。江西地处内陆，外向型经济发展最大的短板是缺少口岸。特别是以赣南为代表的中央苏区，受交通不便、物流不畅等制约，造成进出口企业综合商务成本居高不下，缺乏国际市场竞争力，外向型经济长期不振；同时，大部分进出口商品、集装箱分散各地，点多面广的监管难题也给检验检疫部门带来诸多影响，国家生物国防和经济安全面临严重威胁。为解决发展困局，江西检验检疫局按照质检总局支树平局长“小局更要主动破局”的指示精神，先行先试，主动破局。通过大量基层调研和数据分析，创造性地提出了“把沿海口岸搬到苏区”的工作设想：以中央苏区为点，大力推进“政府主导+企业经营+国检监管”联动模式的国检监管区建设，积极探索《国境卫生检疫法》、《进出境动植物检疫法》、《进出口商品检验法》“三法联合执法”及“箱/木/证—货—企”等监管新方式，把沿海口岸的便利通关搬到“苏区”。

二、分步推进，实现“把沿海口岸搬到苏区”国检监管区

以进出境集装箱监管为抓手，以集装箱卫生检疫集中审单为电子信息化管理手段，以集装箱场站建设为载体，以口岸直通放行为目的，受出入境检

验检疫机构监管的封闭独立场所。为使内陆集装箱场监管站基本具备口岸功能，实现“把沿海口岸搬到苏区”目标，江西检验检疫局按照分步推进原则，在中央苏区大力推进“国检监管区”建设。

第一步，寻求口岸搬苏区的政策支持。

积极沟通质检总局，促成“质检专家苏区行”活动顺利开展，邀请质检系统 25 名高级专家为中央苏区振兴发展进行“把脉问诊”，为建设“内陆新型口岸”寻求政策和智力支持。同时，借鉴深圳、厦门检验检疫局口岸监管经验，搭建进出境集装箱集中审单等电子监管平台，为国检监管区建设提供信息化支撑。

第二步，在苏区探索建设集装箱场站。

江西检验检疫局采取“政府主导 + 企业经营 + 国检监管”模式，在南康、定南、南丰、万载、上栗等地探索建立了“工业园区、农业示范区、大项目、循环经济、企业”五种不同类型的集装箱监管场站建设模式，产品从鲜活农产品发展到烟花爆竹，区域从陆路货场发展到内河港口，全面铺建，多点开花。

第三步，赋予集装箱场站基本口岸功能。

与广东、深圳、广西、珠海、福建、厦门等口岸检验检疫机构签订合作协议，建立江西进出口货物直通放行机制；将符合标准的“集装箱监管场站”升格为“国检监管区”并赋予基本口岸功能，对经国检监管区监管放行的货物，口岸免验直通放行。与此同时，还积极争取到省长的支持，协调交通运输部门通力合作，运用 NFC 防伪新技术江西出口鲜活农产品享受高速公路免费通行、免查放行的“双免”优惠，实现高速闸口“一秒放行”。

三、振兴发展，增强辐射效应

“把沿海口岸搬到苏区”围绕中央苏区振兴发展战略，以南昌为中心，纵向以“南门”赣州、“北港”九江为开放门户，横向以上饶、鹰潭、宜春为重点，覆盖全省，将 2 个一类口岸、4 个特殊监管区、10 个口岸作业区以及进出境货物集散地串联起来，建成运行国检监管区 7 个，申请在建 13 个，涉及

产业有农食产品、再生资源、竹木制品、烟花爆竹、造纸等，取得了产业发展、环境优化、外贸便利等实实在在的成效。

（1）促进了检验检疫工作流程优化。区内货物出口周期缩短 3 天，出口水果实现区内通关。特别是监管区在建企业，使企业外贸便利“零”距离。宜丰县康替龙竹业公司 2014 年的订单已经排满，出口量将突破 1 亿美元。

（2）促进了江西优势产业大发展。在国检监管区实施集中查验，有效促进了南丰蜜橘、赣南脐橙、烟花爆竹等地方优势产业出口。2013 年江西水果出口呈现井喷式增长，量价齐增 70%以上；烟花爆竹出口“五连增”，出口量由占全国出口总量的 19.5%增长到 30%以上。

（3）促进了江西物流产业大发展。国检监管区运行后，大幅降低了进出口商品的物流成本，以赣西宜春启运的欧基港全程物流成本为例，2011 年需要 17000 美元，2013 年仅需 7000 美元。按照江西出口欧基港 40 尺集装箱总量计算，每年可为江西外贸企业节省物流成本 3 亿元。

（4）促进了地方招商引资。国检监管区以集中查验环节少、周期短、成本低的优势，吸引了上海华洋货运公司在万载县和上栗县投资 18 亿元建设出口烟花国检监管区，上海永璟物流公司在上栗县投资 1 亿元建设出口烟花国检监管区，理文纸业也决定增加投资建设二期工程。

（5）促进了口岸查验协作。国检监管区实现了检验检疫与海关、港务等部门的联合办公和联合查验，形成了口岸监管部门、经营单位和物流企业数据共享、监管有力、高效便捷、三方共赢的协作新机制，对江西有效承接产业转移、促进外贸做大做强起到了积极作用。

（6）促进了国检影响力和地位的提升。多个市县的领导多次带队到江西局积极争取、反映需求，主动汇报、承诺支持，形成了国检监管区建设 11 个县市全覆盖的火热势头。其中，赣州进境木材国检监管区被纳入省政府重点调度项目，为此地方政府专门划地 1000 亩投资 1 亿多元。目前正在建设中，2015 年上半年竣工投入使用。

第三节　加快发展吉泰走廊的建议

一、吉泰走廊发展基本现状和特点

吉泰走廊是吉安市遵循经济发展的客观规律，实施非均衡发展战略的重大构想和实践，充分体现了吉安市委、市政府历史担当和智慧谋略。从2008年开始，市委、市政府提出工业强市，引领全市经济又好又快发展，印发《关于建设吉泰工业走廊的实施意见》（吉府发［2008］1号），并在第三次党代会上明确要集中优势和资源，全力以赴推进吉泰走廊建设，打造重要经济增长带。经过全市上下六年的攻坚克难、努力探索和开拓创新，目前，吉泰走廊不断在全市发展升级、小康提速中发挥着引领示范和支撑带动作用，在全省区域发展格局特别是江西中部地区产生了很大影响，并不断辐射和带动全省其他区域战略实施。尤其是2016年以来，尽管面临全国、全省经济下行压力加大，区域竞争态势加剧，要素资源不足等困难和问题，但在市委、市政府高度重视和强力推进下，在中央苏区振兴发展、鄱阳湖生态经区建设和罗霄山片区扶贫开发等国家政策机遇叠加驱动下，吉泰走廊仍然保持着良好的发展态势，主要经济指标较快增长，占全市比重进一步提高，聚集聚焦能力不断增强，并呈现以下特点：

（一）上下同心，积极构建吉泰走廊聚集发展的战略格局

吉安市委、市政府坚持长远谋划、战略规划，既成立了由主要领导担任吉泰走廊建设领导小组组长高位推动工作，又组建高规格的工作机构具体组织实施落实任务，还建立每季度定期召开领导小组会和不定期召开工作调度会、推进会等工作机制，确保了吉泰走廊建设的决策科学有力，工作推进有序，发展成效凸显。走廊县区积极策应，奋发有为，深刻领会市委、市政府实施吉泰走廊区域发展战略的重大历史意义，主动加快融入战略格局，千方

百计做大做强县域经济，提升发展升级水平。吉水县努力克服财力不大、产业发展优势不明显的现状，硬是承担起与中心城区主动对接的两座大桥建设任务；庐陵新区作为全市政治文化中心，励精图治，在短短的几年内，不仅基本建成一座高品位现代新城，还有效探索了一套社会事业管理的新模式。

（二）抢抓机遇，充分发挥吉泰走廊政策资源优势

天时、地利、人和是推进吉泰走廊建设的关键，吉安全市上下的共识共为、各种要素资源聚集和外部环境机遇等又是加快吉泰走廊发展的重要保障。目前，全市已集中60%以上土地用地指标、基础设施投入、财政保障支出、人才智力要素等资源，向吉泰走廊区域倾斜。特别是吉泰走廊建设，恰逢上级各种政策机遇叠加，国务院印发苏区发展政策文件明确支持吉泰走廊开发、打造重要增长带，省政府专门出台支持吉泰走廊发展的若干意见，中央国家机关对口支援在走廊区域实现全覆盖。同时，国家先后设立国家电子信息高新技术产业化基地、国家新型工业化产业（电子信息）示范基地、国家印刷产业包装基地、国家旅游扶贫试验区等国家级发展平台，更为加快发展提供后发优势和载体。1~9月，仅井冈山经济技术开发区就引进亿元以上项目18个，总投资近300亿元；泰和县依托部委对口支援优势平台，与国家工商总局联合开展的知名企业泰和行活动，一次性签约嘉禾燃气设备和美庐乳业集团两个重大项目。

（三）城镇融合，全力推进吉泰走廊“六个一体化”发展

按照“核心带动、两翼联动、带状发展”的发展思路，吉泰走廊“一核两翼三带”吉泰城镇群体系格局基本形成。目前，以中心城区为核心区城市框架进一步拉大，庐陵新区、樟山新区和青原山对接新区等五大片区加快建设；吉安县、吉水县融城步伐不断加快，其中，吉安县“三桥跨江、三路对接三区”融城格局形成雏形，城北新区、凤凰园区、吉州窑景区和现代农业科技示范园区完成土地征地近1.9万亩；泰和县积极发挥副中心城市建设作用，县城规划面积扩大至40平方公里；吉州区和吉水县构建的金樟组团、吉安县的敦厚永和组团、泰和县澄江南溪组团即将完成详规编制；105国道改道中心城区外环线暨永和连心大桥竣工通车，加速实现吉泰走廊“三县四区”

快速通道和外环线交通的基本贯通，整个“大吉安”城市发展格局基本形成，城市形象大为提升。

（四）三产同步，构建吉泰走廊现代新型产业体系

昂起经开区龙头、挺起吉泰走廊脊梁、立起县域经济支点是打造吉泰走廊重要增长带的总体战略目标。加快构建现代新型产业体系是吉泰走廊增长带发挥引领示范和支撑带动作用的重要抓手。一个时期以来，吉安紧紧围绕战略性新兴产业与传统优势产业融合发展、工业与服务业双轮驱动、一产“接二连三”，不断推进产业发展升级。目前，工业方面，以电子信息为特色的战略新兴产业加快聚集发展，主营业务收入增长19.6%，高于规模工业增速2.9个百分点；合力泰、红板跻身全国电子信息百强行列，井开区通信终端设备产业纳入首批省级工业产业集群，吉安县数字视听、吉州通信传输、泰和触控显示等产业纳入全省重点产业集群；吉安成为全国电子信息产业示范基地。服务业方面，围绕工业和服务业双轮驱动，全国旅游精品城市和“三山一江”战略加快推进，服务业增加值占全市比重比2015年底提高3.1个百分点，天虹购物中心建成开业和城南十大专业市场规模化运作提升了城市档次和形象，电子商务以实现32亿元交易额而成功破题。农业发展方面，富民特色产业规模不断壮大，新增井冈蜜柚等特色产业种植面积近40万亩，以泰和县绿色食品产业园为代表的农业科技示范园标准高、设施全、前景好；同时，农业生产集约化发展模式的活力增强，已集聚省级龙头企业28家，农民专业合作社1151个。

（五）特色鲜明，形成吉泰走廊县域经济发展亮点

为充分发挥县域经济在吉泰走廊重要增长带的主体作用，“三县四区”根据定位，立足实际，扬长避短，既坚持竞相错位发展，又注重独具特色发展。尤其是在产业发展方面，走廊县区坚持产业互补、差异发展的思路，科学规划，制定产业指导目录和项目准入清单，找准定位，形成独具县区优势特色产业体系。例如，井开区明确重点打造电子信息、先进装备制造和生物医药等三大产业集群；泰和县重点发展触控显示器和绿色食品两大产业。

二、当前吉泰走廊发展存在的主要问题

在充分肯定吉泰走廊这一发展战略成效的同时，在调研过程中，无论是在现场调研城市建设、园区发展和民生事业进步，还是在座谈听取县区发展思路和意见，都真切感受到在当前经济下行压力加大的环境下，吉泰走廊建设特别是短时间内加快吉泰走廊“六个一体化”进程，还面临不少困难和问题：

（1）经济下行压力大，带动作用没有得到充分发挥。从调研情况来看，无论是投入还是 GDP 增长，下行压力非常大，前三季度 GDP 增速勉强能达到两位数，相比 2012 年、2013 年的 15%、13%，明显呈下滑态势；财政收入增长，前两年都是 20%以上，2014 年 1~9 月才增长 10.1%，特别是吉安县、泰和县两个大县，增收压力更大一些。同时，民间投资和产业投资增速趋缓，实体经济融资难、融资贵、用地难、用工难等要素制约没有得到有效缓解。

（2）进位赶超压力增大，占比作用有所缩小。吉泰走廊规划到 2020 年，用 10%的国土面积承载全市 70%的工业经济总量和集聚 50%以上城镇人口，任务很重，压力很大。尽管吉泰走廊每年的占比有提高，但都达不到 1 个百分点，特别的 GDP、财政收入、固定资产投资、经济总量等主要指标，进一步提高增幅压力较大。在这样背景下，吉泰走廊区域牵动作用难以发挥，赶超的压力也很大。

（3）发展转型压力大，示范作用不太明显。目前，吉泰走廊和全国、全省一样，都面临着既要赶超又要转型的双重压力。但实际上可以看出，吉泰走廊目前发展，特别是产业发展和城市建设，很大程度上，仍然是传统思路的粗放型发展模式，所以导致多数县区用地指标紧张，土地产出率较低，供需矛盾明显，加上高速公路、机场、修铁路等现代城市交通基础设施建设，挤占了要素资源，转型发展的压力非常大。

（4）争取政策扶持压力大，后发优势越来越小。目前苏区振兴发展政策指向已明确，加上国家正进行财税体制改革，收缩了区域性税收优惠的口子，再要争取国家另外的扶持政策难度加大；同时在江西省区域发展战略全覆盖，重心北移、多点竞争的趋势下，争取省级政策倾斜支持的难度也将加大。

三、加快推进吉泰走廊"六个一体化"进程建议

聚焦重点区域，打造核心增长极，以局部率先崛起撬动整体全面提升，是先发地区普遍的发展模式。吉泰走廊作为引领吉安全市发展升级的核心板块，发展渐入佳境，聚集逐渐形成。但与此同时，吉泰走廊要在短时间内用10%的国土面积承载全市70%的工业经济总量和集聚50%以上城镇人口，任务很重，压力很大，为推进吉泰走廊建设尤其是加快"六个一体化"进程，调研组结合调研情况以及平时思考积累，借此次活动契机，提几点意见建议。

（一）坚持抓好两个坚定不移战略

打造吉泰走廊重要增长带，做大总量和加快聚集是前提，是关键。吉泰走廊尽管在全市经济发展起着一定的引领示范作用，但与走廊多年形成的基础和优势相比，目前带动效应还不是很明显，加快做大总量仍然是走廊当前发展的一项基础性工作。因此，要继续坚持坚定不移加快发展，做大经济总量，促进转型升级，着力开拓发展空间。工作实践中，要做好以下工作：一是保持较快的发展速度。吉安市经济基础相对薄弱，农业人口和农业生产总值占据较大份额，工业起步较晚，与周边市区差距有拉大趋势，继续保持较快发展速度，仍然符合市情，符合经济发展规律，GDP 增幅高于全国全省 2~3 个百分点在短时间内是需要的。二是坚持大投入促发展。当前，从全国形势来看，投资、消费、出口仍然是拉动经济发展"三驾马车"。长期以来，由于资源禀赋不足，产业发展不快，居民增收渠道单一，农民仅依靠农业土地产出，导致整个社会购买力有限，部分产品出口也多数为初级产品，对全市经济发展贡献率不大。因此，要做大总量和促进转型，重要的是要继续依靠扩大有效投入，特别是对打基础管长远的产业发展、基础设施建设、民生社会事业改善、生态环境保护等，要加大建设和投入力度。三是着力壮大县域经济支点。县域经济是最具活力和潜力的经济细胞，是推进发展升级的重要基石。从沿海发达地区发展经验来看，注重发展县域经济，就立起了全地区社会经济发展的支点，激发了经济发展的活力。从吉安市现实发展来看也是如

此，泰和县、吉安县等县就是长期以来县域经济充分发展，发展的体制机制相对灵活，成为全市经济发展的领头羊和排头兵的。因此，要继续壮大县域经济发展规模主体，不断发挥县域经济在发展升级中的主体作用。要继续加大全面深化改革力度、深度和广度，为县域经济发展全面松绑；要充分尊重县域经济竞相发展、差异化发展和特色发展，优化发展环境，拓宽发展空间，打造县域经济发展的升级版。

（二）强化吉泰走廊发展战略在发展升级中的作用

吉泰走廊是吉安市委、市政府坚持理念创新、破解转型升级难题，探索走出的一条符合科学发展规律的发展新路，凝结了吉安全市上下的智慧和力量，在全市发展升级中扮演着不可或缺的角色。一要加强人才队伍建设。吉泰走廊建设是一项系统工程，涉及政策法规、现代城市建设、财税培育和管理、现代金融策划和创新、新型产业培育和经营等领域，建设和发展的要求高、专业性强。为更好地谋划发展，运作实施，要大力加强专业技术人才的引进和培养，配齐配强现有干部，建设一支高素质能战斗的人才队伍。二要坚定抱团式发展理念。现有吉泰走廊战略体现的是块状组合抱团发展模式。长期以来，走廊三县区经济基础、产业水平、区位条件、资源要素以及历史传统等都不尽相同，做大做强县域经济，立起支点，各自发展诉求不一，甚至各自为政。因此，要发挥好吉泰走廊聚集发展效应，坚定一盘棋“抱团式”共同发展的理念尤为重要，走廊县区要在决心、信心、干劲和工作毅力上狠下功夫，深刻认识实施吉泰走廊“一体化”发展的战略意义，加快推进吉泰走廊跨越发展和进位赶超。三要建立长效工作机制。充分利用新一轮全面深化改革机遇，扎扎实实开展吉泰走廊确定的各项改革创新先行先试举措，努力在吉泰走廊区域取得改革创新经验，争取全市经济发展的新优势，进一步健全完善区域联席会议制度，建立决策层、协调层和执行层三个层面运作机制，定期召开会议，协调解决建设中的重大问题，创新合作机制、推进融合发展。根据走廊工作推进的重点和特色，不断优化和改进考核评价体系，实行科学定位，确立加快转变的正确导向，激发发展的内生动力。

（三）坚持顶层设计在吉泰走廊建设中的规制引领作用

吉泰走廊要建设成为“四化”协调发展示范区、城乡一体化发展先行区、生态文明建设和美丽中国践行区，坚持顶层设计是前提和基础。工作实践中，要紧紧围绕吉泰走廊三大战略定位，抓好重点工作顶层设计，描绘好路线图。一是在重大规划编制方面，要坚持前瞻性、战略性和高标准顶层设计。据了解，吉泰走廊已聘请中国城规院高起点编制《吉泰走廊四化协调发展示范区规划》，还配套编制了城镇体系、工业产业、服务业、农业产业化、基础设施建设、土地利用、社会事业、空间利用8个专项规划，形成了“1+8”较为完整的规划体系。整个规划体系还是坚持高水准的，下一步的关键是要不折不扣地按照规划组织实施，坚持一张图纸绘到底、一竿子插到位，不折腾、不摇摆。二是在现代产业体系谋划方面，要坚持主导性、特色性和差异化顶层设计。按照“产业高端、产品终端、科技尖端、服务前端”定位，实施科学规划和精准定位。发挥好井开区龙头作用，要捏紧拳头主攻电子信息产业、绿色食品和生物医药三大产业，同时也要发展先进装备制造、新能源新材料等战略性新兴产业；其他各县区也要确定主导产业定位，吉州区重点发展机械装备和通信传输系统两大产业；青原区重点发展光电信息和精细化工两大产业；吉安县重点发展数字视听和食品饮料两大产业；吉水县重点发展林产香料和粮油食品两大产业；泰和县重点发展触控显示器和绿色食品两大产业；庐陵新区围绕壮大城市经济，大力培育发展总部经济、商业综合体等现代服务业。三是在现代城市建设和经营管理方面，要坚持高水准、有品位和规制性顶层设计。

（1）要强化城市规划。要依据吉安经济社会发展水平和城市在更大区域内所起的作用和所处地位，科学论证，理性分析，合理定位，制定科学的发展目标，克服“想当然”和“追风”思想，保证城市可持续发展。当前，对正在编制《吉泰城镇群规划》、《金滩樟山新区组团规划》、《凤凰永和敦厚金三角组团规划》、《澄江沿溪南溪组团规划》等规划，要加强与规划单位的衔接沟通，多开展一些基础性的工作；同时，规划一经制定并经过法定程序批准后，就要严格执行，特别是吉泰走廊核心区域规划的五大片区和八大组团规划以及

正在编制的各大组团规划，要坚持法制化、一贯性、连续性。

（2）要处理好产业发展与城市发展的关系。城市发展与繁荣，产业支撑是基础和根本，只有通过产业的大发展，才能集聚人气，坚持产城融合式相互促进发展。要大力实施产业化和城市化整合互进战略，努力在“四个注重”上狠下功夫：注重工业产业发展，以工业产业带动城市发展，提升城市实力；注重文化产业发展，以文化产业拓展城市内涵，提升城市品位；注重旅游产业发展，以旅游产业美化城市形象，提高城市魅力；注重服务产业发展，以服务产业壮大城市经济，提升城市人气。同时，营造企业发展的信息环境，不断发展和培育科研咨询、金融咨询、知识产权、法律服务等现代服务中介机构，帮助企业提供信息。

（3）要探索创新现代城市的科学管理。城市建设管理要坚持以人为本、服务为先的理念，从小处着眼，从细节入手，让群众生活更加方便、舒适，体现城市的温情和亲和力。可借鉴学习浙江省嘉兴城市建筑建设的低密度、低容积率、高绿化率，建设舒适宜居城市。同时，以现代信息化管理手段为载体，开阔视野，更新观念，改进工作，树立现代城市管理理念，可推广庐陵新区探索建立的城市管理体制改革模式，推进城市管理综合执法，采取政府购买服务，将环卫、市政、园林等政府管理领域推向市场，实行“公建民营、委托管理”经营。秉承传统文化，推进吉安传统文化与现代城市建设相互融合，提升现代城市内涵。

（四）持之以恒地发挥政策机遇叠加效应在吉泰走廊战略实施中的推力作用

吉泰走廊既有自身基础优势，也有外部政策机遇，前景美好。下一步更好更快推进吉泰走廊建设和“六个一体化”进程，要在继续保持当前市委、市政府高位推动，市直单位策动联动和走廊县区积极主动发展态势的基础上，更加充分发挥各种政策机遇的助推作用。一是要继续抢抓中央苏区振兴发展政策机遇。坚持工作对接久久为功，锲而不舍。紧紧围绕国务院和省委、省政府出台政策性支持文件意见精神和明确支持吉泰走廊建设事项，加强研究，深刻领会，把握内涵，有针对性策划谋划一批需国家和省的扶持政策、建设项目和帮扶资金，千方百计地将政策效应发挥极致。二是要打好国家级重大平台招牌。近年来，国家先后在吉安市设立国家电子信息高新技术产业基地、国家新型工业化产业（电子信息）示范基地和国家印刷包装产业基地等重大平台，为吉安市推进产业发展升级和加快经济社会发展提供有效载体和广阔空间。如何打好"金字"招牌，也是当前加快吉泰走廊建设一项重要研究课题。比如，国家支持创建红色旅游精品城市，可研究推进全市红色旅游"一体化"建设和发展，加强在旅游政策、旅游交通基础设施、现代旅游营销、旅游历史文化保护等领域策划和包装，争取国家支持。三是要积极争取落实和享受比照执行西部地区政策。目前，吉安全境纳入中央苏区振兴范围，2014 年 8 月，国家发改委又明确吉安市包括吉州、青原两区在内的 13 个县（市、区）参照执行西部地区发展政策，特别是在中央预算内投资和国外优惠贷款资金时，享受该政策。近年来，尽管吉安市有 10 个县区明确可以享受比照执行西部地区政策，但在实际执行过程中，只在民生类转移支付、中央项目专项投资补助两个方面享受政策，而在重大交通基础设施建设补助和税收优惠政策两个领域未执行到位，对于当前吉安市交通基础设施建设集中期，面临压力更大。为此，努力争取支持，积极推进落实政策是加快吉泰走廊"六个一体化"进程的有力抓手。

第十一章　促进民生发展具体建议

第一节　大余县就业和社会保障事业发展的建议

大余县位于江西省西南端，面积 1368 平方公里，辖 11 个乡镇，105 个行政村，国土面积 1368 平方公里，总人口 30.57 万人。100 年前德国传教士在这里发现钨精矿，红军长征后，项英、陈毅、杨尚奎、陈丕显等在梅岭一带坚持了三年艰苦卓绝的游击战，陈毅留下了气壮山河的《赣南游击词》和《梅岭三章》。新中国成立以来，大余是西华山钨矿等国有四大企业所在地，开采钨业数十年，为国民经济建设和创取外汇资金做出了不可磨灭的贡献，工业基础较好。21 世纪以来，资源进入枯竭期，钨产量减少，钨工业萎缩，与之相伴的经济社会发展停滞不前，同时留下了许多社会矛盾和历史遗留问题，为经济社会加快发展、转型发展增加了困难和难度。现将大余县就业和社会保障事业调研汇报如下：

一、总体情况

进入 21 世纪以来，由于钨资源枯竭，国有四大钨矿企业相继破产转制，转制后矿山企业的各项工作如学校、职工养老医疗、就业再就业等关系移交至地方政府管理。据不完全统计，国有企业转制后纳入大余县小集体企业职

工养老保险2200多人，纳入大余县城乡居民社会养老保险5000多人，接续医保职工8600人，6000余名下岗人员需要地方政府安置就业，接纳教师203人，公安人员38人，接管老工伤及其供养亲属2900多人，为全县就业、教育、医疗、卫生、社会保障事业健康发展带来了许多不利因素，发展后劲和保障能力急剧下降。

二、基本情况

截至2011年，大余县城镇职工养老保险参保人员26016人，离退休人员8142人，发放养老金8948万元，人均养老金水平924.41元；大余县城乡居民养老保险参保86450人，占应参保人数153650人的56.26%，征缴保费1196.8万元，24805人享受了城乡居民养老金待遇，发放基础养老金810.2万元；城镇基本医疗保险参保人数达109894人，基金征缴总额达6237万元，基金支出总额达5741万元，其中城镇职工基本医疗保险参保人数达32116人，基金征缴达4334万元，基金支出达4180万元；城镇居民基本医疗保险参保人数达77778人，基金征缴达1903万元，基金支出达1561万元；全县城镇新增就业人数4158人，城镇就业率98.40%，“4050”人员就业人数436人，零就业家庭就业安置率100%；发放小额贷款4156.5万元，成功带动1522人就业，再就业资金中安排487个公益性岗位。

三、存在的主要困难和问题

国有四大钨矿及县属企业破产转制，特别是矿山企业转制后，造成社保、农保、医保、就业再就业等方面的大量问题，随着时间的推移便成为历史遗留问题，对大余县经济社会发展稳定形成巨大压力。

（一）城镇职工养老保险基金收不抵支矛盾逐渐显现

2010年、2011年社保基金征缴分别完成任务8625万元、1.11亿元，养老金支出分别是7452万元、9199万元，剔除政策性收费后，大余县养老保险收支缺口逐渐增大，特别是接受四大钨矿企业破产的教育、公安、卫生等人员，随着基数和标准的提高，现已入不敷出。与此同时，四大钨矿招收的大集体人员、小集体人员到工作地参加养老保险，更使原有资金缺口增加。据不完全统计，2011 年的收支缺口已达 4200 万元，以后的资金缺口还将进一步扩大，给经济社会的发展和稳定带来很大困难。

（二）城乡居民养老保险参保率及积极性不高

大部分年轻人对参加城乡居民社会养老保险存在误区，影响参保率的提高，当然，目前城乡居民养老金标准偏低，也制约城乡居民参保积极性。

（三）工伤保险及医疗保险资金缺口大

目前大余县有老工伤人员及供养亲属 3270 人（其中老工伤人员 1163 人，供养亲属 2107 人），每年用于支付老工伤人员各项待遇资金 2706 万元，按赣人社发〔2011〕21 号文件要求，江西省财政每年拨付 974 万元后，仍有 1732 万元的资金缺口，要县财政承担的话，财力难以承受；此外，目前大余县还有破改及困难企业在职及退休人员 10313 人，其中退休及内退人数达 4289 人，医疗保险负担十分沉重。按照人均 2300 元的缴费基数的测算，大余县医疗保险资金缺口高达 997.57 万元。

（四）就业资金需求矛盾依然存在

随着矿产资源进入枯竭期，西华山钨矿等四大省属矿山 6000 余名下岗人员需转产转行安置就业，按照赣财社〔2009〕61 号文件精神和要求，每年需要职业介绍补贴 180 万元，职业培训补贴 358 万元，社会保险补贴 600 万元；此外，县工业园区各企业用工需求的不断增大，职工职业技能的提升培训有待提高，每年需要 400 万元的培训补贴。

四、困难和问题产生的原因

（一）城镇职工养老保险基金收不抵支的主要原因

（1）政策性参保收入只能暂时缓解收不抵支的困境。2010~2011 年养老基金收入共 1.97 亿元，但其中包括政策性参保收入（即下放知青、大集体、小集体、三类人员、失地农民）两年合计保费收入 1.06 亿元，正常缴费收入只有 9100 万元，加上两年上级转移支付资金 7811 万元，减去两年基金支出 16651 万元，收支相抵只剩余 260 万元，如果没有上级养老保险转移资金的注入，必将出现严重的收不抵支。

（2）人口老龄化趋势不断加剧，加重了养老金支出负担。如今大余县退休人数每年新增 1994 人，进一步加大大余县社保基金的支付压力。

（3）国家连续七年调整企业退休人员养老待遇。大余县从 2005 年起以每人每月 150 元左右的标准连续 7 年为离退休人员增加了养老待遇，职工月人均养老金从 493.99 元增至 924.41 元。江西省 2012 年调待标准为 180 元左右，大余县 2012 年仅调待增加支出约为 1758 万元。

（二）城乡居民养老保险参保率及积极性不高的主要原因

由于该险种刚刚启动，部分城乡居民因政策理解不到位而一时难以接受。从城乡居民社会养老保险制度设计看，老年居民的利益体现比较直接，而青年人的利益直观体现不明显且待遇偏低；从待遇标准来看，目前养老金待遇还达不到农村低保对象的标准，这是制约参保积极性的根本所在。此外，国有四大矿山企业职工家属人员多和县城居民居住分散、复杂，空挂户有 6000 人左右，造成工作的难度增大，影响参保率。

（三）工伤保险及医疗保险资金缺口产生的主要原因

经济体制转型是历史遗留下的，国有企业、集体企业中有相当数量的老工伤人员，大多由所在单位承担工伤待遇，缺乏长期、稳定的制度性保障，待遇普遍较低且资金难以落实；企业关闭、破产、改制，退休人员增加，所需的参保资金自然增加。

（四）就业资金需求矛盾依然存在的主要原因

随着大余县矿产资源逐渐枯竭，原四大矿山省属企业需安置的下岗职工有 6000 余人；安置原县其他改制企业下岗人员近 4000 人；安置公益性岗位 500 人；落实见习大学生 200 人；落实再就业小额担保贷款贴息 1100 余人。要全面落实就业创业政策，增加和稳定就业岗位，每年需要 1500 余万元。而上级并无充足专项资金扶持，因此，资金缺口较大，大余县财力有限，难以承受。

五、有关建议

（一）政策扶持方面

（1）从 20 世纪 50 年代起，大余县一直为国家的经济建设做贡献，如今资源进入枯竭期，要实现经济加快发展和转型发展，解决原有人员知识和技能的转型，需要增加社会保险资金转移支付的标准以及劳动力职业培训标准，以便实现经济发展方式的转变，加快发展，维护社会和谐稳定。

（2）以工业园企业参保为重点，请求江西省继续出台关于工业园区企业参保缴费的优惠政策或其他地方的补贴待遇，以扩大园区企业参保面，增加园区企业职工参保人数。

（3）如果大余县纳入了苏区县，城乡居民社会养老保险财政补贴方面可以按省、县比例 8∶2 享受优惠政策，以参保率达到 80%，参保人数为 122920 人，每人按 30 元补贴计算，县财政少负担 73.75 万元。

（4）增加再就业资金的投入，调整财政支出结构，全面落实就业再就业各项优惠政策，尤其要增加职业培训补贴资金投入；突出培训的针对性和实用性，使下岗失业人员、失地农民和农村富余劳动力通过培训能掌握 1~2 项就业技能，促进其就业再就业。此外，要充分利用财政税收、信贷等手段，加大再就业资金投入，增强下岗失业人员的再就业援助。

（二）项目资金方面

恳请国家安排专项资金扶持大余县实施以下四大工程：

（1）大余县金保工程（二期）。规划投资 600 万元，完善人力资源和社会保障数据中心，实现中央、省、市、县、乡（镇）五级联网，建设统一的社会保障管理信息系统，实现养老、医疗、失业、工伤、生育保险一卡通。

（2）新型农民培训工程。规划投资 1200 万元，开展农民工定向、定点、订单等技能培训，建立和完善务工人员跟踪管理和服务系统。每年培训转移农民工 5000 人，提升职业技能 2000 人以上。

（3）大余县人力资源和社会保障服务中心建设工程。规划投资 1620 万元，新建县社会保障服务中心办公场所以及硬件设备和软件系统建设等配套设施。

面积 5400 平方米，集养老、医保、就业、农保、劳动保障维权于一体。

（4）创业孵化基地。规划投资 2000 万元，新建创业孵化基地、大学生和返乡农民工创业园，面积 100 亩，实现创业带动就业。

第二节　突破信丰县“财政难题”，促进精准扶贫的建议

信丰县财政局围绕精准扶贫工作要求，创新思路，深入研究政策，积极筹集精准扶贫资金，不断加大资金投入力度，重点将资金投入产业扶贫，从而确保精准扶贫工作的顺利开展：

一、主要做法及成效

（一）积极筹措精准扶贫资金，不断加大财政投入力度

信丰县累计筹集精准扶贫专项资金 17318 万元，并设立精准扶贫资金专户。同时建立扶贫开发资金持续增长机制，不断提高扶贫资金投入占本级财政收入的比重。到目前为止，累计安排资金 7474.67 万元用于精准扶贫支出，其中：①县财政年初预算安排 579.66 万元，用于县级贫困村产业扶贫基础设施建设；②安排精准扶贫专项资金支出 6895.01 万元（其中油茶产业扶贫基金 4895.94 万元，教育扶贫基金 1122.22 万元，农业产业扶贫基金 278.37 万元，医疗扶贫基金 451.87 万元，其他扶贫基金 146.61 万元），确保精准扶贫工作有序推进。

（二）主动对接，争取资金

县财政局积极、主动地与上级财政部门沟通对接，努力争取上级财政部门的大力支持，争取更多的财政扶贫政策和资金，加大对农村产业基地基础设施建设投入，发挥基地对贫困户的辐射带动作用，夯实信丰县扶贫攻坚基础。

（三）强化金融扶持，撬动产业扶贫融资活力

积极开展财政惠农信贷通及扶贫产业信贷通工作，到目前为止，累计筹集风险补偿金 3894 万元（其中财政惠农信贷通 2237.5 万元、产业扶贫信贷通 1656.5 万元），重点支持贫困户、农业合作社、家庭农场和种养大户，大力发展扶贫信贷，提供贷款担保支持，从而带动和支持扶贫对象发展生产，促进贫困户增收脱贫。2016 年 6 月底，财政惠农信贷通累计放贷 34036.29 万元，贷款余额 20374.39 万元，占江西省分配任务的 114%；产业扶贫信贷通贷款 16818 万元（其中农行 4420 万元、信用社 12398 万元）。

二、存在问题

（一）精准扶贫专项资金缺口较大

现有的贫困村基础条件和资源条件都较差，基础设施建设点多、线长、面广，任务重、成本高，且群众改善生产生活条件愿望迫切，虽然信丰县逐年增加扶贫开发的投入，但远远不能满足贫困村基础设施建设的需求。信丰县是赣南脐橙产业主产区，也是脐橙黄龙病的重灾区，每年财政投入的黄龙病防控资金远远不能满足目前防控需求。

（二）统筹整合财政涉农扶贫资金难度较大

要积极推动统筹整合财政涉农扶贫资金工作，加大县财政扶贫投入力度，信丰县政府要成立领导小组，科学编制脱贫攻坚规划，制定统筹整合使用财政涉农扶贫资金的具体办法，确保资金和项目精准投入，推进资金整合各项措施落实到位。

（三）群众自我发展能力弱

多数贫困村经济结构单一，土地抛荒严重，龙头企业、专业合作社或能人大户带动和辐射作用发挥有限，持续增收能力不强。农村留守人员老人居多，受教育程度普遍偏低。思想观念陈旧，科技意识不强，生产经营能力较低，缺乏致富能力和发展门路，抵御风险和自我发展能力脆弱。

三、相关做法与建议

（一）做好统筹整合财政涉农扶贫资金工作，加大财政扶贫资金投入

通过统筹整合财政涉农扶贫资金，形成“多个渠道引水、一个龙头放水”的扶贫投入新格局，提高财政涉农扶贫资金的精准度和使用效益，确保按期完成脱贫攻坚任务。

（二）继续做好财政惠农信贷通及扶贫产业信贷通工作

精准对接扶持对象发展产业金融需求，通过财政风险补偿机制，撬动放大金融扶贫投入，充分发挥金融助推精准脱贫的作用，为实现精准脱贫提供坚实支撑。

（三）加强资金监管，确保资金安全

按照精准扶贫工作要求，完善扶贫项目报备制度，严格扶贫项目资金审核、绩效考评制度，强化审计、财政部门的监督。建立和完善财政专项扶贫资金县级报账制和资金审核程序，简化资金拨付流程。逐步引入社会组织等第三方力量，加强对财政扶贫资金管理使用情况进行监督检查。

第三节　赣县棚户区改造问题的相关建议

一、赣县棚户区改造存在的问题

（一）棚改配套建设资金缺口增大

由于近几年不断加大棚改力度，棚改任务逐年增多，加上土地成本不断上升，增加了棚改资金的投入，上级补助资金有限，而赣县的配套资金又严重不足，导致建设资金缺口较大。

（二）征地拆迁和安置问题较多

在征地拆迁过程中，存在个别居民期望值过高、漫天要价的现象，由于

司法强迁和行政强迁实施非常慎重，致使拆迁工作遇到很大的阻力，拆迁迟迟不能收尾，影响了安置房工程建设进度。

（三）国有工矿棚改难以协调

虽然赣县棚改工作已下发了相关文件，多次召开了有关会议，县房管局等单位也已深入开展了调研，做了宣传发动，但由于国有工矿企业土地、资金问题协调难度大，导致进展不理想，只有市管企业原 801 厂和良种场积极配合支持此项工作，央企所属四大国有钨矿积极性不高，虽已到南昌协调，但新、老江钨集团公司难以达成一致，土地和居民属原江钨集团所有和管理，资金需新江钨集团解决，企业缺乏改造积极性，已下达任务的三个工矿企业未征得上级两家集团公司同意所以无法实施棚改工作。

（四）国有工矿棚户区居民棚改意愿不高，影响了工矿棚改进程

由于矿区大多数居民为外来者，外出多，企业体制改革后，很多居民都回了原籍，导致空置、闲置房屋较多，加上棚户区大多数为偏远山区，交通不便，大部分人员用于夏天避暑，商业开发价值不大，所以大多数棚户区居民棚改意愿不强烈，个人和企业都不愿出钱。

加之国际钨市场持续下滑，钨行业整体低迷，经济形势相当严峻。在赣县进行的“十三五”规划前期摸底调查中，普遍反映出工矿企业对工矿棚户区改造信心不足，尤其是棚改建设企业配套资金难以解决，异地安置土地难以落实，棚户区居民棚改意愿不强烈，对“十三五”期间工矿棚户区改造是“想改又没能力改，不改又无法交代”的矛盾心态。

二、解决问题的思路

（一）强化工作协调，加快建设进度

围绕 2016 年目标任务，切实加强领导，加大工作协调力度，逐项破解体制机制、资金、土地、拆迁等难点节点问题，确保棚户区改造和保障房建设工作顺利推进。并积极与省属工矿企业和集团公司进行沟通协调，加快工矿棚户区改造进度，促进工矿棚户区改造任务尽快完工。同时制订切实可行的项目进度计划，实行县领导挂项目和“责任倒逼机制”。倒排工期，定期开展

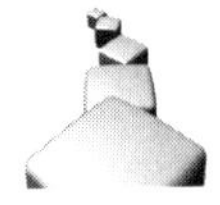

督促检查，做到每周有进度，每月见成效，确保按时间节点完成目标任务，确保开工率、竣工率、入住率达到省市要求。

（二）多方筹措资金，做好资金保障

用足用好上级补助资金，实现上级补助资金效益的最大化。积极筹措资金，加强资金调度，缓解资金不足问题。

（三）严肃工作纪律，确保工程质量

突出重点环节和部位。强化防范措施，落实项目廉政责任制，严肃查处各类违法违规行为，把保障房建设和棚户区改造工作这项利国利民的好事办好、实事办实。严格工程质量监督和检查，确保每一项工程都不出现质量问题。加强建设资金监管，确保保障房建设和棚户区改造工作的每一分钱都用在"刀刃"上，尽心尽责完成好2016年省、市分配的保障性安居工程任务。

三、相关建议

（1）国有工矿企业棚户区改造工作实际困难较大，县一级政府和相关部门难以协调，希望上级政府和部门能协助县与国有工矿的上级主管部门协调沟通好。

（2）棚户区改造建设资金投入较大，上级配套资金有限，地方政府财力有限，建议适当提高棚改补助标准，以解决建设资金不足的问题和提高棚改的积极性。

第四节　促进兴国县光伏扶贫发展的对策建议

一、光伏扶贫情况

兴国县紧紧围绕三年脱贫这个主题，结合六大精准扶贫攻坚战，2016年2月出台了《兴国县光伏产业发展实施方案》（兴办字〔2016〕21号），大力推广光伏产业扶贫项目建设，计划在2016~2018年安装1.77万户建档立卡贫困户，装机容量为3~5千瓦，其中2016年计划安装6000户。推动兴国县130个贫困村及和谐秀美乡村新农村建设的发展光伏产业。在杰村乡含田村、潋江镇杨澄村、高兴镇高兴村先行先试。目前，兴国县已安装200余户，并网150余户，单户装机容量5千瓦用户。兴国县光伏扶贫融资方式主要是与县农商行合作，采取农户贷款形式融资。以安装5千瓦为例，投资3.3万元，可由合作银行贷款3.3万元。

二、存在的困难与问题

一是资金缺口问题。无论哪种模式，光伏扶贫的初始建设投入都较大。以户用光伏发电扶贫模式为例，每户的一次性投入在3万元左右，假设给一个自然村50户安装，总投入就要150万元，其中贫困户负担40万元左右。

二是低价竞标问题。《光伏扶贫试点实施方案编制大纲（修订稿）》（以下简称《大纲》）中对于户用和农业大棚等小型分散式接入的光伏电站项目的建议价格为10元/瓦，但目前很多光伏扶贫项目以低于8元/瓦的价格中标，企业无合理利润空间。太低的价格无法保证质量，部分地区出现了低价承接光伏扶贫项目的现象，难以保证项目质量、国家扶贫资金效益和贫困户收益。

三是区域保护主义问题。近年来，由于我国各地将新能源产业作为其战略性新兴产业，很多省份都有光伏企业，但各地光伏企业以中小企业为主。在进行光伏扶贫时各地倾向于使用本地企业产品，由于中小型光伏企业自身实力和服务网络问题，使未来25年的运维和售后服务得不到保障。同时这也是导致低价竞标和恶性竞争的关键因素。

四是农电网络配套问题。我国各贫困地区农村电网基础条件较差，电压不足、线路薄弱。又由于光伏电往往白天产电，晚上不产电，且输送电量不稳定，许多农村电网缺乏能力消纳光伏电流，这也是制约光伏扶贫的重要因素。实际上，在光伏扶贫过程中，农电站并没有被设计成相关利益主体，只是作为应尽“义务”，在光伏扶贫中增加一些必要的成本，也会导致其对光伏扶贫缺乏积极性。

五是补贴不及时和不到位问题。多地光伏企业反映，地方政府在推进光伏扶贫过程中非常努力，许多光伏企业也大力支持配合，前期投入较大。但相关补贴难以及时拨付到企业账户，这可能是因为我国扶贫资金流转程序较多，也存在个别行政部门“慢作为”的问题。此外，农户光伏发电收益也没有得到及时兑现。有的农户光伏发电一年多了，也没有得到任何发电补贴。

三、相关建议

（1）建议优先发展若干光伏扶贫模式，增加光伏扶贫资金总量。我国已经形成多种光伏扶贫模式，应该总结各种模式优缺点和风险，扶贫办推出主要扶贫模式和管理系统，谨防扶贫资金被滥用，提升资金使用效果。2015 年，投入光伏扶贫的补贴资金占国家的总扶贫资金量不足 1.7%，因此，扶贫办有必要加大光伏扶贫力度。建议尽快在全国范围有条件的贫困地区实施《大纲》意见，大幅提高光伏扶贫资金占比。

（2）建议提高补贴标准和行业壁垒。国务院扶贫办和相关部门建立一定标准，筛选一批有实力、有经验、有社会责任感的大型光伏企业，避免地方保护主义出现。同时构建相应的考核体系，对中标光伏企业进行统一规划、统一管理、统一包干实施，以确保项目建设质量和后期运营。

（3）促进政府对扶贫补贴快速发放。建议扶贫办、地方政府、国家电网等部门简化光伏扶贫项目流程，实现有效衔接、配合顺畅，建立最低工作日制度，促进政府对扶贫补贴快速发放。同时，在设计光伏扶贫机制时，适当给予国家电网部分利益，建立光伏扶贫有效的激励机制，同时构建考核机制，促进电网系统对农民光伏发电补贴发放。

（4）加快贫困地区电网改造升级。建议依靠地方电力公司，大力开展新一轮农网改造工程，按照各村可接入容量分期安排，电网企业应优先吸纳贫困地区分布式光伏发电上网，优先为贫困户的光伏发电项目提供并网接入、计量电表安装等配套服务。

第十二章　专题调研及其建议

第一节　信丰县养老问题及其对策

一、信丰县老年人基本情况

目前，信丰县人口老龄化形势非常严峻，主要表现在：一是老年人口发展速度快。据统计，信丰县 60 周岁以上老年人口 95670 人，占全县总人口的 12.55%；80 周岁以上老年人口 9700 人，占老年人口总数的 10.14%。二是空巢老年人口日益增多。随着人口平均寿命的延长，高龄化程度将逐年加重，空巢化趋势日益突出。随着第一代独生子女父母进入老年，空巢老年人人数将进一步增多，社会养老服务供需矛盾更加突出。三是老龄化发展水平不平衡。随着城镇化速度加快，农村劳动力转移和大量青壮年外出务工，农村老龄化水平高于城镇，农村养老问题将越来越突出。根据数字显示，这部分人群的养老院覆盖率将达信丰县总人口的万分之二，老年人生活质量堪忧。

二、信丰县老年人养老服务供给现状

目前，信丰县 60 周岁以上老年人口 95670 人（其中农村 82540 人），农村五保对象 2186 人，城镇“三无”对象 465 人。信丰县现有养老机构主要

有：1 所县级社会福利院，现有床位数 58 张；2 所乡（镇）光荣敬老院和 14 所乡（镇）社会敬老院（每个乡、镇均有 1 所敬老院），现有床位数 1037 床，每千名老人占有床位数 11 张，敬老院实际供养老人 909 人，社会福利院实际供养老人 35 人，其余的都居家养老。

目前，信丰县已争取中央彩票公益金 1550 万元，在嘉定镇上七里村规划建设了占地面积 100 亩、总建筑面积张 40040.78 平方米的综合社会福利院，现正在建设一期工程，建筑面积为 16620.78 平方米，包括综合楼 9325.66 平方米、老年公寓 A 栋 7295.12 平方米，床位 350 张（其中儿童 50 张），配备自理型、半自理型及不能自理型房间，双人间、单人间、居家养老型等老年人生活房间，儿童房间，会议室、餐厅厨房、食堂、浴室、机房、档案室和管理办公等，还配备残疾人坡道、电梯等无障碍设施，以供老人住养、学习、娱乐、休闲、保健、康复等。目前，一期工程主体已封顶，正在装修，预计 2016 年 7 月完工。2015 年，信丰县启动并如期完成了大塘埠镇、万隆乡、大桥镇、新田镇、安西镇、崇仙乡、铁石口镇、大阿镇、正平镇、古陂镇、西牛镇、虎山乡等 12 个乡（镇）敬老院改（扩）建工作，其中大塘埠镇、万隆乡、大桥镇、新田镇、安西镇、崇仙乡、铁石口镇、正平镇、大阿镇、古陂镇等 10 个乡（镇）敬老院改（扩）建工程已竣工。2016 年，信丰县将继续完善大阿镇、西牛镇敬老院的改（扩）建工作、启动小江镇敬老院的扩建工作。

三、存在的主要困难和问题

（1）公办养老机构规模小、床位不足。信丰县社会福利院、农村敬老院床位只有 1095 张（不含新建的县综合社会福利院），远远不能满足农村五保、城镇“三无”、重点优抚对象和社会养老的需求。

（2）养老服务机构建设资金投入不足。养老机构建设资金非常紧缺，养老服务设施总量远远达不到实际需求；公办养老机构设施陈旧、配套不齐，也难以达标。现有的社会福利院与办公楼、宾馆混为一体，缺乏必要的老年人休闲、娱乐、健身、保健、医疗等功能；农村敬老院多数为 20 世纪八九十年代的建筑，设计标准低，近几年虽经改（扩）建，但缺乏必要的配套设施。

（3）养老机构管理服务水平有待提升。管理服务人员较少、文化水平不高，目前，信丰县有敬老院（福利院）管理人员 62 人，其中 50 岁以上 42 人、50 岁以下 20 人，高中文化以上 18 人、高中文化以下 44 人，无论是管理人员人数，还是管理人员素质都无法满足目前老年人入院供养和打造星级养老服务机构的需求。大部分养老机构发展庭院经济的条件较差，养老机构自身的造血功能不强，难以支撑养老服务机构进一步完善功能。

四、推进养老服务的主要举措

（1）建立组织机构。建立健全县、乡镇、（街道）社区三级社会养老服务指导中心，依托公办养老服务机构或构建相应养老服务平台，建立具有组织、指导、服务、培训等功能的社会养老服务指导中心，强化对养老服务机构和居家养老服务的行业管理和指导。

（2）纳入发展规划。按每千名老年人不低于 40 张床位的要求，推进养老机构服务设施建设。在县公办综合社会福利院（在建）和民办天华生态休闲老年公寓（在建）的基础上，再结合谷山—同年寨郊野公园建设，在嘉定镇焦坑方向规划一所较高标准的老年休闲公寓、在黄坑方向规划一所福利院。全面建设城乡社区“养老服务中心”，建立健全居家养老服务体系。结合城乡社区建设，进一步加强城乡社区居家养老服务网点建设，完善居家养老服务配套措施，提高养老服务水平。

（3）加大资金投入。进一步加大公办养老服务机构建设的资金投入，改善、提升县综合福利院和乡（镇）敬老院基础设施和服务功能，实现县综合福利院和乡（镇）敬老院向区域性社会养老服务中心转型。一是拓展服务对象。通过改（扩）建和建立入院评审制度等方式，在确保农村五保和城镇“三无”人员集中供养的基础上，重点向最低生活保障老人、生活困难老人、高龄老人以及重度残疾老人等特殊困难老人提供养老和护理服务。二是拓展服务范围。依托乡（镇）敬老院向居家老人提供日间托养、短期寄养、配送餐等服务，开放老年文体活动场所。三是拓展服务功能。建立、完善集供养、寄养、社区照料和居家养老服务组织管理等功能于一体的综合性养老服务

体系。

（4）加大帮扶力度。适时出台支持养老服务事业发展的政策，努力提高养老服务设施建设的社会化、市场化程度。加大政策扶持力度，大力推进民办养老服务机构发展。通过建设资金补贴、公建民营、民办公助、税费优惠、政府购买服务等优惠扶持措施，积极推进“医养融合”发展，促进民办养老服务机构的发展。落实对养老服务机构优惠扶持政策，对非营利性养老服务机构免征营业税、征地管理费、免征企业所得税和自用房产、土地、车船使用税，用水、用电、煤气、暖气等与居民用户实行同价，有初装费的减半收取。下达的年度新增建设用地计划，符合规划的，要优先安排养老服务机构建设用地，非营利性社会福利设施建设用地实行划拨供地。

（5）完善配套功能。加强老年人日间照料服务中心和农村幸福院运营管理，按照“政府搭建服务平台、社区村（居）委会管理、社会化经营、志愿者参与”的经营模式，以老年人学习、娱乐、健身、日托、就餐为主要功能，解决老年人最紧迫、最直接、最现实的服务需求。以老年人为本，根据区域文化特点和老年人需求，不断增加和完善服务功能。在每个老年日间照料服务中心（站）和农村幸福院都开通居家养老服务热线，配备电脑、电视、健身器材、常用卫生器材（药品）和生活用品，使其具备老年人信息档案管理、学习教育、文化娱乐、卫生保健、日间照料等养老服务功能。

（6）加强队伍建设。要稳步推进公办养老机构管理体制和运行机制改革，推广法人治理、“三院合一”、“一院两制”、公办民营、公民联建联营等有效经营管理方式，积极拓展服务功能，参与社区居家养老服务。通过提高管理人员待遇和公开招聘养老管理服务人员等方式，大力培养老年医学、康复、护理、营养、心理和社会工作等各类人才，强化业务技能培训，建设高素质养老服务队伍，着力提升养老服务水平。

第二节　农民因病致贫返贫调查及建议

一、兴国县长冈乡塘石村基本情况

塘石村坐落在曾被毛主席称赞为创造了一等工作的“苏区模范乡”长冈乡的西北部，距兴国县城仅 5 公里。该村始建于唐代，自古以来就是县城北郊重要的水陆商埠，是苏区时期兴国模范师整编的地方，被誉为苏区干部好作风的发祥地，2015 年被评为第四届全国文明村镇。现有 28 个村民小组，1078 户农户、4680 人，其中，贫困户 121 户、328 人，占该村总人数的 7.01%，占全乡贫困人数的 7.31 %。有耕地面积 3300 亩，山地面积 500 亩。特色产业有水稻、烟叶、花生、生猪等。

二、因病致贫返贫现象突出

全村因疾病导致生活水平下降的有 50 余户，占总户数的 4.8%。因疾病陷入贫困的有近 30 户，占总户数的 2.8%。患病人群中能够自己支付药费的占 45%，需向亲戚朋友借钱看病的占 55%。治病费用让农民背上沉重的包袱，“救护车一响，一头猪白养”、“住上一次院，几年活白干”、“致富十年功，大病一日穷”成了时下农民现实生活的真实写照。在走访的 20 户结对帮扶对象中，有 12 户因病致贫返贫。现年 50 岁的陈祥优，靠以建房扎钢筋为生，女儿陈慧英患先天性青光眼，虽然辛勤劳动，但还是难以承受昂贵的医药费。谢邦荟靠做小工为生，妻子刘凡玉患有心脏病，他不仅要为妻子治病，还要供两个孩子读书，早已入不敷出。

三、因病致贫返贫原因分析

家庭经济基础薄弱。现在大多数农民，在家务农或外出打工，基本实现

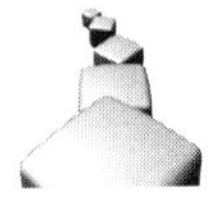

温饱，家庭成员中一旦有人生病，药费少则成百上千元，多则上万元，使本不富裕的家庭雪上加霜。农民普遍存在生不起病、不敢生病的心理，得了小病不去医院治疗，拖而不治，结果延误最佳治疗时机，小病拖成大病，无疑增加医疗费用。

农民缺乏必要的健康知识。长期以来，大多数农民对于疾病认识不足，缺乏健康保健知识和疾病预防知识。在他们看来，能吃能喝能劳动就是健康。据了解，导致农民致残、致死并且花费巨额费用的疾病多数是慢性非传染性疾病，长期不良的生活方式、缺乏必要的健康知识，是造成当前农民因病致贫返贫的主要原因之一。

医疗资源总体配置不足、不均衡。据了解，中国人口约占世界人口的19%，但医疗资源却仅占世界医疗资源的2%，也就是1/5多的人口只占用了1/50的医疗资源。这仅有的2%的医疗资源，大部分集中在城市，而城市中的优质资源又集中在大医院。基层医院医疗器械严重缺乏，医疗设备陈旧老化，医务人员培训机会少，技术骨干流失严重，致使农民患者难以在乡村医疗机构有效就医。农村合作医疗保障能力不足。目前，农村群众虽然都参加了新型农村合作医疗保险，人均筹资标准提高到470元/人·年（各级财政补助提高到380元/人·年，个人缴费标准90元/人·年），统筹基金最高支付限额提高到10万元，但是农民一旦生病住院，得了重病、大病就会给家庭带来沉重负担。如某农民患者在县定点医疗机构就医，起付线400元以下为个人自付部分，住院费用10000元，实际只能报销7680元，还有2000多元需自己解决。农村合作医疗只能保障农民的基本医疗，对于农村家庭成员中出现的重大、特大疾病，保障能力明显不足。

四、建议对策

从调研的情况来看，因病致贫返贫现象在兴国县比较突出。据调查统计，全县现有贫困人口10.83万人，贫困发生率为16.1%，较全市高出1.82个百分点，较全省高出8.4个百分点。因病致贫的约占30%左右。大病、重大慢性疾病仍是部分家庭承受不起的痛，在全面建成小康社会的进程中，必须尽快加以解决。

（1）建立长效机制，从根本上解决问题。健全大病免费救治长效机制，全面落实好上级政策，积极做好尿毒症、重度精神病等 8 种重大疾病免费救治工作，确保新发病人得到及时有效治疗；对耐多药肺结核、肺癌等 15 种重大疾病实施大病救助，减少因病致贫返贫现象的发生；提高新农合医疗保障水平，并全面推广农村居民大病保险，切实减轻群众看病就医的负担。

（2）建立信息数据库，整合各类资源。在全面掌握因病致贫返贫家庭情况的前提下，利用现有资源，建立因病致贫返贫家庭情况、社会救助项目以及管理部门之间的信息数据库，做到底子清、台账明、情况熟、覆盖全，实现民政、卫生、教育等部门的信息共享，整合民政、工会、残联、妇联等部门专项资金，有计划、分批次地对这些特困家庭进行分类帮扶。

（3）加大卫生知识宣传力度，不断提高救治水平。通过医院宣教、电视、网络等媒体，加大对健康知识的普及、宣传力度，改变不良生活习惯，减少和降低农民慢性非传染性疾病的发生，从根本上减轻农民和政府的医疗负担。不断改善农村医疗条件，加大对基层卫生机构的投入，安排专项资金，用于农村卫生院危房改造，更新和配置设备。组织医务人员交流、培训学习，不断提高医院骨干的业务能力，让临床医生科学诊断疾病，提高广大农民对乡镇医院的信任度，就近看病，争取做到小病不出乡、大病不出县，既节省资金，又减轻患病家庭的经济负担，还增加基层医疗机构收益。

（4）提升自救能力，不断增强“造血”功能。充分发挥新型职业农民培育工程、雨露计划等平台的培训功能，组织因病致贫返贫家庭中有劳动能力、无就业技能的成员参加免费的职业技能和产业发展等实用技术培训，提高贫困家庭自力更生的能力，增强家庭的“造血”功能。积极出台有关政策，为因病致贫返贫家庭搭建就业平台，帮助因病致贫返贫家庭不断提高生活水平。

第三节 赣州市新型农业经营主体扶贫效果调研与对策

产业扶贫是增强贫困户造血功能、助推其精准脱贫的主要途径。对于江西而言，产业扶贫的抓手是新型农业经营主体。在脱贫攻坚战中，新型农业经营主体发展情况如何？是否发挥了精准脱贫的作用？尚存在哪些问题以及这些问题如何解决？带着这些疑问，江西师范大学苏区振兴研究院在赣州市赣南苏区振兴发展工作办公室大力支持下，组织研究人员于2016年7月对赣州市南康区、大余县、信丰县、兴国县、会昌县、寻乌县、龙南县等地开展了实地调研。通过召开座谈会、实地察看等方式，调研人员收集了大量数据，并在此基础上形成了本调研报告。

一、赣州市新型农业经营主体带动贫困户增收的主要类型及其成绩

（一）主要类型

赣州市在新型农业经营主体培育等方面积极探索、主动实践。归纳起来，赣州市新型农业经营主体带动贫困户增收主要表现为以下三种类型：

（1）农民专业合作社带动型。相对于农户分散经营，农民专业合作社具有统一种植、销售的优势，吸纳本村村民包括贫困户入股，为贫困户能够获得长期收入提供保障。在保证贫困户享有收益分红的基础上，还能够优先雇用有劳动能力的贫困户进行劳作，让他们获得劳动收入。对无劳动能力的贫困户，合作社留出一定收益为贫困户提供必要的生活保障资金和办理社保资金，确保他们能够获得持续、稳定的收入。

（2）国有企业（林场）带动型。国有林场具有比较先进的管理经验、较完备的专业技术人员等优势。由国有林场统一经营管理基地，能够有效保证贫

困户以扶贫专项资金入股情况下每年享有收益分红，并获得年务工收入。

（3）龙头企业带动型。在农业产业化的发展过程中，贫困户采取土地、林地、贷款资金等要素入股，龙头企业引导贫困户“抱团式”发展，带动农户从事专业生产，将生产、加工、销售有机结合，实行一体化经营。

（二）主要成绩

总的说来，新型农业经营主体带动贫困户增收主要有四个方面来源：一是土地（林地）流转收入。二是资金入股，每户贫困户通过扶贫信贷资金入股获得股权，贫困户获得一定年限的保底分红后，按照约定比例享有收益分红。三是务工就业收入。四是返租倒包，农户在基地务农所得。

通过推广国有林场、合作社、公司、家庭农场、种养大户、种养基地等新型“农业经营主体+贫困户”等模式，采取土地、林地、贷款资金等要素入股，以及返租倒包、安排就业等方式，建立保底分红、劳务增收、订单生产等联结机制，赣州市引导新型农业经营主体与贫困户建立了稳定的带动关系，辐射带动贫困户参与发展农业优势特色产业，不断提高产业增值能力和吸纳贫困劳动力就业能力，实现了企业创收与农民增收双赢。截至 2016 年 7 月 19 日，全市累计培育新型农业经营主体 3.93 万家（规模以上农业龙头企业 2506 家、农民合作社 6640 家、家庭农场 2691 家），累计联结带动 38289 户贫困户增收，涉及贫困人口 149461 人，其中农业龙头企业、农民合作社带动分别占 30.67%、41.92%，两类主体合计占 72.59%，说明在精准脱贫攻坚战中，农民专业合作社、龙头企业是产业扶贫的主要组织形式。

二、新型农业经营主体带动贫困户增收的主要经验

（一）政府高度重视和支持

赣州市委、市政府高位推动农业产业扶贫，出台优惠政策扶持新型农业经营主体发展。具体体现在以下两个方面。

（1）加大资源投入。赣州市逐步加大对农业产业发展的资金扶持力度，对具有一定种养规模、辐射带动贫困户较多的蔬菜、茶叶等基地，倾斜安排项目资金用于改善水、电、路等基础设施条件；对带动辐射贫困户发展产业的

农民合作社、家庭农场、种养大户、龙头企业，在用地、用电、用水、税收等方面给予相关优惠政策；对贫困户发展产业时在贷款、贴息、种苗补助、综合奖补等方面给予资金扶助。

（2）积极创新农业产业扶贫金融产品。为了给农业产业扶贫提供充足的资金保障，在积极争取中央相关项目资金、加大对农业产业扶贫的财政投入力度基础上，赣州市鼓励金融机构特别是农发行、农业银行等涉农金融机构加快扶贫金融产品和业务创新。针对扶贫龙头企业、农民合作社、种养大户、家庭农场等新型农业经营主体，赣州市创新推出“产业扶贫信贷通”、“财政惠农信贷通”、“金穗油茶贷”等信贷产品，切实加大信贷支持力度。其中，市财政筹集 10 亿元资金设立风险缓释基金撬动 80 亿元银行资金，农业银行、农商银行等合作银行按照约定不低于财政风险补偿金的 8 倍发放“产业扶贫信贷通”贷款，并向农民合作社、农业龙头企业倾斜。例如大余县 2016 年发放 1.79 亿元资金为贫困户发展产业，目前已向 1239 户贫困户、5 家农业龙头企业、11 个合作社发放贷款 7489.9 万元；涉农金融机构在“财政惠农信贷通”的发放过程中，对带动贫困户发展产业的农民合作社、家庭农场、种养大户可优先享受“财政惠农信贷通”政策；农业银行根据油茶种植特点及投入产出规律设计专门支持油茶产业发展的信贷产品“金穗油茶贷”，延长贷款期限，提高贷款额度，实行利率优惠，解决发展油茶产业投入不足的问题。

（二）村级组织提供了坚强组织保证

在扶持新型经营主体发展过程中，赣州市很多家庭农场主、专业大户、合作社负责人都已陆续成为村级自治组织的领导者，为农业产业扶贫提供了坚强的组织保障和人才支撑。例如信丰县西牛镇曾屋村党支部书记兼憨农田园农民专业合作社理事长就是曾屋村致富能手，在他带动下，多名回乡大学生和返乡创业能人先后进入曾屋村“两委”班子，进一步强化了村“两委”班子的致富带富能力。在村集体经济引领示范带动下，憨农田园农民专业合作社吸纳多名外出务工能人返乡创业或入股，通过带领村民入股、在产业基地务工、资金扶持、社会保障兜底等形式，带动贫困户脱贫致富。信丰县平卧菊三七精准扶贫产业基地在贫困户入股中负责对接办理和资金担保，当贫困户确有经济困难不能向公司支付入股资金时，由贫困户向所在地村委会申请，由贫困户所在地村委会先行垫付，待协议期满后再归还村委会垫付资金。此举有效促进了贫困户参与到公司产业发展中，为贫困户增收脱贫提供了组织保障。

（三）农业产业扶贫坚持以市场为导向

赣州市农业产业扶贫坚持以市场为导向，具体体现在如下三个方面：

（1）打造一批扶贫基地。赣州是农业大市，贫困村大多地处深山区，在产业选择上，既要结合赣南山区的地貌特点，又要立足贫困村、贫困户的资源禀赋和生产条件，因地制宜发展具有自身特色的农业产业。目前，赣州大力发展花卉苗木、蔬菜、脐橙、油茶、茶叶、白莲、烟叶等特色经济作物种植基地，辐射带动近80%有产业发展意愿的贫困户发展农业产业。例如，11个罗霄山片区县（市、区），依托农村义务教育学生营养改善计划，在22个贫困村建设定向供应的规模以上蔬菜基地22个、面积5000余亩，引导一批贫困户实现增收脱贫。

（2）产业选择坚持长期受益与短期见效相结合的原则。在产业选择上，既注重培育投资少、见效快的产业项目，又兼顾发展果树、茶叶等周期较长、长期受益的产业。例如信丰在油茶幼林期间，油茶基地培育等成本投入大却无当前产出。为提高山地使用效率，使基地在油茶生长前期提前收效，该县推行立体复合种植模式，发展林下经济。2016年，在部分油茶基地试种山稻、藤茶、地稔、平卧菊三七等经济作物，其中山稻1490.5亩、藤茶153亩、地稔20亩、平卧菊三七10亩，共计1673.5亩。如果试种成功，2017年起将在油茶基地大面积推广，实现以耕代抚、以短养长、提质增效的目标。

（3）多业态发展。目前，在扩大种养规模、进行现代种植的同时，赣州市还坚持农产品的科技研发、仓储加工、自助采摘、旅游观光及生产配送等一体化发展，让贫困户分享加工和流通环节的利润。针对农产品“卖难”的问题，2016年上半年全市农粮系统共推送综合服务信息2万余条，通过“赣州农业粮食网”发布农产品供求信息300余条。积极牵线搭桥，以专业市场或专业化批发交易中心为依托，联结广大农户、专业户、商户，实施产销一条龙经营，带动当地主导产业或特色产业发展。“专业市场+农户”是最常见的形式。一些地区还开展“农超对接”、“超市+农村流通合作经济组织”、“超市+批发市场”、“乡村旅游+产业园区”、“乡村旅游+家庭农场”、“互联网+农户”等销售供应模式。

三、新型经营主体带动贫困户增收过程中面临的问题与原因分析

目前，新型经营主体带动贫困户增收存在新型经营主体培育不快、产业带动面不广等问题，具体体现在以下四个方面。

（一）农业高风险制约新型经营主体进一步发展壮大

相对于其他产业，农业产业面临的风险较大：一是农业产业投入大、管理水平高、见效时间长、市场风险相对较大。二是农业靠天吃饭，抗自然灾害的能力比较弱，往往一场暴雨或是一场冰冻灾害就会导致颗粒无收、血本无归。例如铁石口镇平卧菊三七精准扶贫示范基地受霜冻及洪涝灾害影响损失较大，目前经营较为困难。受制于农业发展的高风险性，赣州市大部分农业特色产业规模小而散，大型龙头企业数量少、规模小，均没有形成具有全国影响力、高品质的绿色知名品牌。2014 年，赣州市拥有省级以上龙头企业数 82 家，仅占全省的 9.6%。

（二）农民素质与农业产业发展有差距

目前，赣州市直接从事农业生产经营的劳动力整体文化水平不高，现代农业人才短缺，农民素质与农业产业发展有差距。

（1）具有较高技术水平、较强市场意识和管理能力的新型经营主体较少。相对于江苏等地，全市新型经营主体在规模效益、盈利能力等方面差距较大，发展较慢。特别是部分涉农企业还处于创业阶段，对农业反哺能力十分有限，带动一方农户致富的效能不明显。由于缺少新型经营主体带动和支撑，在发展村集体经济，做活做大贫困村农业产业上还存在一定困难。

（2）贫困群体的科技文化素质普遍偏低。在城市化的冲击下，农村优质劳动力大量外出，留下来的劳动力受教育程度普遍偏低，接受和吸收新技术的

能力较差。大多数贫困群体的科技文化素质普遍偏低，致使农业产业发展后劲乏力，产业扶贫工作难度很大。

（三）利益联结机制尚不健全

由于新型农业经营主体数量少、规模小，赣南农业的弱质性特征明显，大多以初级产品供给为主，农业产业链条短和农产品加工深度不够。2014 年，赣州市农产品加工值与农业产值比不到 1，低于全国及江西省平均水平。与此同时，由于农业产业比较效益低、见效周期长、存在风险多等因素，特别是受传统农业思想的束缚，部分贫困户发展产业意愿不强，产业项目意识淡薄，守住自己的一亩三分地，循规蹈矩、止步不前。这就导致在农业产业扶贫过程中，新型经营主体与贫困户之间没有很好地形成利益共同体，利益联结机制尚不健全，进而影响产业扶贫成效。

（四）现行的土地政策限制农业产业化发展

农业产业化的实质是农业产业链从第一产业向第二产业、第三产业的延伸，这就必然突破传统农业的种养层面，而实现了向加工业、服务业等行业的转型。就是在种养环节，在现代科技的推动下，农业也已经突破了传统的生产方式，实现了传统农业向现代农业的升级。因此，与传统农业不同，现代农业是大农业格局。在农业生产力、生产方式已经发生巨大变化的情况下，作为上层建筑的一系列涉农政策如土地制度等并没有随之及时转变。具体表现在两个方面：

（1）缺乏有效的土地流转和退出机制。调研中了解到，进城务工的农民大都在农村保留着宅基地和承包地，农村土地的流转额不足 10%，这不仅使农民工难以获得在城里安家落户和创业发展的资金，而且难以斩断与农村土地千丝万缕的联系，阻碍了农村土地向新型农业经营主体集中。

（2）农业产业化用地性质受到严格限制。政府鼓励发展的生态绿色农业、高科技农业、农产品加工业、农业现代物流业、观光休闲农业等现代特色农业示范区（核心区）中的设施农用地，以及附属设施和配套设施用地均需办理农用地转用审批手续；发展现代特色农业所需的仓储、农产品加工业、配送业等建设用地按工业用地进行管理。由于用地指标受到严格限制，且办理手续繁杂，成本较高，耗时较长，严重影响了农业产业化进展。

四、进一步发挥新型经营主体带动贫困户增收的对策

为了进一步发挥新型经营主体在贫困户增收中的带动作用，加快精准脱贫步伐，确保贫困户不返贫，需要采取以下四个方面的措施。

（一）出台扶持政策，化解或降低农业经营风险

（1）适应精准扶贫新形势，进一步丰富完善政策性涉农保险政策。大力推进政策性涉农保险基本项目，且每年根据实际情况调整完善。积极探索发展政策性涉农保险补充项目。鼓励各地级以上市在基本项目以外，根据当地农业发展需要及财力状况，开办具有地方特色的政策性涉农保险项目，作为基本项目的补充项目，并且适时将具备全省推广条件的补充项目纳入基本项目范围。创新涉农保险险种。鼓励保险公司根据各地需要，积极开发基本蔬菜品种保险、气象指数保险等新型涉农保险险种，不断扩大保险对农业生产和农民生活的保障覆盖范围。经保险公司申请和财政、农业、物价等部门按规定程序评估后，将新型涉农保险险种纳入政策性涉农保险体系，各级财政按规定予以支持。

（2）大力推进设施农业，提升农业产业的抗自然风险能力。赣州市农产品种类较多，抵御自然风险的能力较低，需要通过行政推动、政策调动、市场拉动等方式，大力推进设施农业扩量、提质、增效。继续加大投入力度，在资金、科技投入，基础设施建设，品牌打造、土地流转方面，进一步强化政府的引导、推动作用。设立设施农业专项发展资金，突出扶持增量、扶持农民、扶持规模的原则，引导设施农业集聚发展。制定具体有效政策，鼓励和支持承包土地向专业大户、家庭农场、农民合作社、龙头企业流转，发展多种形式的适度规模经营。积极适应产业化、市场化规律和要求，以工业化思路和理念发展现代农业，利用规模效益、比较效益调动企业、农户从事设施农业的生产积极性。

（二）加紧新型职业农民培育工作，造就一支高素质的农业产业化经营管理队伍

针对目前农民岁数普遍较大、素质普遍较低的现状，需要采取措施改善农民结构。

（1）鼓励、引导一部分在外务工农民回乡创业，投身农业产业化。这部分农民工经营管理素质普遍较高，且有一定的资金积累，需要加强对他们的宣传引导，向他们解释农业扶持政策、优惠政策，增强其投资农业的信心和决心，鼓励引导其向现代农业转移。

（2）加紧培育新型职业农民。新型职业农民是现代农业建设的主力军。虽然目前江西全省已经有新型职业农民 20 万人，但是远远无法满足现代农业发展的需要。需要强化政策扶持、完善培育制度、健全培训体系、创新培育模式、建立激励机制，认真组织实施新型职业农民培育工程，加快培育形成一支高素质的农业生产经营者队伍。

在制定新型职业农民培育政策时，注重把握三条基本原则：一是注重针对性。针对主导产业需求，分产业制定培训课程；针对培育对象特点，量身定制培训内容；针对新农村发展变化，对新型职业农民实行分级负责，动态管理。二是突出实用性。重点加强“农机、农艺新技术、新工艺、农业科技成果”的吸纳、承接、转化等应用能力的培养与实践技能提升。三是强调操作性。如以量化标准确定新型职业农民的条件，明确培育主体和考核标准等，便于实际操作。

（三）大胆借鉴国外先进经验，进一步健全新型经营主体与贫困户之间的利益联结机制

在建立利益联结机制方面，新西兰的经验值得重视。新西兰农产品外向型特征明显，其农产品出口占新西兰出口总额的 60%以上，是新西兰主要收入来源。而且，这些产品都是初级产品，容易受到国际市场价格变化的影响，加之生产主体多为中小微企业和家庭农场，抗风险能力较差。尤其在丰收年份，为争夺市场，企业（农场）之间往往出现竞相压价的恶性竞争局面，导致丰产不丰收。为了解决这个困局，新西兰建立了各种形式的农业合作社。

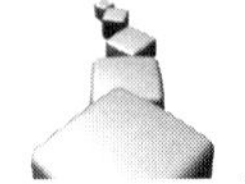

各种形式的合作社虽然名称不同，但是功能基本相同，服务于农业全产业链，涵盖农业产前、产中、产后各个环节。各种形式的合作社与农户构成了紧密的利益共同体，既是农业产业化龙头企业，又是以农户为股东的股份合作制企业。这种制度安排既保证了农业产业在国内的竞争活力，又有效防止了出口时因无序竞争导致的利益受损，确保了农民的收益。

我们需要学习新西兰建设农民合作社的经验，进一步完善农业合作社法的立法工作，将有利于农业发展的各种合作经济组织纳入法律法规保护范畴。统筹各种资源，加大对农业合作经济组织的扶持力度。一是大力发展各种形式的农业合作经济组织，实现优势互补，延长产业链，提升农业产业化程度；二是积极引导农业合作经济组织在利益共享基础上的兼并重组，提升其社会化服务能力，进一步增强抗风险能力，摆脱丰产不丰收的“魔咒”。

（四）进一步完善土地政策，为农业产业化发展松绑

树立大农业意识，加快涉农土地制度的完善，出台鼓励支持农业产业化的政策措施，为农业产业化发展松绑。

一是进一步完善土地流转机制。实现统筹土地流转与农业产业化的发展，建立完善的土地流转机制，加快完善推动农业产业化发展的市场机制。同时，积极发挥政府的引导作用，不断完善政府调控的手段。按照“产业跟着功能定位走、人口跟着产业走、建设用地跟着人口和产业走”的区域开发理念，争取国家支持，学习重庆地票改革经验，优化农村土地结构，深入推进城镇化建设。

二是进一步明确用地政策，切实保障现代农业示范区项目用地。学习广西经验，经省政府、市政府研究决定要重点发展的生态绿色农业、高科技农业、农产品加工业、农业现代物流业、观光休闲农业等现代特色农业示范区（核心区），在用地保障上予以大力支持。其中，现代农业示范区（核心区）中的设施农用地，且附属设施和配套设施用地规模符合国家规定的，按农用地管理，不需办理农用地转用审批手续。对于发展现代特色农业所需的仓储、农产品加工业、配送业等建设用地，优先安排进区入园按工业用地进行管理。从事规模化粮食生产涉及的配套设施建设选址确实难以安排在其他地类上，无法避开基本农田的，经县级国土资源主管部门会同农业部门组织论证确需占用的，可占用基本农田，并按照数量相等、质量相当的原则和有关要求予以补划。为切实提高现代农业示范区耕地质量，促进农业规模化、现代化、集约化经营，鼓励农业经营主体在现代特色农业示范区内按年度申请开展“小块并大块”耕地整治，对符合奖补标准的，给予专项资金奖补。

第四节　精准扶贫应谨慎对待几个问题

长期以来，苏区政府高度重视扶贫工作，并作为一项国家战略加以实施。1986 年国家专门成立了国务院扶贫开发领导小组，安排了专项扶贫资金。1994 年颁布了《国家八七扶贫攻坚计划》，这标志着国家主导的农村开发式扶贫的正式启动。1996 年中央就确立了“中央统筹，省负总责，县抓落实”的扶贫工作机制。党的十八大以来，习近平总书记高度重视扶贫开发，始终关注贫困地区，深情牵挂贫困群众，就脱贫攻坚提出一系列新理念新思想新战略。2013 年底，我国开始实施精准扶贫行动。精准扶贫使贫困村和贫困户直接参与到扶贫项目中来，避免扶贫资金大水漫灌带来的浪费，有力地提升了扶贫资金的使用效益，增强了贫困群众获得性。尽管如此，我国精准扶贫工作中还存在一些问题：

一、重项目立项，轻项目实施

在国家大规模扶贫开发的背景下，基层政府想方设法获取财政转移支付的扶贫资金。因此，“跑扶贫项目”成为贫困地区基层政府的中心工作。但许多扶贫项目实施进展缓慢、效果不佳，有的甚至成为烂尾工程。为什么会出现这一现象呢？原因有三。其一，实施扶贫项目过程中存在相关主体激励不相容问题。实施扶贫项目需要大量精力投入，而且往往牵涉许多部门，但一般的扶贫项目均没有列支政府相关部门组织社会活动的成本，如宣传政策、

组织人员学习、组织人员参与等，许多部门并不是扶贫项目的利益主体，但确是实施扶贫项目的行为主体。由于实施扶贫项目过程中存在相关主体激励不相容问题，会使许多行为主体被动参与，甚至觉得被增添了许多“麻烦”。其二，扶贫项目监管过程还不严。目前，我国许多扶贫项目后续管理工作薄弱、对完工项目不及时进行检查验收，致使用款单位钻空子挪用专项资金，项目完工后不作固定资产登记。由于产权、责任、利益不明晰，使之成为国有资产流失的巨大漏洞。其三，扶贫资金难以及时到位。部分项目资金被滞留。项目资金基本上都是在下半年或年底才能到位，而此时农田水利、乡村修路、农村基础教育等基础设施建设项目均已进入停工、停产的“冬眠”状态。因此，该项目只能等待第二年春天以后才能进行。如果再碰到资金不足，项目有些调整，要经过重新审核、批准，故而出现了项目资金滞留问题。使扶贫资金投放与项目建设有些不相适应，形成生产旺季资金不足，生产“冬眠”期资金滞留，造成年末大量资金滞留各级财政和项目主管单位，影响了中央财政资金使用效率。

二、贫困户获得性还不足

农村扶贫工作一项重要的任务是实现农村贫困人口脱贫致富。随着财政转移支付的不断增加，许多地方获得不少的扶贫资金和扶贫项目，但笔者在一些贫困山区调研过程中发现，贫困户获得性还显不足。这可能存在三种情况。其一，扶贫的精准性还不足。虽然国家实施精准扶贫战略，但在具体实施过程中，许多公共资源并没有真正到达扶贫对象的手中，而是被“结盟的地方利益集团变成流量资源”，很多反贫困项目成为各级地方政府捞取政治资本的手段，从而导致贫困群众获得性不足。其二，产业扶贫占用大量比率。许多扶贫资金注入到产业扶贫项目中，而产业扶贫被认为是“造血式”扶贫方式。笔者调研发现，许多产业扶贫项目对贫困户带动很小，但这些项目凭借“扶贫”噱头获得大量扶贫资金。并且，产业扶贫项目未产生收益之前，不会给贫困户发放资金。在许多地方发展光伏扶贫项目，许多贫困户发电一年多，光伏发电补贴还未下，这导致贫困户获得性不足，贫困户有较大怨言，值得我们深思。其三，基层政府受配套资金要求之累，财政吃紧。实际上，许多贫困县财政收入非常少，甚至难以解决“吃饭”问题。每年需要国家进行转移支付，但许多扶贫项目有明确规定，需要基层地方政府资金进行一定比率的资金配套，这使得基层政府难以承受。实际情况，许多贫困县根本做不到对扶贫项目进行配套，基层领导实际上承担一定政治风险，部分基层政府官员滋生畏难情绪，工作投入不足，导致扶贫群众获得感不足。

三、扶贫项目可能破坏生态环境

由于扶贫工作绩效已经成为考核基层政府的重要依据。为快速推进扶贫工作，在尽早摆脱贫困的主导思想的支配下，许多扶贫项目不可避免地导致资源浪费和生态破坏。其一，扶贫项目的环境侵害性。许多扶贫项目本身并没有充分考虑到对于环境的负面影响，只注重对资源环境的无限制甚至掠夺式开发，攫取短期利益，忽视环境代价。其二，扶贫主体的环境侵害性。政府、企业以及农户等都是扶贫工作的重要主体，在扶贫过程中，政府常常只考虑如何能够增加财政收入，企业只考虑自身的经济收益，而农户也只考虑如何增加自己的收入所得，各主体对环境可持续的考虑并不充分。

如何破除精准扶贫过程中的困难，推进我国精准扶贫工作快速发展，我们认为可以从以下几个方面入手：

（一）重视基层改革试验，探索政府官员容错机制

一方面，扶贫工作要做好顶层设计，明确扶贫总体方案；另一方面，扶贫的现实困境具有复杂化、区域化和碎片化特点，需要赋予地方和基层更多的试验空间，允许微观层面的制度变革。当前，地方政府官员在执行扶贫项目过程中，受到不少牵制，普遍存在畏手畏脚情况，这导致许多扶贫资金发放速度慢、项目进展不快。许多工作的合法性存在一定模糊性。因此，要尽快探索政府官员容错机制。严格区分先行先试的失误与明知故犯的违纪违法行为，严格区分探索性试验的失误与上级明令禁止的违纪违法行为，严格区分为谋求事业发展的失误与为谋取私利的违纪违法行为。严禁打着改革创新旗号搞劳民伤财的“政绩工程”、“形象工程”，严禁借改革创新之名徇私舞弊、

贪污受贿、假公济私以及侵害群众利益等行为。只有如此，才能鼓励农村扶贫工作自下而上的制度创新和改革试验，更好地推进农村扶贫工作。

（二）进一步提高扶贫的精准度，谨慎对待产业扶贫项目

必须加强基层组织建设，尤其是加强对村委会精准扶贫工作的监督和管理。按照扶贫对象精准识别及管理办法，公开公正合理确定贫困对象，把真正的贫困户识别进来，把非贫困户识别出去，决不能调研走马观花、分析大而化之、统计粗枝大叶。要精准施策，坚持“一把钥匙开一把锁”，真正提高扶贫开发工作的精准度和有效性。探索瞄准扶贫的精度和扶贫管理成本之间的最佳结合点。进一步细化精准扶贫瞄准机制，并遵循因地制宜的原则，根据地域结构、经济发展水平、人口流动等条件予以灵活调整。

此外，要慎重对待产业扶贫项目。由于产业扶贫项目通常由政府发起或进行补贴，企业为龙头，农户或贫困户参与，根据产业发展收益情况进行利益分配。产业扶贫明显存在着风险。如果该产业亏损后，贫困户收益如何保障？如果企业没有投入积极性，产业发展由政府来推动，或者政府入股，未来将面临新一轮产权不清问题。政府决策者对产业选择准确性不如企业家，这样产业扶贫项目很容易变成搞面子工程、形象工程。因此要慎重产业扶贫项目，扶贫资金更应投入教育工程、社会基本保障、卫生医疗、基本养老保障上来，切实兜好民生保障底线。

（三）增加项目实施成本开支类别，减少和取消地方配套的要求

当前，扶贫项目经费不包括项目运营过程中产生的各种费用。要使项目落地还牵涉到许多相关部门，因此把一部分项目运行成本纳入到扶贫项目中显得非常必要。有的基层部门由于执行项目产生支出难以公费开支，需要相关基层干部自己支出，这导致他们缺乏工作积极性。另外，由于许多扶贫项目需要基层政府进行一定比例的配套经费，而许多基层政府属于吃饭财政，很难挤出配套资金。因此，在项目实施过程中，为降低项目实施成本，将减少扶贫项目实施环节。项目实施环节越多，基层政府财政负担就越重。因此，建议有关部门在制定扶贫项目规划中，贫困县可以免除地方资金配套的要求。

（四）建立贫困地区政府官员的综合绩效考核机制

以前，地方官员政绩的“唯 GDP 论”给社会发展带来沉重代价。今天，贫困地区官员政绩考核将以改善人民的生活水平和消除贫困为目标。但要警惕，有的地方为了减少贫困人口，推动产业扶贫项目发展，不顾及该项目对环境的污染，不考虑未来治理环境的巨大成本及对人们生活带来的巨大伤害。因此，要建立贫困地区政府官员的综合绩效考核机制，反贫困绩效将不是地方官员考核的唯一指标，贫困地区官员的政绩考核将基于一系列的社会和经济指标，包括经济、政治、文化、社会和环境发展。

参考文献

［1］马克思，恩格斯. 马克思恩格斯选集（第 1~4 卷）［M］. 北京：人民出版社，1995.

［2］列宁. 列宁选集（第 1~4 卷）［M］. 北京：人民出版社，1995.

［3］毛泽东. 毛泽东选集（第 1~4 卷）［M］. 北京：人民出版社，1991.

［4］邓小平. 邓小平文选（第 1~2 卷）［M］. 北京：人民出版社，1994.

［5］邓小平. 邓小平文选（第 3 卷）［M］. 北京：人民出版社，1993.

［6］郭国祥，雷江梅. 中国共产党民生建设理论与实践的新发展［J］. 党政论坛，2012（2）.

［7］罗会德. 十六大以来中国共产党对民生理论的创新与发展［J］. 理论导刊，2012（10）.

［8］朱仰东. 改善民生是新农村建设之本［J］. 上海农村经济，2009（8）.

［9］瞿会宁. 保障和改善民生之我见［J］. 前沿，2011（3）.

［10］秦凤伟. 民生、住房与责任［J］. 社会科学论坛（学术研究卷），2009（10）.

［11］李慎明. 以人为本的科学内涵和精神实质［J］. 中国社会科学，2007（6）.

［12］江泽民. 江泽民论有中国特色的社会主义［M］. 北京：中央文献出版社，2002.

［13］胡锦涛. 高举中国特色社会主义伟大旗帜　为夺取全面建设小康社会新胜利而奋斗——在中国共产党第十七次全国代表大会上的报告［M］. 北

京：人民出版社，2007.

[14] 陈洪泉. 改善民生与科学发展 [M]. 青岛：青岛出版社，2008.

[15] 胡鞍钢. 中国：民生与发展 [M]. 北京：中国经济出版社，2008.

[16] 杨圣明. 社会主义市场经济基本理论问题研究 [M]. 北京：经济科学出版社，2008.

[17] 张秀霞. 孙中山的民生主义及其实现的社会历史条件 [J]. 文教资料，2005 (35).

[18] 郝继明. 正确把握社会主义和谐社会的科学内涵 [J]. 思想政治工作研究，2007 (3).

[19] 甘儒新. 论全面建设小康社会 [D]. 新疆大学硕士学位论文，2004.

[20] 郭玮. 新农村建设需慎对七大问题 [J]. 中国乡村发现，2006 (1).

[21] 王敏. 解决民生问题是构建和谐社会的关键 [J]. 理论前沿，2007 (18).

[22] 方卫星. 从民生主义到全面建设小康社会 [J]. 中国集体经济，2008 (12).

[23] 董玉虎. 从解决民生问题入手建设新农村 [J]. 山西农经，2007 (5).

[24] 秦丛丛. 就和谐社会论民生问题 [J]. 科技创新导报，2008 (9).

[25] 郑功成. 构建和谐社会要以民生为本 [J]. 前线，2007 (5).

[26] 宋长青. 统计要为构建和谐社会服好务 [N]. 中国信息报，2005-06-15.

[27] 丁元竹. 和谐社会需要机会、责任和社会组织 [N]. 中国经济时报，2007-01-06.

[28] 熊新发. 构建全面小康社会指标体系的新思路 [J]. 重庆行政，2006 (4).

[29] 李佐军. 中国新农村建设报告 (2006) [M]. 北京：社会科学文献出版社，2006.

[30] 过建春，刘艳. 对中国社会主义新农村评价指标体系的初步探讨 [J]. 发展，2006 (10).

［31］吴忠民. 走向公正的中国社会［M］. 济南：山东人民出版社，2008.

［32］郑功成. 科学发展与共享和谐——民生视角下的和谐社会［M］. 北京：人民出版社，2006.

［33］约翰·罗尔斯. 正义论［M］. 何怀宏译. 北京：中国社会科学出版社，1998.

［34］查尔斯·沃尔夫. 市场，还是政府——不完善的可选事物间的抉择［M］. 陆俊，谢旭译. 重庆：重庆出版社，2007.

［35］卢梭. 论人类不平等的起源和基础［M］. 高煜译. 南宁：广西师范大学出版社，2002.

［36］Peter Singer. Mark a Very Short Introduction［M］. Oxford University Press，2000.

［37］Robert E. Goodin，Bruce Headey，Ruun Muffels，Henk-Jan Dirven. The Real Worlds of Welfare Capitalism［M］. Cambridge University Press，1999.

［38］Stewart MacPherson，YuShuo Zheng. Economic and Socail Development in South China［M］. Edward Elgar Publishing，1996.